"十三五"职业教育国家规划教材

江苏省优秀培育教材
高等职业教育教学改革融合创新型教材·旅游类

教育部高等职业教育创新发展行动计划骨干专业
中央财政支持高等职业学校提升专业服务产业发展能力项目建设专业
文化和旅游部旅游职业教育校企合作示范基地
江苏省高等职业教育高水平骨干专业

国家文化产业资金支持媒体融合重大项目

DAOYOU SHIWU

导游实务

第二版

孙斐 葛益娟 主编 ｜ 朱丽 丁洁 副主编

东北财经大学出版社
Dongbei University of Finance & Economics Press
大连

图书在版编目（CIP）数据

导游实务 / 孙斐，葛益娟主编．—2版．—大连：东北财经大学出版社，2021.8（2022.10重印）
（高等职业教育教学改革融合创新型教材·旅游类）
ISBN 978-7-5654-4223-0

Ⅰ．导…　Ⅱ．①孙…②葛…　Ⅲ．导游-高等职业教育-教材
Ⅳ．F590.633

中国版本图书馆CIP数据核字（2021）第115596号

东北财经大学出版社出版
（大连市黑石礁尖山街217号　邮政编码　116025）
网　　址：http://www.dufep.cn
读者信箱：dufep@dufe.edu.cn
大连图腾彩色印刷有限公司印刷　东北财经大学出版社发行
幅面尺寸：185mm×260mm　字数：340千字　印张：17　插页：1
2021年8月第2版　　　　　　　　2022年10月第3次印刷
责任编辑：魏　巍　徐　群　　　　　责任校对：石建华
封面设计：冀贵收　　　　　　　　　版式设计：原　皓
定价：46.00元

富媒体智能型教材出版说明

"财经高等职业教育富媒体智能型教材开发系统工程"入选国家新闻出版广电总局新闻出版改革发展项目库，并获得文化产业专项资金支持，是"国家文化产业资金支持媒体融合重大项目"。项目以"融通""融合""共建""共享"为特色，是东北财经大学出版社积极落实国家推动传统媒体与新媒体融合发展的重要举措之一。

"财济书院"智能教学互动平台是该工程项目建设成果之一。该平台通过系统、合理的架构设计，将教学资源与教学应用集成于一体，具有教学内容多元呈现、课堂教学实时交互、测试考评个性设置、用户学情高效分析等核心功能，是高校开展信息化教学的有力支撑和应用保障。

富媒体智能型教材是该工程项目建设成果之二。该类教材是我社供给侧结构性改革探索性策划的创新型产品，是一种新形态立体化教材。富媒体智能型教材秉持严谨的教学设计思想和先进的教材设计理念，为财经职业教育教与学、课程与教材的融通奠定了基础，较好地避免了传统教学模式和单一纸质教材容易出现的"两张皮"现象，有助于教学质量的提高和教学效果的提升。

从教材资源的呈现形式来说，富媒体智能型教材实现了传统纸质教材与数字技术的融合，通过二维码建立链接，将VR、微课、视频、动画、音频、图文和试题库等富媒体资源丰富地呈现给用户；从教材内容的选取整合来说，其实现了职业教育与产业发展的融合，不仅注重专业教学内容与职业能力培养的有效对接，而且很好地解决了部分专业课程学与训、训与评的难题；从教材的教学使用过程来说，其实现了线下自主与线上互动的融合，学生可以在有网络支持的任何地方自主完成预习、巩固、复习等，教师可以在教学中灵活使用随堂点名、作业布置及批改、自测及组卷考试、成绩统计分析等平台辅助教学工具。

富媒体智能型教材设计新颖，一书一码，使用便捷。使用富媒体智能型教材的师生首先下载"财济书院"App或者进入"财济书院"（www.idufep.com）平台完成注册，然后登录"财济书院"，输入教材封四学习卡中的激活码，建立或找到班级和课程对应教材，就可以开启个性化教与学之旅。

"重塑教学空间，回归教学本源！""财济书院"平台不仅仅是出版社提供教学资源和服务的平台，更是出版社为作者和广大院校创设的一个教学空间，作者和院校师生既是这个空间的使用者和消费者，也是这个空间的创造者和建设者，在这里，出版社、作者、院校共建资源，共享回报，共创未来。

最后，感谢各位作者为支持项目建设所付出的辛劳和智慧，也欢迎广大院校在教学中积极使用富媒体智能型教材和"财济书院"平台，东北财经大学出版社愿意也必将陪伴广大职业教育工作者走向更加光明而美好的职教发展新阶段。

东北财经大学出版社

第二版前言

旅游业已经发展成为世界上规模最大、最具活力的产业之一，导游员也因此进入公众的视野，成为公众瞩目的焦点。导游员的工作内容并不仅限于解说和接待，导游员还扮演着一个城市、一个地区乃至一个国家"窗口"的角色，甚至要像镜子一样，清楚地向旅游者反映该城市、地区或者国家的历史渊源、文化特色、经济发展和社会建设，增加旅游者对目的地的了解，为旅游者提升旅游体验加分。

"导游业务"既是高等职业院校旅游大类专业的核心课程，也是导游资格证书考试的科目之一。本书从知识的掌握和能力的锻炼两个方面入手，分为上、下两篇：上篇为常规导游服务，以导游员的基本业务流程为主线，着重介绍了地方陪同导游员、全程陪同导游员、景区景点讲解员、海外领队的服务流程；下篇为新型导游服务，着重介绍了研学旅行服务、旅游志愿服务、户外拓展与营地教育服务等一系列新型导游服务内容。

在本次修订过程中，本书主要体现了以下特点：

1.采用活页式结构，组织形式灵活

本书形式新颖，每个模块和项目的设置在内在逻辑上彼此依存，而在内容上又相对独立，读者在使用过程中可根据需要自由拆解，组织形式灵活，能够满足个性化教学和学习的需要。同时，旅游行业的发展日新月异，活页式结构的设计也便于本书在使用过程中的更新和补充。

2.推进项目化教学，对接岗位需求

为了满足快速发展的旅游业对高质量人才的需求，适合旅游职业教育的人才培养特点，本书力求做到前瞻性与适用性、应用性与技能性相结合，邀请行业专家、企业专家、优秀的双师型教师，根据旅游行业发展的实际情况，依据导游不同的工作环节更新实训项目和任务。每个任务都按照理论知识—任务实施—任务评价的流程设计，引导学生独立完成实训工作，培养学生独立决策、解决实际问题的能力。

3.融入思政元素，落实立德树人

本书结合专业课程育人特点，有针对性地深入挖掘思想政治教育元素，坚持知、信、行统一，通过设立"素养目标"和"任务评价表"、增加"思政专栏"，不断提高学生的思想道德素养，培养学生的爱国主义情怀、民族文化自信和大国工匠精神，增强学生服务国家、服务人民的社会责任感，践行学生的社会主义核心价值观。

4.配套教学服务资源，提高学习效果

以信息技术为支撑的现代学习模式对教材形式和内容都提出了新的要求，本书在修订过程中，以二维码作为资源入口，开发了一系列教学服务资源，包括在线课堂、大赛视频、随堂测验、知识拓展等，从而提高了学生的学习效果。

本书由孙斐、葛益娟担任主编，朱丽、丁洁担任副主编。具体编写分工如下：孙斐编写模块一至模块三、模块五，葛益娟编写模块四、模块六、模块七、模块九，丁洁编写模块八，陶潇男编写模块十，朱丽编写附录，张慧婕编写"中国各地旅游特产简介"。

本书在编写过程中，研究和参考了部分已有的国内外同类教材，听取了行业内部分专家的中肯意见，同时结合了编者多年的课堂教学经验和校企合作双元育人成果，编者的一切付出，都是力争使本书成为旅游大类专业学生优质的专业课程教材，以及立志从事导游工作人员的指导用书。

虽然全体编写人员勤勉努力，但是由于知识水平和实践经验有限，书中难免存在疏漏和不足之处，恳请读者批评指正，我们将在实践操作和教学过程中进一步修改和完善。

编　者

2021年3月

目　录

⦿ 下　篇　新型导游服务

数字资源目录

上 篇

常规导游服务

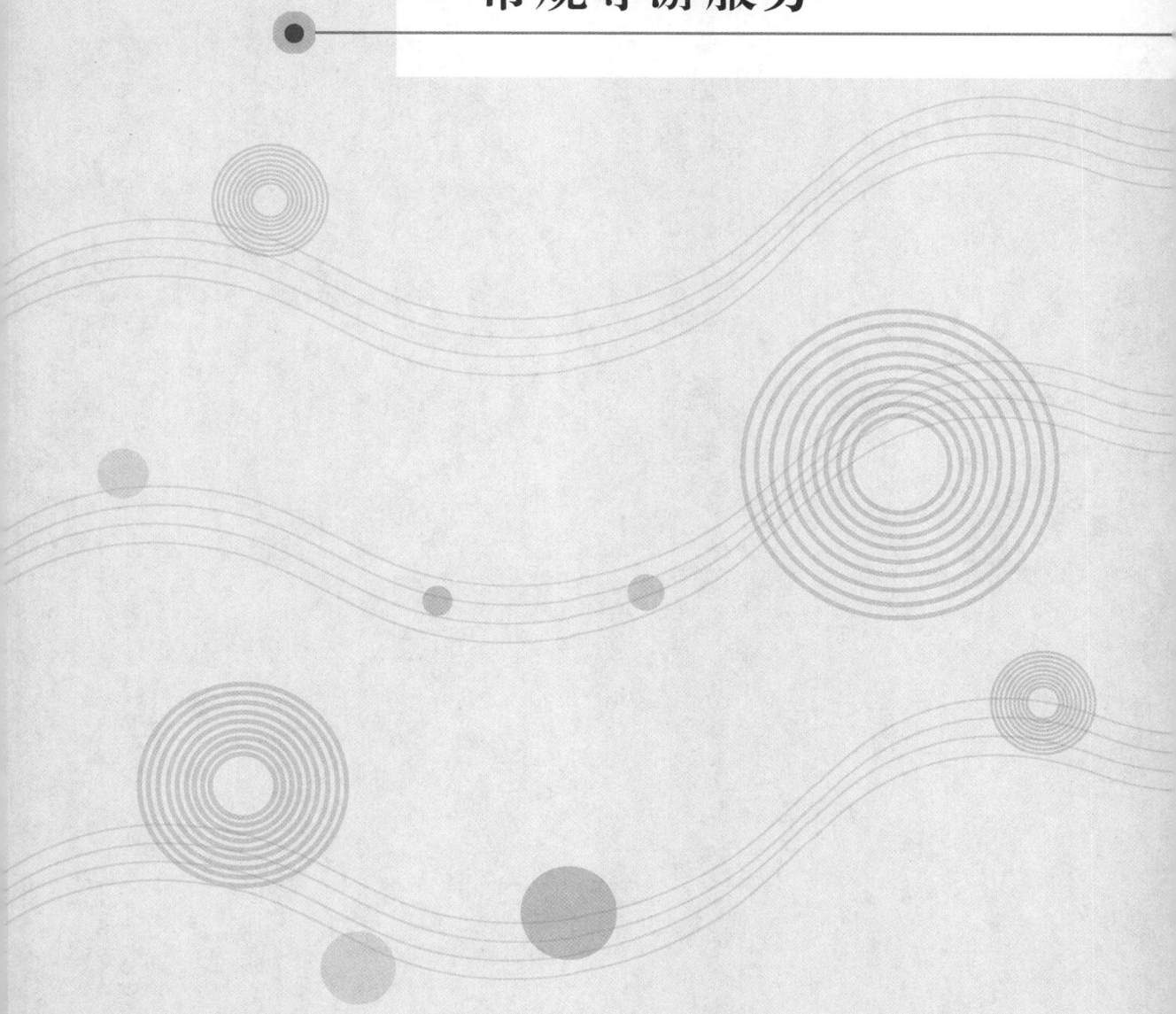

1

模块一 服务准备

导游服务是指自导游接受旅行社下达的旅游团（者）接待任务起，至送走旅游团（者）并完成善后工作止的整个工作流程。在这一过程中，导游应自始至终按照国家《导游服务质量标准》的要求接待来自全国各地和世界各地的旅游者。

"凡事预则立，不预则废"，导游服务准备是导游提供良好服务的前提和基础，导游的服务准备工作应细致、周密，包括熟悉接待任务和进入职业角色两大项目。

项目一 熟悉接待任务

◎ **项目概述**

导游应对旅游接待的各环节和细节了然于胸。熟悉接待任务包括熟悉接待计划和落实接待事宜两项任务。

◎ **项目结构**

本项目结构如图 1-1-1 所示。

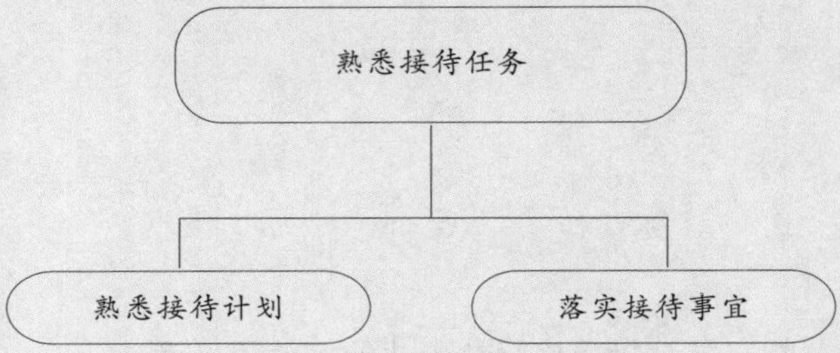

图 1-1-1 项目结构图

任务一 熟悉接待计划

◎ **任务目标**

熟悉接待计划是向旅游团提供良好服务的前提，而计划准备是指对要接待的旅游团所做的预先计划安排。它主要包括熟悉旅游团信息、旅游团成员的基本情况、旅游团抵离本地情况、交通票据情况、服务项目与接待要求以及增收费用项目等。

◎ **素养目标**

通过熟悉接待计划，培育学生民族大团结的思想，培养学生马克思唯物主义史观、时空观。

理论知识

接待计划是组团社根据与客源地旅行社签订的旅游合同（或协议的要求）制定的旅游团在有关地方的活动安排，是组团社委托各地方接待社组织落实旅游团活动的契约性文件，是导游员了解该团基本情况和安排活动日程的主要依据。

我国导游人员按照工作范围的不同，可以划分成不同的类型：

（1）海外领队。海外领队是指受经国家旅游行政主管部门批准可以经营出境旅游业务的旅行社的委派，全权代表该旅行社带领旅游团从事旅游活动的工作人员。这是我国对为中国公民出境旅游提供专业服务的导游人员的称谓。与之相对应的是，我国国际旅行社所接待的入境团队的领队，指的是境外旅游客源地组团旅行社的代表。

（2）全程陪同导游员（简称全陪）。全程陪同导游员是指受组团社委派，作为其代表监督接待社和地方陪同导游员的服务，以使组团社的接待计划得以按约实施，并为旅游团提供全旅程陪同服务的导游员。全陪导游员是组团社的代表，对所带领的旅游团的旅游活动负有全责，因而在整个旅游活动中起主导作用。

（3）地方陪同导游员（简称地陪）。地方陪同导游员是指受接待社委派，代表接待社实施旅游行程接待计划，为旅游团提供当地导游服务的导游员。地方陪同导游员是地方接待旅行社的代表，是旅游计划的具体执行者。地陪是典型的、完全意义上的导游员，其在行程中的工作责任最大，处理的事务最多，工作最辛苦，所起的作用最关键。

（4）景区（点）导游员。景区（点）导游员亦称讲解员，是指在旅游景区（点），如博物馆、自然保护区等地方为旅游者进行导游讲解的工作人员。《导游人员管理条例》规定，景区（点）导游由各省、自治区、直辖市人民政府另外制定标准，持证上岗。

（5）段陪。段陪也可称为区域导游，是指在某一条旅游线路（如华东五市游）上，将全陪与地陪的工作和职责兼于一身的导游员。虽然目前这类导游员的人数还不多，却是某些区域旅游活动的一种发展趋势。

任务实施

导游员接受任务后，在旅游团抵达前，应认真阅读、思考接待计划和有关资料，详细、准确地了解旅游团的服务项目和要求，对其中的重点或疑难之处做好记录。

步骤一：了解接待任务书

接受任务后，导游员会拿到旅行社提供的接待任务书。任务书是导游员了解旅游团基本情况、安排旅游活动的主要依据。

各旅行社的接待任务书没有统一的格式。一份完整的接待任务书一般包括以下内容：接待计划书（接待通知单）、旅游行程单、游客名单表、分房名单表、接待注意事项等，有时会分为几份单独的文件，有时会合并在一起。一般情况下，入境旅游团队接待任务书较复杂，国内旅游团队接待任务书较简洁。

1. 接待计划书

接待计划书是组团社委托各接待社组织落实旅游团活动的契约性文件，包含组团社信息、接待社信息、接待人员信息、团队基本情况信息、交通住宿餐饮等旅游服务安排和标准等。旅游团队接待计划书见表1-1。

表1-1-1　　　　　　　　　　　旅游团队接待计划书

组团单位				团号	
结算人数		其中　男　　女		全陪	
旅游等级				金额	
付费标准	住宿	酒店名称		联系方法	
		标准		结算	
	用车	车辆单位		联系方法	
		车型座位		结算	
	门票	景点名称		结算	
	餐费	餐厅名称		餐标	
		其中　正　　早		结算	
合计					
接待社	名称及负责人				
	地陪导游				
行程	D₁				
	D₂				
	D₃				
	D₄				
备注					

注：（1）旅行社需按要求填写，并加盖公章。

（2）详细游览活动可作附件。

（3）导游员在接待游客时须携带此计划表，并不得擅自改变计划表确定的行程。

（4）此计划表一式两份，一份由旅行社存档，一份由导游员携带供旅游管理部门检查。

2.旅游行程单

旅游行程单又称旅游行程安排单，详细列明该团队游览、娱乐等项目的具体内容和时间以及自由活动时间安排等。旅游行程单是组团社与旅游者签订的包价旅游合同的组成部分，也是组团社和接待社须共同执行的合同标的。

3.游客名单表

旅游团会在出发前编制名单表，在购买交通票据、购买保险、入住酒店等需要登记旅游者身份信息时使用。游客名单表的内容包括旅游者姓名（客源国官方文字和英文）、性别、国籍、年龄、职业、身份证件（护照、通行证、回乡证等）号码、旅游者之间的关系等。

4.分房名单表

为更加便捷地办理酒店入住手续，入境旅游团和部分境内旅游团会在出发前制作分房名单表，主要包括旅游者姓名和性别，后面留有空格，便于旅游者在入住各家酒店时快速填写对应的房间号。

5.接待注意事项

这是旅行社针对该旅游团的特别提醒，有时会单列一份文件，有时会附在计划书或行程单的后面。

步骤二：确认相关信息

导游员应在旅游团抵达之前认真阅读接待任务书和有关资料，熟悉旅游团的全面情况，详细、准确地了解团队行程安排、特殊要求和注意事项等细节内容，注意掌握其重点和特点，对重要事宜要熟记并做好记录。导游员应确认以下情况：

1.旅行社及接待人员信息

（1）境外组团社信息：组团社国别、组团社名称、联系人姓名及联络方式等。

（2）境内组团社信息：组团社名称、联系人姓名及联络方式等。

（3）接待社信息：各地区接待社名称、联系人姓名及联络方式等。

（4）地陪接待信息：接待旅行社计调姓名及电话、旅游车司机及车辆信息。

（5）司机姓名及电话、旅游车品牌、座位数及车牌号、车队名称及联系人姓名和电话、地陪姓名及电话。

2.旅游团信息

（1）旅游团名称、团号、领队（或旅游团联系人）姓名及电话、全陪姓名及电话、团队人数（总人数、男性人数、女性人数、成人人数、儿童人数）等。

（2）该旅游团成员的情况，包括职业、年龄、性别、学历、宗教信仰等情况，是否有老弱病残等需要特殊照顾的客人，是否有符合优惠政策的儿童等。

3.团队接待信息

（1）住宿服务安排及其标准：下榻酒店的名称、地址、电话、星级标准等，床位数、房间数，是否为大床房，是否有特殊要求等。

（2）用餐（早餐和正餐）服务安排及其标准：用餐次数、标准、地点、旅途中餐饮安排、是否有特殊要求等。

（3）该团在用车、游览等方面是否有特殊要求。

（4）该团是否需要安排有关方面负责人出面迎送、会见、宴请等。

4.旅游行程

（1）旅游团出发地、途经地、目的地、线路行程时间和具体安排。

（2）游览项目的安排：合同包含的游览项目和游览时间以及需要另行付费的游览项目名称、收费标准及游览时间等。

（3）娱乐活动及购物安排：旅游合同包含的娱乐活动项目名称及活动时间；经双方协商一致且不影响其他行程的购物安排。

（4）自由活动安排。

5.旅游团所乘交通工具情况

（1）抵离本地时所乘飞机（火车、轮船）的班次、时间和机场（车站、码头）名称。

（2）确认交通票据情况：赴下一站交通票是否订妥，有无变更和更改后的落实情况，有无返程票（若有，是否落实）、有无国内段国际机票，出境机票是OK票（已订妥日期、航班和机座的机票）还是Open票（不定期机票：旅客乘机前须持机票和护照或身份证去航空公司办理订座手续，订妥座位后才能乘机。持这种机票的旅客若在联程或回程地点停留72小时以上，国内机票需在联程或回程航班起飞前两天的中午12：00以前，国际、地区机票应最迟在班机起飞前72小时内办理座位再证实手续，否则原座位不予保留）等。

随堂测验
1-1-1

任务一

任务评价

通过实施以上步骤，是否达成了该项任务目标和素养目标呢？请对完成任务的情况做出评价，见表1-1-2。

表1-1-2　　　　　　　　熟悉接待计划任务评价表

评价内容	完成情况			
	优	良	中	差
了解接待任务书				
确认相关信息				
民族大团结思想和马克思唯物主义史观、时空观				

任务二　落实接待事宜

◎ **任务目标**

导游员在旅游团抵达的前一天，应与有关部门或人员落实、检查旅游团的交通、食宿等事宜，主要包括核对日程安排表，落实接待车辆、住房及用餐安排，落实运送行李的安排情况，了解不熟悉的参观游览点，核实旅游团离开当地的出票情况，落实其他计划内项目的安排情况，与领队或全陪联系，掌握有关联系方式等。

◎ **素养目标**

通过该任务，加强学生对旅游行业核心价值观的认知，培育学生团结协作的职业素养；培养学生优秀的旅游职业道德；强调职业情怀教育的必要性和时代性。

理论知识

落实接待事宜是导游员在旅行社计调工作基础上进行的再确认手续，可以最大限度地减少旅行社工作中的失误，从而使导游工作变得更加主动，即使出现问题，也会有较大的回旋余地。

任务实施

步骤一：核对日程安排表

导游员应根据接待计划安排的日程，结合旅游者的特点以及领队或全陪的建议认真核对接待社编制的旅游团在当地活动日程表（见表1-1-3）中所列日期、出发时间、游览项目、就餐地点、上午和下午活动安排、文娱活动安排、飞机或火车班次等项目。如发现有出入应立即与接待社有关人员联系核实，以免实施时出现麻烦。

表1-1-3 旅游团当地活动日程表

序号		团名						全陪	
人数		酒店用餐	早		车票			地陪	
酒店			午		机票				
标准			晚		火车票			司机	
酒水			合计		文娱				
日期	出发时间	早餐		上午		午餐		下午	晚餐
飞机或火车班次			抵达时间				结团发车时间		
飞机或火车班次			离开时间				结团发车时间		
备注									

步骤二：落实接待车辆

导游员应在接团前与提供车辆服务的车队或汽车公司联系，了解和落实该团的用车车型、车牌号、车内设备完好程度以及司机姓名、联系电话，并与司机商定见面的时间和地点（通常提前半小时到达见面地点）。接待大型旅游团时，导游员应在车上贴上醒目的编号和标记，以便旅游者识别。

步骤三：落实住房及用餐

导游员应提前熟悉旅游团所住酒店和用餐餐厅的位置、概况、服务设施和服务项目。

（1）导游员要在接团前与旅行社计调人员核实该团客人所住房间的数目，类别，用房时间是否与旅游接待计划相符，房费内是否含早餐等。若接待重点旅游团，导游员可亲自到客人下榻的酒店向酒店接待人员了解其团队排房情况，告知旅游团的抵达时间和旅游车牌号，并主动介绍该团的特点，帮助酒店做好接待工作。

（2）与各有关餐厅联系，确认该团日程表上安排的每一次用餐的落实情况，并告知旅游团的团号、人数、餐饮标准、日期、特殊要求等。

步骤四：了解不熟悉的参观游览点

导游员应事先了解景点位置、行车线路、景区开放时间、最佳游览线路、最佳摄影位置、演艺活动时间、游客中心及厕所位置等。

步骤五：核实旅游团离开当地的出票情况

地方导游员应主动与计调人员联系，核实旅游团离开当地所乘交通工具出票情况，以便在接待中安排好旅游团离开酒店前往机场（车站、码头）及托运行李的时间。

步骤六：落实其他计划内项目的安排情况

如果组团社发来的接待计划中包括该旅游团的会见、宴请、品尝风味餐、赠送礼品等活动，地方导游员应在接团前与相关部门联系，请其落实相关事宜。

步骤七：与领队或全陪联系

导游员应提前与领队或全陪取得联系，了解该团是否有变化，对在当地的安排有何要求。若接待的入境旅游团是首站抵达，地方导游员应与全陪导游员联系，约定见面时间和地点，一起提前赴机场（车站、码头）迎接旅游团。

步骤八：掌握有关联系电话号码

有关联系电话号码包括接待社各部门、全陪导游员、旅游车租车公司（旅行社车队）、就餐餐厅、下榻酒店、游览景区等的联系电话以及机场（车站、码头）、下一站接待旅行社等的联系电话。

随堂测验
1-1-2

任务二

任务评价

通过实施以上步骤，是否达成了该项任务目标和素养目标呢？请对完成任务的情况做出评价，见表1-1-4。

表1-1-4　　　　　　　　　落实接待事宜任务评价表

评价内容	完成情况			
	优	良	中	差
核对日程安排表				
落实接待车辆				
落实住房及用餐				
了解不熟悉的参观游览点				
核实旅游团离开当地的出票情况				
落实其他计划内项目的安排情况				
与领队或全陪联系				
掌握有关联系电话号码				
团结协作的职业素养、优秀的旅游职业道德				

知识拓展
1-1-1

导游员的职责
要求和职业
道德

案例共享 👆

搞错航班导致空接错接

某年9月，北京的导游员刘先生到首都机场去接一个旅游团。按计划该团乘CA102航班抵京，但他从下午4时一直等到晚上9时也没接到旅游团。打电话与旅行社的内勤人员联系，查看航班时间发现并没有变动，刘先生只好和司机回了家。半夜，旅行社紧急通知刘先生再去机场接团。原来，那些游客是乘CA1012航班凌晨1时到京，抵达时间已经附在旅游计划的一个传真上，而内勤人员没注意，把航班CA1012写成CA102了。刘先生赶到机场接到了游客，向他们道歉，对没有仔细阅读旅游计划，搞错了时间，让游客在机场久等而感到内疚。

资料来源　佚名.导游案例［EB/OL］.［2015-03-29］. https://www.docin.com/p-1110282523.html.

案例点评
1-1-1

搞错航班
导致空接
错接

马虎的危害

某年夏季一天的下午7时许，上海的导游员吴先生正在家里休息，突然电话铃响了。吴先生接听了旅行社的来电后表情立刻尴尬起来，原来他忘了送两位游客去机场，客人还在酒店大厅等候送机，而此时距飞机起飞只有1小时20分钟了，而且客人的机票仍在吴先生手里。

前一天，吴先生到旅行社去查看计划，社里让他第二天负责送几个旅游团走。他在送走了几个旅游团后没有仔细检查计划，误以为送走了所有的客人，便回家休息了。接团的司机在酒店等了很久，不见导游员的身影，他不懂外语，又不知客人的姓名与房间，便打电话到旅行社询问。

从家里到酒店需要40分钟，从酒店到机场又需要30分钟，时间很紧张。吴先生急忙打电话与司机联系，请他接上客人直接去机场，自己从家里坐出租车赶去机场送机票。一路上吴先生的心情非常焦急，不断催促出租车司机加快速度，车子打着紧急信号灯向机场疾驶。途中通过电话联系，吴先生知道接团司机已经找到客人，并带他们离开了酒店。50分钟后，吴先生终于赶到了机场。他迅速找到焦急等待的客人，道歉后，急忙去办理登机手续。那时离起飞只有25分钟了，按规定已经不能办登机手续了，由于旅行社人员在机场的事前铺垫和机场工作人员的大力配合，客人终于办好手续，顺利登机了。

回来的路上，吴先生深深为自己所犯的错误而悔恨。只因一时的粗心，险些造成经济上的损失和国际上的坏影响，这真是一次不小的教训啊！

资料来源　佚名.导游案例［EB/OL］.［2012-12-26］. https://www.docin.com/p-564810370.html.

计划安排不周导致游客利益受损

某年8月，西安的导游员李小姐接待了一个20多人住在喜来登大酒店的旅游团。那个团原计划在西安的活动为：第一天下午看城墙、大雁塔、小雁塔；第二天去乾陵、昭陵、华清池；第三天上午参观兵马俑，下午乘飞机去桂林。第二天晚上11点，李小姐突然接到全陪打来的电话，对其说，该团次日去桂林的飞机改变了航班，起飞时间改为上午7点多。李小姐听到消息非常焦急，因为航班改点将涉及游览、用餐、行李、送机和通知游客等一系列问题。而那时大部分游客已经休息了，司机也早就回家了，那这件事究竟该如何处理呢？她马上与旅行社联系，得知情况属实，旅行社让她到社里取机票。李小姐质问内勤人员为什么不及早通知她，对方说已经给她的手机打了电话，但没联系上。李小姐没有继续与其争辩，而是请他帮助联系第二天的旅行车、行李车、退餐等事宜，又请全陪通知客人第二天早晨出运行李和出发时间，在与酒店联系有关早餐、出运行李、退房等事宜后，她赶去旅行社取机票，夜里12点多才赶回酒店。那时，旅游团的领队和全陪正在等着她，等一切都落实后已经是凌晨1点了。

第二天早上5点钟，该团就由酒店出发赶往临潼机场。李小姐见大家的脸色都很难看，忙向大家解释更改航班的原因："由于最近去桂林的航班很紧张，根据天气预报，桂林今天要下雨，大家在那里也只停留一天，旅行社为了保证你们以后的日程，想尽办法为大家搞到了去桂林的飞机票，昨天晚上临时通知大家，还请诸位多多见谅。至于大家没有看到兵马俑，确实很遗憾，这属于我们安排上的失误，我会向旅行社反映，让他们将以后的日程安排得更合理一些。不过兵马俑博物馆最近正在维修，只开放小部分坑道，况且，今天西安要下大雨，即使不改航班我们也准备更改一下游览路线。不管怎样，今天的事我都要向大家道歉。"大家听完李小姐的解释并没有发火，因为他们对李小姐前两天的导游服务非常满意，因此对旅行社的安排表示理解。但李小姐心里仍不是滋味，因为万一天气预报不准，游客到桂林后晴空万里，而西安又没有下雨，兵马俑博物馆也只是进行小规模维修的话，游客岂不是要怀疑我欺骗他们吗？在从机场回来的路上，西安下起了大雨，此时桂林也正在下雨。虽然游客不会怀疑她欺骗他们，但李小姐的心情仍和天空一样阴沉，为客人们没能参观兵马俑而感到内疚。

资料来源　佚名.导游案例［EB/OL］.［2012-12-26］. https://www.docin.com/p-564810370.html.

案例点评
1-1-2

马虎的危害

案例点评
1-1-3

计划安排不周导致游客利益受损

思政专栏 ✔ ·························· ●

曾文：从行业小兵到全国优秀导游 年过半百与迪庆旅游互许终身

他曾经当过兵，下过乡，进过工厂，最后选择了他一生最钟爱的导游事业，从业20年来，用热情周到的服务赢得客人赞誉，抒写了迪庆旅游最精彩华丽的篇章。他坚持在一线带团，把自己一生中最美好、最宝贵的青春年华献给了迪庆的旅游事业，他就是卡瓦格博国际旅行社散客中心的导游——曾文。

"导游是一扇窗口，只有用心去服务游客，才能收获快乐，用真情去感动游客，才能获得成功。"这是曾文常说的一句话。

在20年的导游工作中，曾文获得了诸多荣誉称号："卡瓦格博国际杯"导游大赛优秀导游；第六届"康巴艺术节暨迪庆民族团结节"受表彰先进个人；2012年，在推动迪庆旅游产业发展工作中，再次被评为"先进个人"；被云南省旅游行业协会评为"云南省旅游服务明星"；被国家旅游局特授予"全国优秀导游员"荣誉称号；2013年，被云南省旅游标准等级认定委员会评为"五星级导游"。他以践行导游先锋模范，书写了一段由行业小兵到"全国优秀导游员"的励志传奇。

关了一道门开了一扇窗

入行旅游业对曾文来说可谓阴差阳错。在20世纪90年代的下岗潮中，曾文丢掉了人人羡慕的"铁饭碗"，与生活的窘迫相比，精神的压力更让他喘不过气。每每回首这段往事，他总是一笑置之，打趣说，那是上天对他心智的打磨，以便日后绽放出耀眼的光芒。

1997年，中甸更名为香格里拉，四面八方的游客蜂拥而至，迪庆旅游业开始上路，旅行社如同雨后春笋般遍地发芽，招录了大批旅游从业者。这让下岗的曾文眼前一亮，对于没有资金、没有背景、没有经验的"三无"人员来说，导游是一个门槛低、自由度高、收入不错的职业。

然而，当他真正踏入旅游行业才知道，现实中的导游工作与理想相去甚远。那时的导游没有真正意义上的导游讲解词，要了解当地民俗文化知识还得靠自己去摸索。为了更准确地把握民族文化知识，曾文除了从书本上获取相关知识外，还利用业余时间深入到古镇、寺院，亲身感受藏文化的魅力，与僧人交朋友，向他们学习相关知识，把学到的知识写成导游讲解词，介绍给天南地北的游客，让游客在欣赏美景的同时，深切感受博大精深的藏文化。

2011年，首届"亚洲旅游论坛"在香格里拉举办，曾文被抽调到会务组进行公务接待，他愉快地接受了接待任务。参会人员大部分是外宾，不会讲中文，因而专门配备了外语导游。但意外发生了，由于同时来了几批外国朋友，外导不够。这时候，他勇敢地冲进了接机厅，举起外文接机牌，用半生不熟的英语给客人介绍情况，两位客人非但没有责怪他的英语不熟练，反而微笑着帮他纠正不正确的发音。当客人到达酒店后，专业外语导游向他们解释了特殊情况，客人对他勇于担当的品格给予高度赞扬。由于出色的协调组织能力，他受到了与会专家学者及会议主办方的一致好评，给参加论坛的客人留下了深刻的印象。临别时，北京师范大学旅游学院的一位副院长赞扬他说："你是我见过的最专业的导游。"专业成就品质，作为一名汉语普通话导游，他不仅努力钻研中文，还用更多的时间去研究各国语言。

曾文能在工作中让游客好评如潮，跟他的刻苦用功是密不可分的。在曾文家书房里有个大书柜，里面的书籍全都与旅游知识相关，不仅有迪庆本地的，还有全世界各地的风土民情介绍。"导游必须是'博学家'，要有学无止境的精神，才能带好团，才能不被游客问倒；导游要积极向上，需要更多的知识储备，需要时刻不忘给自己充电。"曾文这样说，也坚持这样去做。

用真心换真情

在很多人的刻板印象里，导游挣钱全凭一张巧嘴，而曾文说自己的嘴并不巧，凭的是用心用情的服务，将心比心的付出。

2017年12月，一个平均年龄在60岁以上的老年团到香格里拉旅游，该组团社要求派一名态度好、有耐心、工作细致的导游来带这个团。旅行社看这个团情况比较特殊，就让曾文来接待。曾文二话没说就接下了这个团，并提前购买了高原医用药和氧气瓶，但意外还是发生了，团队到达梅里雪山脚下时，因为高原反应，一位客人突然发高烧。曾文与领队商量，由他带生病的客人到附近的医院，让师傅送其他客人到预订的酒店。可是当旅游车到达距离酒店还有2公里处时，因下雨塌方到不了酒店，酒店又派不出车来接应。曾文立刻为客人更换了一家附近的酒店。晚上，他带生病的客人回到酒店后，马上到客房看望其他客人，很快便平复了客人的情绪。第二天，他一路陪客人爬山，细心照料团里的每一位成员，终于圆满完成了接待任务，客人们非常满意。

家人的支持成了最大的动力

每逢节假日，大家都忙着休息外出旅游，曾文却要离开家人，陪着一群素不相识的人，多年来，曾文已习惯了这样的生活。他的妻子李照兰似乎对这样的生活也习以为常，她从未埋怨过曾文，反而始终扮演着贤内助的角色，在电话里总说家中一切都好，让他安心工作。

旅游旺季时，曾文往往三个多月连轴转，没时间调理再加上长期饮食不规律，曾文患上胃病、咽喉炎等职业病。这让妻子十分心疼，只要相聚，她都会为曾文做好营养又丰盛的饭菜，好好享受家庭时光。家人的支持和理解成为曾文工作最大的动力，妻子的付出也得到了曾文深情的回报，只要在家，他总是积极承担家务。2017年，迪庆州旅游集团十周年颁奖会上，妻子李照兰被集团评为最佳后盾。

如今，年过半百的他依然战斗在迪庆旅游的第一线，依然是香格里拉旅游战线上一名永不褪色的老兵。他对游客的真诚与贴心、对同行的友好与合作、对后辈的关爱和培养赢得了业内的尊重和敬佩，载誉无数，桃李满天下。他把旅游事业当作他一生的追求，无怨无悔，无愧优秀导游的光荣称号。

资料来源　施晓琳.曾文：从行业小兵到全国优秀导游　年过半百与迪庆旅游互许终身［N］.迪庆日报，2018-04-19.

思政关键词：职业热爱　职业情怀

课后思考与实践

请自行选择一家旅行社的一份旅游接待计划书，熟悉接待计划书中的主要内容，并列出需要落实的接待事宜和注意事项。

项目概述

导游员在接待旅游团之前需要做好一系列准备工作。这些工作可以确保游客乘兴而来，满意而归，同时也可以确保导游人员的旅游团接待工作以及整个旅行社的工作流程顺利完成。

项目结构

本项目结构如图1-2-1所示。

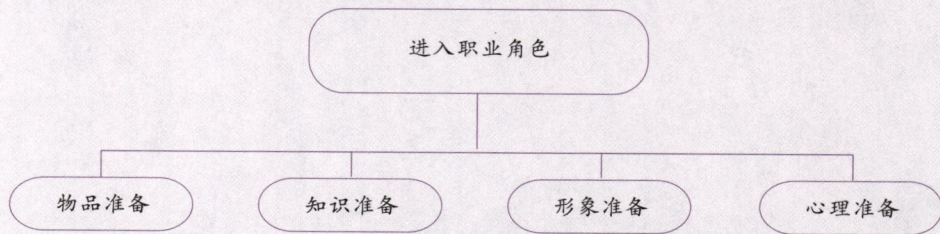

```
              进入职业角色
    ┌──────────┬──────────┬──────────┐
  物品准备    知识准备    形象准备    心理准备
```

图1-2-1　项目结构图

任务一　物品准备

任务目标

根据国家《导游服务质量》的要求，发团前，导游员应做好必要的物品准备工作。它主要包括领取必要的票证和表格、准备工作物品以及准备个人物品等内容。

素养目标

通过物品准备环节，培育学生的劳动教育观；培育学生从基础工作做起，勤奋务实的职业品德。

理论知识

国家加强对导游员管理的措施：

（1）制定导游服务国家标准。从1994年开始，国家旅游局将导游服务质量标准纳入国家标准制定项目计划，以期建立一个适用于各类旅行社在接待旅游者过程中所提供的导游服务的质量标准。1996年6月我国正式施行《导游服务质量》国家标准，2010年又根据导游服务发展新趋势颁布了《导游服务规范》国家标准。该标准是将国际上导游服务的通行做法与我国导游队伍的实际情况相结合，并在充分吸收旅游行政管理部门和国内各主要旅游企业多年来对导游服务质量管理经验的基础上制定的，具有较强的可操作性。该标准根据导游服务接待流程，明确规定了导游服务的具体内容、顺序与标准，从而使导游接待过程的规范有据可依，切实可行。2013年颁布的《中华人民共和国旅游法》进一步健全了旅游服务标准和市场规则。

（2）建立和完善四级监督管理体系。在现有的旅游质量三级管理体系的基础上，建立和完善由国家旅游局质监办、省级旅游局质监办、市（县）旅游局质监办和旅行社质量管理部门组成的四级监督管理体系，其中旅行社的质量管理部门是质量管理的最基本单位，也是目前最需要加强和完善的单位。旅游行政管理部门的质监办及相关部门通过检查、年审、旅行社质量保证金等制度对导游服务质量进行监控。

（3）建立旅游者评议服务质量制度和投诉制度。旅游者是导游服务质量最直接的体验者，也是最权威的评判者。因此，在完善四级监督管理体系的同时，建立旅游者评议服务质量制度是十分必要的。具体做法是，在导游接待即将结束时，由导游员或旅行社向旅游者发放"征求意见表"，通过旅游者的评价，对导游服务质量进行监控。旅游投诉制度的建立有利于保护旅游者的合法权益。各级旅游局（委）旅游质监办的主要功能之一，就是接受和处理旅游者的投诉。旅游投诉制度的建立对保证导游服务质量也有促进作用。

（4）实施导游员培训与年审制度。对导游员进行定期和不定期培训，有助于提高导游员服务水平和职业道德。导游员年审制度，是导游员计分管理办法的配套管理制度，是对导游员年度导游情况的监管，对表现不好的导游员要进行批评、教育和惩戒，对表现好的导游员要进行肯定和表扬。

任务实施

步骤一：领取必要的票证和表格

导游员在出发前，应到旅行社相关部门领取旅游团接待计划表、旅游团名单、餐饮结算单（见表1-2-1）、景区门票结算单（见表1-2-2）、游客意见反馈表（见表1-2-3）以及旅游团费用结算单等。在填写这些单据时，应注意填写人数一定要与旅游团实际人数相符，金额要大写。

表1-2-1　　　　　　　　　　　餐饮结算单

编号：　　　　　　　　年　　月　　日

团号	项目	数量	单价	金额	备注
	游客餐费				
	陪同餐费				
	酒水费				
合计					
导游员姓名		导游证号码		旅行社签发人	
接待单位		经手人		会计	

表1-2-2　　　　　　　　　　　　　景区门票结算单

编号：　　　　　　　　　　　年　　月　　日

旅行社名称		时间	
团号		客源地	
旅游团人数		购票金额（大写）	
旅行社签发人		售票员	
导游员姓名		导游证号码	

表1-2-3　　　　　　　　　　　　　游客意见反馈表

编号：　　　　　　　　　　　年　　月　　日

团号：		组团社：		导游姓名：		
分类	详细	极好	较好	一般	较差	极差
导游情况	导游服务态度					
日程情况	活动安排					
酒店情况	住宿条件					
	酒店早餐					
旅游车情况	司机服务					
	车容车况					
就餐情况	餐厅环境					
您认为最好的餐厅						
您认为最差的餐厅						

步骤二：准备工作物品

（1）导游证。导游证是证明导游人员身份的证件，同时也是每次在进行导游工作时必须携带的证件。从2017年开始，我国各地开始换发电子导游证并且逐渐停止使用IC卡导游证。导游人员应遵守国家相关规定，换发并使用电子导游证。

（2）导游旗。导游人员应按照规定使用旅行社旗或者导游旗。在人流拥挤的景点，导游旗的作用更加明显，可以方便游客找到团队的导游人员，不至于走失。

（3）接站牌。醒目而清晰的字体可以使游客和导游人员方便快捷地找到对方。接站牌的内容可以是领队的名字，如果对方是团体参观，还可以是对方单位的名字，也可以是双方约定好的某个名字。

（4）讲解器。传统使用的扩音器以声音向外传播为主，易形成各种噪声，故逐渐被禁止使用。导游人员可以使用清晰无干扰、体验感强的新一代无线讲解器。

（5）其他工作物品。其他工作物品包括旅游车标志、宣传资料、行李牌（或行李标签）、通讯录以及给旅游团成员按人数发放的物品（如旅游帽、导游图或其他旅游纪念品）等。

步骤三：准备个人物品

（1）手机及充电器。导游在带团过程中，手机需要保持24小时开机。近年来，航空公司对于移动电源的容量进行了规定：充电宝额定能量不超过100Wh（瓦特小时）的，无须航空公司批准，可以携带；额定能量超过100Wh但不超过160Wh的，经航空公司批准后方可携带，每名旅客不得携带超过2个充电宝。

（2）常用药品。导游人员应自备自己的常用药品。要注意的是，导游人员不可以将自己的药品给游客服用，若游客需要，应在与全陪导游协商后，送至医院由医生治疗。

（3）防护用品。防护用品主要包括雨具、遮阳帽、防晒霜、润喉片等。

（4）其他个人用品。其他个人用品主要包括换洗衣物、盥洗用品、身份证件、转换插座、保温杯、记事本等。

随堂测验
1-2-1

任务一

任务评价

通过实施以上步骤，是否达成了该项任务目标和素养目标呢？请对完成任务的情况做出评价，见表1-2-4。

表1-2-4　　　　　　　　物品准备任务评价表

评价内容	完成情况			
	优	良	中	差
领取必要的票证和表格				
准备工作物品				
准备个人物品				
劳动教育观和勤奋务实的职业品德				

任务二　知识准备

◎　**任务目标**

导游员的知识准备主要包括语言知识、史地文化知识、政策法规知识、心理学和美学知识、政治经济社会知识、旅行知识、国际知识和乡土知识等，这些都是导游员在带团过程中需要掌握的知识，只有进行了充分的知识准备，才能更好地提供导游服务。

◎　**素养目标**

通过该任务，培育学生对中国传统文化的认同与理解；指导学生做旅游文化的践行者和传播者；加强学生对习近平总书记关于依法治国理念的理解；引导学生理解当代中国的大国担当及中国在世界旅游组织（WTO）的角色、地位和作用。

理论知识

过硬的语言能力和扎实的语言功底是以丰富的语言知识储备为基础的。这里所说的语言知识包括汉语知识和外语知识（或少数民族语言知识）。

史地文化知识包括历史、地理、宗教、民族、风俗民情、风物特产、文学艺术、古建园林等方面的知识。这些知识是导游讲解的素材，是导游服务的"原料"，是导游员的看家本领。

政策法规知识也是导游员必备的知识。这是因为：第一，政策法规是导游员工作的指导。导游员在导游讲解、回答旅游者对有关问题的提问或同旅游者讨论有关问题时，必须以国家的方针政策和法规作为指导，否则会给旅游者造成误解，甚至给国家造成损失。第二，对于旅游过程中出现的有关问题，导游员要遵照国家的政策和有关法律法规予以正确处理。第三，导游员自身的言行要符合国家政策法规的要求，要遵纪守法。

导游员的服务对象是来自世界各地的旅游者，还要与各旅游服务部门的工作人员打交道，同时导游服务集体三成员（全陪、地陪和领队）之间的相处也很复杂，因此导游员掌握必要的心理学知识有其特殊的重要性。

旅行知识有交通知识、通信知识、货币保险知识、卫生防疫知识、旅游业知识等，掌握这些知识，就能少出差错、事半功倍。

乡土知识即省情、市情等，一般包含本乡本土的地理位置、地貌环境、气候特征、人口民族、语言风俗、历史沿革、历代名人、城市定位、发展前景、文化教育、工商农业、旅游资源、工艺美术、土特产品等方面的内容。

任务实施

导游员的导游讲解和日常交谈是旅游者特别是团体旅游者在旅游过程中获取信息的主要途径。为了适应旅游者的这种需要，导游员的知识面要广，要有真才实学，这样，讲解时才能以丰富的知识储备做后盾，做到言之有物。导游员知识面越广、信息量越多，就越能把导游工作做得有声有色、不同凡响，就会在更大程度上满足旅游者的要求，从而成为一名优秀的导游员。

步骤一：掌握语言知识

语言是导游员最重要的基本功，是导游服务的工具。导游员若没有过硬的语言能力，就谈不上优质服务。导游员若没有扎实的语言功底，就不可能顺利地进行文化交流，也就不可能完成导游工作任务。涉外导游员应至少掌握并熟练运用一门外语，最好掌握两三门外语。掌握外语，了解外国文化，有助于接受新思想、新观念、开阔眼界，为中外文化交流做出贡献。

　　导游讲解是一项综合性的口语艺术，要求导游员具有很强的口语表达能力，导游员的口语艺术应扎根于丰富的知识宝库之中，知识宝库是土壤，口语艺术是种子，二者结合就能获得良好的导游效果。

　　导游人员通过服务语言的准备，应该做到：第一，使用符合服务行业规范与导游行业规范的语言为游客进行服务；第二，熟练掌握参观游览景点的历史和相关知识；第三，能够用恰当的中文或外语讲解词讲解；第四，可以根据游客的特点进行有的放矢的讲解。

　　步骤二：通晓史地文化

　　导游员要努力学习，力争"上知天文，下晓地理"，对本地及邻近省（区、市）的旅游景点、风土人情、历史典故、民间传说等了如指掌，对国内外的主要名胜亦应有所了解，还要善于将本地的风景名胜与历史典故、文学名著、名人逸事等有机地联系在一起。总之，综合了解史地文化知识并将其融会贯通、灵活运用，对导游员来说具有特别重要的意义，这是一名合格导游员的必备条件。

　　艺术素养不仅能使导游员的人格更加完善，还可使导游讲解的品位层次大大提高，从而在文化交流中发挥更为重要的作用。艺术素养也是一名优秀导游员的必备条件之一。因此，导游员要不断地提高艺术鉴赏能力。

　　目前，我国导游员在这方面存在的主要问题是：有的导游员只满足于背诵导游词，在进行导游讲解时，单调生硬，激发不起旅游者的游兴；有的导游员知识面较窄，只求一知半解，对其包含的科学内容不进行深入探究。更有甚者杜撰史实，张冠李戴，胡言乱语，欺骗旅游者，这不仅违反导游的职业道德，而且有损我国导游服务的声誉，不利于我国旅游业的发展。

　　步骤三：熟知政策法规

　　导游员应该牢记国家的现行方针政策，掌握有关的法律法规知识，了解旅游者的权利和义务。这样才能正确地处理问题，做到合情、合理、合法，导游员也会少犯或不犯错误。

　　步骤四：提升心理学和美学应用能力

　　导游员要随时了解旅游者的心理活动，有的放矢地做好导游讲解和旅途生活服务工作，有针对性地提供心理服务，从而使旅游者在心理上得到满足，在精神上获得享受。事实证明，向旅游者提供心理服务与提供功能服务同样重要。

　　旅游活动是一种美的享受。导游员不仅要向旅游者传播知识，还要传递美的信息，让他们获得美的享受。一名合格的导游员要懂得什么是美，知道美在何处，并善于用生动形象的语言向审美情趣各不相同的旅游者介绍美，还要用美学知识指导自己的仪容、仪态，因为导游员代表着国家（或地区）的形象，其本身就是旅游者的审美对象。

　　步骤五：了解政治、经济、社会知识

　　由于旅游者来自不同国家的不同社会阶层，他们中一些人对目的地的某些政治、经济和社会问题比较关注，在游览过程中会询问有关政治、经济和社会问题，有的人还常常把本国、本地的社会问题与出游目的地的社会问题进行比较。

另外，在旅游过程中，旅游者随时可能见到或听到目的地的某些社会现象，也引发他们对某些社会问题的思考，要求导游员给予相应的解释。所以，导游员要掌握相关的社会学知识，熟悉国家的社会、政治、经济体制，了解当地的风土民情、宗教信仰和禁忌习俗等。

步骤六：熟悉旅行知识

导游员带领旅游者在目的地旅游，在提供导游服务的同时，还应随时随地帮助旅游者解决旅行中的各种问题。导游员掌握必要的旅行知识，对旅游活动的顺利进行是十分重要的。

步骤七：理解国际知识

涉外导游员还应掌握必要的国际知识，要了解国际形势和国际上的热点问题，以及我国的外交政策和对有关国际问题的态度；要熟悉客源国或旅游接待国的概况，知道其历史、地理、文化、民族、风土民情、宗教信仰、礼俗禁忌等。了解和熟悉这些情况不仅有利于导游员有的放矢地提供导游服务，而且能加强导游员与旅游者的沟通能力。

若导游员熟悉两国文化的差异，就能及早向旅游者详细说明，使他们意识到在异国他乡旅游，不可能事事都与自己的家乡相同，从而使其产生领略异国、异乡风情的游兴，对不适之处也能理解、谅解并主动与导游员配合解决。

步骤八：掌握乡土知识

旅游者来到一个陌生的旅游地，都希望能充分地了解该地区的基本情况，这样可以提高自己对具体景点的鉴赏水平和游览兴趣，同时使自己的旅途见闻变得更加丰富多彩。地陪导游员对本地乡土知识的讲解不同于全陪导游员的概括性介绍，应该用详细而准确的数字和事例，充满自豪感地加以说明，这样可以使本地区在旅游者的心目中留下深刻的印象。

随堂测验
1-2-2

任务二

任务评价

通过实施以上步骤，是否达成了该项任务目标和素养目标呢？请对完成任务的情况做出评价，见表1-2-5。

表1-2-5　　　　　　　　知识准备任务评价表

评价内容	完成情况			
	优	良	中	差
掌握语言知识				
通晓史地文化				
熟知政策法规				
提升心理学和美学应用能力				

续表

评价内容	完成情况			
	优	良	中	差
了解政治、经济、社会知识				
熟悉旅行知识				
理解国际知识				
掌握乡土知识				
对中国传统文化的认同与理解，对习近平总书记关于依法治国理念的理解，对当代中国的大国担当的理解				

任务三　形象准备

◎　**任务目标**

导游员的形象不仅是个人行为，在宣传旅游目的地、传播精神文化等方面也起着重要作用，还有助于在旅游者心目中树立导游人员的良好形象。导游员在上团前要做好仪容、仪表的准备，主要包括整洁的外貌、恰当的衣着、合适的妆容以及良好的姿态等方面。

◎　**素养目标**

通过该任务，强化学生"导游：国家和城市旅游形象的代言人"的观念。

理论知识

仪容仪表是指一个人的外表，包括人的容貌、形体、服饰、姿态、举止、风度等方面，是一个人精神面貌的外在体现。

导游个人礼仪，又称私人礼仪，是导游员自身形象的规范。导游员的个人形象在很大程度上代表着企业形象和国家形象，因此应当遵循有关规范，注意自己的个人形象。导游员个人礼仪的内容，主要包括仪容礼仪、仪表礼仪、仪态礼仪等。

导游员作为旅行社的代表，要保持与其行业特点、企业形象相一致的仪容、仪表和仪态。对导游员的仪容要求是，容貌要得体，要与所在工作岗位、身份、年龄、性别相称，不能引起旅游者的反感。

仪容、仪表、仪态虽然表现的是导游员的外部特征，然而却是其内在素质的体现，它与导游员的思想修养、道德品质和文明程度密切相关。

步骤一：注重仪容美

仪容礼仪是指导游员在社交场合应注意自己的仪容，给人以端庄、大方、整洁、美丽的良好形象。导游员要注重对自身形象的适当修饰，把干净利落、相貌端庄、精神饱满、充满活力的一面呈现给旅游者。

1.发型

导游员对自己的头发要勤于清洗和修剪，保持头发的清洁整齐。男导游头发应长度适中，以短发为主，前发不覆额、侧发不掩耳、后发不及领，不留大鬓角，也不宜剃光头；女导游刘海不应遮眉眼，长发过肩者应将头发盘起、束起、编起，不可披头散发。发型要适合自己的脸形、体形和年龄，上团前尽量不要梳不易打理的发型。

2.面容

导游员要注意保持面部的干净清爽，污渍、汗渍要及时洗去或擦去，油性皮肤要做适当的控油处理。

男导游应每天剃净胡须；女导游可以适当化妆，但要避免浓妆艳抹和使用气味浓烈的化妆品。工作中即使需要补妆，也应遵守"修饰避人"的原则，选择在洗手间等场所进行。

3.口鼻

导游员应每天坚持早晚刷牙以维持口腔清洁，在上团前不要抽烟、喝酒和吃葱、蒜、韭菜、萝卜等容易产生异味的食品，口气不清新时可以用嚼口香糖等方式减轻异味。鼻毛要及时修剪，不得让其长出鼻孔之外。此外，不要当众剔牙、抠鼻子、挖耳朵或发出异响，要养成咳嗽、打喷嚏用手捂住口鼻并侧向一旁的习惯。

4.手部

导游员要经常清理双手和修剪指甲，保持指甲的清洁，上团时不要留长指甲和涂抹色彩鲜艳的指甲油。如果没有手部受伤等特殊情况，在工作时不要戴手套。

步骤二：培养仪表美

仪表礼仪是指着装要整洁、美观、得体，并与自身形象、出入场合以及穿着搭配相协调。导游员的着装应符合其身份，还要结合工作中具体的时间、场合和地点来综合考虑，同时也要方便导游员为旅游者提供服务。导游员着装要与时间、时令、场合、习俗等相协调，要符合着装人的身份，同时根据不同的交往目的和交往对象选择服饰，给人留下良好的印象。

1.外套

男导游如果着西装上团，要注意以下几个问题：穿着前，西装必须熨烫平整，西装袖口商标必须去除；穿着时，里面必须搭配衬衫、领带，且三者颜色以不超过三种为宜；双排扣西装在任何正式场合都应扣上纽扣，单排扣西装最下方的一粒纽扣一般不扣；除了上装的内插袋，西装衣裤的其他口袋尽量不要放置物品；衬衫的所有纽扣必须扣好，领口应略高于西装领口，袖口要长于西装袖口1~2厘米，衬衫下摆应塞进裤内。

女导游如果着套裙上团，也要注意几个问题：大小应当合身，裙长应当合理，衣扣应当全部扣好，颜色以冷色和素色为好。

如果导游员着便装上团，应选择朴素、整洁、大方且方便活动的服装。带团时，导游员的衣着不可过于时尚、花哨，以免喧宾夺主，给旅游者轻佻的印象，使旅游者产生反感情绪。

2.鞋袜

男导游如果着西装上团，必须穿皮鞋，且皮鞋以深色为好。着便装上团可以选择休闲鞋、旅游鞋等，要考虑到导游工作对脚力的要求。男士的袜子应以深色、单色、纯棉为主。女性着裙装应配长筒袜或连裤袜，长筒袜袜口不可露在裙边之外，不能有破损。鞋袜应常换，避免产生异味。

3.配饰

配饰包括戒指、项链、挂件、耳环、手镯、手链、胸针、领针等，配饰的数量不宜超过三件，要注意与自己衣服的质地、色彩、款式等的搭配。很多导游员带团时会随身带一副墨镜，在进入室内和车内时，应及时取下。

在线课堂
1-2-1

基本礼仪规范

步骤三：修炼仪态美

仪态礼仪是指人们的姿态要优雅合适、自然得体、端庄稳重。仪态美是一种极富魅力和感染力的美，能在动静之中展现出人的气质、修养、品格和内在美。在导游活动中，导游员要努力培养和保持端正秀雅的姿态，展示个人内在的持重、聪慧与活力。导游员的姿态主要有站姿、坐姿、行姿。古人云"站如松，坐如钟，行如风"，这也是对导游员姿态的基本要求。

1.站姿

导游员的站姿应稳重、自然。在旅游车上面对旅游者进行讲解时，导游员可以靠在导游靠板上，保证身体的稳定性，确保安全。

2.坐姿

端庄稳重是对导游员坐姿的基本要求。即便是在行进的汽车上，导游员也应注意保持规范的坐姿，双手可搭放在座位的扶手上。双腿自然弯曲，男士两膝相距以一拳为宜；女士双膝应并拢，切忌分腿而坐。此外，无论男女，坐姿均不可前倾后仰，东倒西歪，要克服跷二郎腿、脚底示人、抖动腿脚等不良习惯。

3.走姿

走姿是导游员最主要的一种工作姿态，前行引导、登山涉水，导游员无不是靠行走来完成其导游工作。正确的走姿以正确的站姿为基础，带团行进时，导游员的步态应从容、轻快，即上体挺直，抬头含颌，收腹挺胸，身体重心略向前倾；双肩放松，两臂前后自然摆动；步幅适中、均匀，步位平直。应避免弓背、哈腰、

斜肩，左右晃动，双手插兜，步伐滞重，慌张奔跑等情况，也不要在行走时吃东西、吸烟。

4.蹲姿

导游员在工作场合捡拾地面物品、整理鞋袜时，需要采用蹲的姿势。下蹲时，上体尽量保持正直，一腿在前，一腿在后，两腿合力支撑身体，缓慢屈膝下蹲。女士无论采用哪种蹲姿，一定不要有弯腰、抬起臀部的动作，也不要将两腿展开平衡下蹲，应将双腿靠紧，臀部向下。只有举止自然、得体、大方、不造作，才能体现出优美的蹲姿。

任务评价

通过实施以上步骤，是否达成了该项任务目标和素养目标呢？请对完成任务的情况做出评价，见表1-2-6。

表1-2-6　　　　　　　　　　　形象准备任务评价表

评价内容	完成情况			
	优	良	中	差
注重仪容美				
培养仪表美				
修炼仪态美				
对"导游：国家和城市旅游形象的代言人"观念的理解				

任务四　心理准备

◎　**任务目标**

导游员的精神要始终愉快、饱满。在旅游者面前应显示出良好的精神状态，要快速进入导游角色，并且始终保持而不受任何外界因素的影响。导游员需要心理稳定、平衡、成熟，并且能了解游客的心理，力争为游客提供最优质的导游服务。

◎　**素养目标**

通过该任务，培育学生牢固树立导游服务中"因人而异、因时而异、因地制宜"的理念。

理论知识

在导游过程中，导游员应始终保持清醒的头脑，遇事沉着、冷静、有条不紊，协调各方面的关系时要机智、灵活、友好，处理突发事件以及旅游者的投诉时要干脆利落，要合情、合理、合法，这要求导游员具备良好的心理素质。

"知己知彼，百战不殆"，作为导游员，做好接待工作的前提是熟悉游客的情况。这样才能为游客提供优质贴心的导游服务，也能使自己的工作进行得更为顺畅。

任务实施

步骤一：准备面对艰苦复杂的工作

导游员在做准备工作时，不仅要根据旅游团的情况考虑如何按照正常的工作程序要求，为一般旅游者提供热情周到的服务，而且还要有充分的思想准备，考虑如何为特殊旅游者提供服务，以及如何面对、处理接待过程中可能发生的问题和事故。

步骤二：准备承受抱怨和投诉

导游员的工作繁杂辛苦，有时可能出现导游员已经尽其所能、热情周到地为旅游团服务，但还是会有一些旅游者挑剔、抱怨和指责，甚至提出投诉的情况。

对于这种情况，导游员要有足够的心理准备，要沉着冷静地面对，无怨无悔地继续为旅游者提供服务。

步骤三：准备面对形形色色的"精神污染"和"物质诱惑"

导游员在接团过程中，要与各种各样的旅游者接触，还要同一些商家打交道，他们的言行举止可能有意无意地传播某些不健康的内容，甚至用美色或物质利益来引诱导游员犯错。对于这些言行，导游员应有充分的思想准备，牢记"拒腐蚀，永不沾"。

步骤四：掌握为旅游者提供心理服务的基本要求

（1）尊重旅游者的自尊心。当导游员礼貌待客、热情服务并认真倾听旅游者的意见和要求时，就在心理上满足了他们受到尊重的需求。一般情况下，满意的旅游者也会尊重导游员，努力与导游员一起完成旅游活动。

（2）保持微笑服务。微笑是自信的象征，是友谊的表示，是和睦相处、愉快合作的保证。真诚的笑、善意的笑、愉快的笑能产生感染力，引起共鸣，缩短人与人之间的距离，架起和谐交往的桥梁。

（3）学会使用柔性语言。"一句话能把人说笑，也能把人说跳"，柔性语言表现为语气亲切、语调柔和、措辞委婉、说理自然，用商讨的口吻与人说话。这样的语言使人感到亲切愉悦，有较强的说服力，能达到以柔克刚的交际效果。

（4）与旅游者建立"伙伴关系"。首先要在旅游者和导游员之间建立起正常的情感关系；其次导游员要正确把握与旅游者交往的心理状态，尊重他们，与他们平等交往。

（5）提供个性化服务。相对于规范化服务，个性化服务是针对旅游者个别需要在合理而可能的条件下提供的服务。它也是一种建立在理解人、体贴人基础上的、

富有人情味的服务。

任务评价

通过实施以上步骤，是否达成了该项任务目标和素养目标呢？请对完成任务的情况做出评价，见表1-2-7。

表1-2-7　　　　　心理准备任务评价表

评价内容	完成情况			
	优	良	中	差
准备面对艰苦复杂的工作				
准备承受抱怨和投诉				
准备面对形形色色的"精神污染"和"物质诱惑"				
掌握为旅游者提供心理服务的基本要求				
对导游服务中"因人而异、因时而异、因地制宜"理念的理解				

案例共享

总结问题，及时改进

某年8月的一天晚上，上海的导游员唐小姐在车站接到了一个由苏州来的旅游团。她把客人送到静安希尔顿酒店后，就让司机回家了。此时游客们突然告诉她，大家还没有吃晚饭，请她安排一下。唐小姐听后很吃惊，因为按计划，晚饭应该在苏州吃，她只需要在接到客人后把他们送到酒店，当天的任务就算完成了。唐小姐因为没有思想准备，也没带旅行社的用餐结算单，又把司机放回家了，所以有些手足无措。那时已经是晚上8点钟了，游客们显得情绪很低落。她连忙和旅行社联系，叫出租车把游客们送到一家餐馆用餐，并向大家解释，这种失误是由于苏州旅行社与上海旅行社交接不清楚造成的。经过导游的努力补救，游客们终于吃上了晚餐，并对唐小姐的工作表示满意和感谢。

此事对唐小姐的触动不小，回家后她立即在工作日志上写道：（1）接团前应有充分的准备；（2）注意团队到达时间是否与就餐时间冲突；（3）接待中要随时带齐餐单与票据；（4）到达酒店将客人安排妥当后，再让司机回家。

资料来源　佚名．案例分析［EB / OL］．［2015-02-08］．http://www.doc88.com / p-4025124926378.html.

安排活动应"因人而异"

某年5月，北京的导游员姜小姐接待了一个15人的法国旅游团。该团在京日程安排得很紧凑：第一天晚上入境后，到酒店休息；第二天上午参观天安门、故宫，下午去颐和园、动物园，晚上吃风味餐、看京剧；第三天上午去八达岭长城，下午去定陵，晚上去王府井购物；第四天上午去天坛、雍和宫，午餐后乘下午的航班去西安。

　　第二天游览过程中游客们兴致很高，每到一处他们都拍照留念，听导游员的讲解也十分认真。只是在景点的步行距离太长，团里大部分是老年人，有些人就感到很疲惫。晚上吃烤鸭的时候，气氛达到了高潮，因而京剧开演了30分钟后他们才赶到剧场。回酒店的路上大家对当天的旅游安排非常满意，赞不绝口。

　　第三天，一些人的疲态便显露出来了。在长城，有的游客只登上一个谯楼，照了几张相便返回旅游车休息。在定陵有两位老年游客更是不愿走那么多台阶去参观地下宫殿，姜小姐只好将疲劳的游客先安顿好，再去为其他人服务。回去的路上，有些游客要求先回酒店休息一下，再去吃饭、购物，结果再次集合时，只有6个人去吃饭，其他人都想休息了。晚饭后只有两个人要求到王府井购物，其他4人自愿坐出租车回酒店。在送购物客人回酒店的路上，姜小姐心里有一种说不出来的滋味。

　　第四天上午参观完天坛，由于游客行动过于缓慢而使得时间不够，无法再去雍和宫参观。大家匆匆到指定的餐厅用过餐后便赶去机场了。一路上姜小姐征求了游客们对此次北京旅游的意见。有人反映，刚开始时感觉不错，但越到后来越感到活动单调，并且有些劳累。对于姜小姐的服务和讲解大家还是感到很满意，但希望根据旅游团老年人多的特点，多留出一些放松的时间。

　　资料来源　佚名.导游接待技巧案例分析［EB/OL］.［2011-08-11］. https://wenku.baidu.com/view/25551a0202020740be1e9b7f.html.

案例点评
1-2-2

安排活动应
"因人而异"

思政专栏 ✓ ----------------●

周璇：平凡岗位见初心

　　"我从小泡着温泉水长大，对养育我的水土感情非常深厚。大学毕业后，我回到家乡江苏南京汤山，成为汤山温泉旅游度假区的一名导游。这些年，每当我向游客讲述汤山的故事，看到游客们频频点头、脸上露出满意的笑容，就特别有成就感，我也对导游这份工作愈发热爱，并下定决心，要让更多人了解汤山、爱上汤山。"谈到自己是如何步入旅游行业的，江苏南京汤山旅游发展有限公司导游组组长周璇说。

　　这位"90后"全国巾帼建功标兵说，守着把汤山"旅游资源丰富，文化传承有序，山水泉林相依，洞碑寺塔相融"的魅力说给更多人听的初心，她在导游岗位上努力架起游客与风景间的桥梁，不断提高业务水平。她常说，不积跬步无以至千里，因此，在日常的生活与工作中，周璇非常注重积累，阅读、探究讲解对象相关专业知识，学习讲解技巧，有效提升了自己的业务能力。

　　周璇还记得，刚工作不久，她接待一位游客，在讲解汤山方山国家地质公园是江苏省四个国家地质公园之一时，游客问她，"另外三个呢？"她没答上来，羞愧得恨不得立刻消失。这件事对周璇的影响很大，从那以后，周璇利用一切可利用的闲暇时间做功课，再也没让类似的事情发生过。

此外，周璇还格外注意对不同人群采取不同的讲解方式。博物馆是青少年研学旅行的首选目的地之一，如何能够通过博物馆导游生动形象的语言更好地传播科学知识，是周璇与她的团队致力解决的问题。在汤山方山国家地质公园博物馆，周璇会通过一些浅显易懂的故事向孩子们讲解科学知识。比如，当她讲解溶洞如何形成的时候，通常会先阐述溶洞形成的科学原理，然后通过开水溶方糖的例子，让孩子们理解。在介绍地质年代划分的时候，她会将地质年代的几个阶段和一天24小时进行类比，让游客更加直观地了解地质年代的划分情况。"通过这样的方法，把晦涩难懂的知识点转化成游客、青少年能够理解并消化的内容，易于吸收。"周璇说。

2020年，作为"桥梁"的周璇走上了"云端"，她参加了南京市文化和旅游局举办的"打卡南京 直播美好"南京景区（点）直播达人训练营及直播比赛，并获得二等奖的好成绩。紧接着，她还签约成为南京景区（点）直播志愿团的成员，线上线下不间断服务游客。

长期的坚持也让周璇获得了2017年第二届全国国土资源科普讲解大赛一等奖、2019年第四届全国导游大赛银牌导游员、2019年江苏省金牌导游等诸多荣誉。

在个人荣誉逐渐累积的同时，身为公司导游组组长的周璇也不忘与组员共同进步。在她的感染和带领下，汤山旅游度假区导游组整体讲解质量明显提升，导游组更是被评为2020年南京市江宁区"五一巾帼标兵岗"。

周璇认为，与其说是带领团队，不如说是在团队中让每个人都能发挥所长，尊重每个人的想法和理念，并且为团队成员争取更多锻炼自己的机会。如果有团队成员要参加比赛，前期准备阶段其他团员都会一起出谋划策，修改讲解词、陪练、准备比赛道具……周璇通过各种方式激发团队的荣誉感和凝聚力。

如今，站在全国巾帼建功标兵的新起点上，周璇深感自豪的同时，也有了更多的压力。"我将继续坚守在岗位上，坚守初心，在汤山讲述家乡故事，在日复一日的工作中，提高自己的业务能力，做好游客与风景间的桥梁。"

资料来源　邵子君.周璇：平凡岗位见初心［N］.中国旅游报，2021-03-09.

思政关键词：职业品德　文化传播者

课后思考与实践

请自行选择旅行社的一项接待任务，结合实际，谈谈在整个服务过程中需要做好哪些准备工作。

2 模块二 迎接及途中服务

旅游接待过程中的服务是地陪导游员工作的主要环节，它包括：迎接服务，途中服务，入店服务，核对、商定活动日程，参观游览服务和其他服务。其中迎接服务和途中服务是地陪导游员在旅游者面前的首次亮相，应提供准时、热情、友好、优秀的讲解和其他接待服务，以给他们留下良好的第一印象。

项目一　迎接服务

◎　**项目概述**

迎接服务指导游员提前半小时到达机场、车站、码头迎接旅游团前后所提供的各项服务。它是导游服务过程中与游客建立第一印象的关键。

◎　**项目结构**

本项目结构如图2-1-1所示。

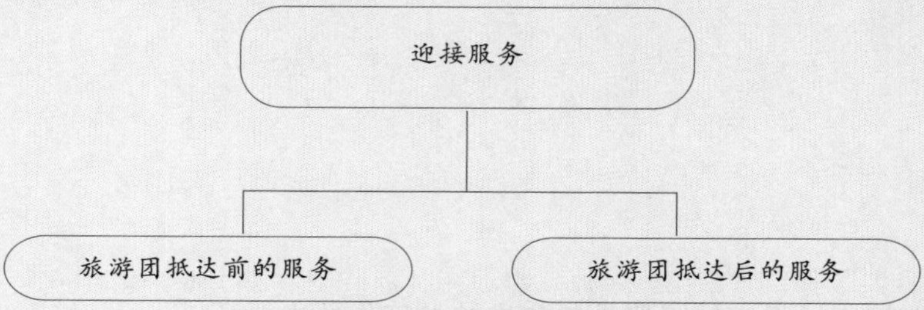

```
            ┌──────────────┐
            │   迎接服务    │
            └──────────────┘
                   │
        ┌──────────┴──────────┐
┌─────────────────┐  ┌─────────────────┐
│  旅游团抵达前的服务  │  │  旅游团抵达后的服务  │
└─────────────────┘  └─────────────────┘
```

图2-1-1　项目结构图

任务一　旅游团抵达前的服务

◎　**任务目标**

导游员在旅游团抵达前，应做好充分的准备，尤其是在时间、联络等方面需要十分精准，主要包括确认旅游团所乘交通工具抵达的准确时间、与旅游车司机联系、与行李员联系、再次核实航班（车次）抵达的准确时间、持接站牌迎候旅游团五项工作。

◎　**素养目标**

通过该任务，培育学生树立和掌握系统观、整体观的方法论。

▶ **理论知识**

时间"四核实"：核实票面时间、核实问询时间、核实计划时间、核实时刻表时间。

任务实施

步骤一：确认抵达时间

接团当天，地陪导游员应尽早与旅游团全陪或领队联系，了解旅游团所乘交通工具的运行情况，尤其是在天气恶劣的情况下，应随时掌握旅游团的动向，了解其抵达的准确时间。

大雾、雷雨、台风、下雪等恶劣天气往往影响飞机、火车、汽车、轮船的顺利抵达。地陪导游员应尽早与旅游团领队或全陪取得联系，了解交通工具的运行情况。旅游团乘坐火车、轮船、汽车等交通工具时导游员可以随时通过手机掌握旅游团队的动向。旅游团乘坐飞机时，导游员可要求领队或全陪在起飞前告知相关信息；也可以通过机场网站或机场（车站、码头）问讯处，查询了解旅游团所乘交通工具到达的准确时间。一般情况下，至少应在飞机预定抵达时间前2小时，火车、轮船预定抵达时间前1小时向问讯处询问，以便有充足的时间前往机场、车站、码头。

步骤二：联系旅游车司机

得知旅游团所乘交通工具到达的准确时间后，地陪导游员应与司机联系，通知旅游车司机出发的时间，商定见面地点，确保提前半小时抵达接站地点，并告知司机旅游团的活动日程和具体时间。到达接站地点后，地陪导游员应与司机商定旅游车具体的停车位置。

步骤三：联系行李员

若为旅游团配备了行李车，地陪导游员应提前与行李员联系，告知旅游团的名称、人数和行李运送地点。

步骤四：再次核实抵达时间

地陪导游员在到达接站地点后，应再次到问讯处或航班（车次）抵达电子屏处确认航班（车次）抵达的准确时间。如被告知所接航班（车次）晚点，但推迟时间不长，地陪导游员可留在接站地点继续等候旅游团；如推迟时间较长，应立即将情况报告接待社有关部门，听从安排。

步骤五：持接站牌迎候旅游团

旅游团所乘交通工具抵达后，地陪导游员应在旅游团出站前，持导游旗或接站牌站立在出口醒目的位置，面带微笑，热情迎候旅游团，以便领队、全陪或散客前来联系。接站牌上要写清团名、团号、领队或全陪姓名。迎接小型旅游团或无领队、无全陪的旅游团要写上客人的姓名、单位或客源地。

任务评价

通过实施以上步骤，是否达成了该项任务目标和素养目标呢？请对完成任务的

随堂测验
2-1-1

任务一

情况做出评价，见表2-1-1。

表2-1-1　　　　　　旅游团抵达前的服务安排任务评价表

评价内容	完成情况			
	优	良	中	差
确认抵达时间				
联系旅游车司机				
联系行李员				
再次核实抵达时间				
持接站牌迎候旅游团				
对系统观、整体观方法论的掌握				

任务二　旅游团抵达后的服务

◎　**任务目标**

通过该任务的学习，导游人员应掌握在接到旅游团后应做的服务工作，以确保随后导游工作的顺利开展。服务内容主要包括迎接旅游团、认真核实旅游团、集中清点行李、集合登车清点人数四个方面。

◎　**素养目标**

通过该任务，培养学生服务游客的职业认同感，将"为人民服务"的理念落地内化为实际行动。

理论知识

1.漏接

漏接是指旅游团抵达某站后，无导游员迎接的现象。

漏接的原因：

（1）由于导游员主观原因造成的漏接情况主要有以下几种：①导游员未按预定的时间抵达接站地点；②导游员工作疏忽，将接站地点弄错；③由于某种原因，导致航班（车次、船次）变更或者旅游团提前到达，接待社有关部门在接到上一站旅行社通知后，已在接待计划（或电话记录、传真）上注明，但导游员没有认真阅读，仍按原计划接团；④新旧时刻表更替，导游员没有查对新时刻表，仍按旧时刻表时间接团等。

（2）客观原因造成的漏接是指由于交通部门的原因，原定航班（车次、船次）变更，旅游团提前到达，但因接待社有关部门没有接到上一站旅行社的通知，或接到上一站通知但没有及时通知该团导游员所造成的漏接。

2.空接

空接是指由于某种原因旅游团延迟抵达某站，导游员仍按原计划的航班（车次、船次）接站导致没有接到旅游团的情况。

空接的原因：（1）由于天气原因或某种事故，旅游团仍滞留在上一站或途中，下一站旅行社并不知道这种临时变化，而全陪或领队又无法及时通知地方接待社。（2）航班（车次、船次）变更后，旅游团延迟到达，接待旅行社有关部门由于没有接到上一站旅行社的通知，或接到了上一站的通知而有关人员忘记通知该团导游员。

3.错接

错接是指导游员在接站时未认真核实，接待了不应由其接待的旅游团。错接属于责任事故，应尽量预防和避免。

任务实施

步骤一：迎接旅游团

在确认旅游团所乘飞机（火车、轮船）抵达后，导游员应站在出站口醒目位置，旅游者出站时，要尽快找到所接旅游团。迎接的方法主要有：

（1）原地迎候。导游员站在显眼的位置高举接站牌或导游旗，以便领队、全陪（或旅游者）前来联系。

（2）主动认找。导游员可以主动通过手机与全陪或领队联系，了解旅游者出站情况，也可根据旅游者的民族特征、衣着、组团社的徽记、人数等分析判断，主动上前友好询问。

步骤二：核实旅游团队信息

接到旅游团后，导游员应仔细核对领队、全陪或旅游者代表的姓名、国别、客源地、组团社名称等信息，及时向领队、全陪或旅游者代表核实到人数，如该团无领队和全陪，应与该团成员逐一核对团员、客源地及团员姓名等，无任何出入时才能确定是自己所接的旅游团，防止错接。如因故出现人数增加或减少等与计划不符的情况，应及时通知旅行社。

步骤三：集中清点行李

导游员应协助该团旅游者将行李集中放在指定位置，提醒旅游者检查自己的行李物品是否齐全、完整无损。与领队、全陪核对行李件数无误后，移交给行李员，双方办好交接手续。若有行李未到或破损，导游员应协助当事人到机场登记处或其他有关部门，办理行李丢失或赔偿申报手续。

步骤四：集合登车，清点人数

（1）导游员应提醒旅游者带齐手提行李和随身物品，及时引导旅游者前往乘车处。

（2）旅游者上车时导游员应恭候在车门旁，协助或搀扶旅游者上车就座。待旅游者坐稳后，导游员应检查旅游者放在行李架上的物品是否稳固；

（3）上车后，应协助旅游者就座，礼貌地清点人数，待旅游者到齐坐稳后请司

机开车。

任务评价

通过实施以上步骤，是否达成了该项任务目标和素养目标呢？请对完成任务的情况做出评价，见表2-1-2。

表2-1-2　　　　　　　　旅游团抵达后的服务任务评价表

评价内容	完成情况			
	优	良	中	差
迎接旅游团				
核实旅游团队信息				
集中清点行李				
集合登车，清点人数				
树立服务游客的职业认同感，将"为人民服务"的理念内化为实际行动				

案例共享

"灵感"的应验

某年秋季的一天，北京的导游员余先生到机场去接一对外国夫妇。由于同时到达了好几个航班的飞机，机场大厅接机的人很多，显得很拥挤。余先生举着接机牌挤到出口处，想尽快接到游客。好几对外国夫妇从出港的人群中涌出，看了看余先生手中的接机牌，便摇着头走开了。等了近一个小时，下一个航班的飞机都快到港了，余先生仍没有接到客人，他看到本旅行社的一个同事接到了一个没有领队的旅游团，正向门外走去。客人佩带的胸牌与他要接的客人是由同一个外国旅行社所发。余先生灵机一动，忙请司机代他举着牌子等在大厅里，自己赶到大厅外面去看一看。在停车场一辆旅游车旁，他见到一对夫妇与那个团的导游正在交涉。他连忙赶上前询问，果然找到了自己要接的客人。原来这对夫妇和那个团的游客在飞机上结识后，了解到他们所住的酒店、提供服务的旅行社都与自己的相同，而胸前所佩带的标记又由同一家国外旅行社所发，便以为和那些人在一起就能找到导游，所以出港时就跟着那些人，根本没注意接机人手中的牌子。来到停车场，那位导游员清点人数，发现多了两个，此时余先生刚好赶到。

资料来源　佚名.导游案例［EB/OL］.［2012-12-26］. https://www.docin.com/p-564810370.html.

正确的"推测"

　　某年10月的一天，桂林的导游员刘先生到机场去接一个从香港来桂林的英国旅客。不料到机场后，机场调度室和香港航空公司驻桂林的代表通知，那个航班因故取消了，接机的人可于翌日上午8点来接人。同时，他又从进港预告牌上看到，在那个航班之后，还有两个航班在1小时后从香港来桂林。他想：以前曾有过旅客因航班取消而改乘当天其他班机的事例，那位客人会不会坐下一个航班来呢？于是他决定留下等候，希望能接到自己的客人。1个多小时后，那位客人果然乘其他航班抵达了桂林。客人见有人接机喜出望外，他原以为由于航班取消，当天不会有人接机了，准备自己叫出租车去酒店。他没想到导游还在特意等着接他，因此心情非常好，对刘先生的热情服务表示了衷心的感谢。

　　资料来源　佚名.导游案例［EB/OL］.［2012-12-26］. https://www.docin.com/p-564810370.html.

案例点评
2-1-2

正确的"推测"

漏接之后

　　导游员小章提前两个小时从市里出发前往机场接团，在距离机场还有两公里的地方不幸遇到了交通事故，旅游车被堵在了路上。待交通管理部门疏导完现场，小章驱车赶到机场时已经迟到了半个小时，旅游者早已拿着行李集合在停车场等他。小章一边帮旅游者安放行李，一边赶紧请旅游者上车。在车上，小章再次向旅游者解释自己迟到的原因并表示歉意。可是部分旅游者仍然情绪激动，有人还说了几句难听的话。到达旅游者下榻的酒店后，小章熟练地分好房间并查看了旅游者的住房情况。晚餐时，小章等在餐厅门口，热情地欢迎大家用餐，并把大家引到餐桌边。小章仔细地向旅游者介绍每一道菜，还耐心地向大家打听团队中有无素食者，有无特殊要求或饮食忌讳。在旅行社领导的同意下，小章还给每桌加了两道菜。旅游者被小章的工作热情所感动，对她的态度也开始变好。说过难听话的旅游者还对自己之前的行为向小章表示歉意。

案例点评
2-1-3

漏接之后

做好预案避免迟到

　　小徐是旅行社德语专业导游，这天，他作为地陪接待一个德国团。早上7：30，他就骑上自行车去旅游者下榻的酒店，因为旅游团8：00在酒店大厅集合。小徐想从家里到酒店骑车20分钟就到了，应该不会迟到。然而，当经过铁路道口时，开来一列火车，把他拦住了。待列车开过去时，整个道口已被挤得密密麻麻，因为大家都急着赶时间去上班，自行车、汽车全然没有了秩序。越是没有秩序，越是混乱，待交通警察赶来把道口疏通，已过8：00。10分钟后，小徐才到酒店。这时，离原定旅游者出发时间已晚了十多分钟，只见等候在大厅的那些德国旅游者个个面露不悦，领队更是怒气冲冲地走到小徐面前伸出左手，意思是说："现在几点了？"

案例点评
2-1-4

做好预案
避免迟到

　　资料来源　佚名.导游业务案例分析［EB/OL］.［2016-02-14］. https://wenku.baidu.com/view/f654befd4b35eefdc9d33358.html.

课后思考与实践

请以小组为单位，一人扮演地陪导游员，一人扮演全陪导游员，其余组员扮演游客，进行迎接服务。请本小组自评和其他小组进行评价。

◎ 项目概述

导游员接到旅游团后，从机场（车站、码头）到下榻酒店行车途中的服务，是导游员给旅游者留下良好第一印象的重要环节。由于"先入为主"的心理现象，旅游者的"第一印象"会产生很大的心理效应，即首因效应，旅游者会以这一印象作为以后评价导游员的依据。因此，要在旅游者心目中树立良好的导游形象，必须严格按照语言艺术的要求"塑造"自己，做好途中服务。

◎ 项目结构

本项目结构如图2-2-1所示。

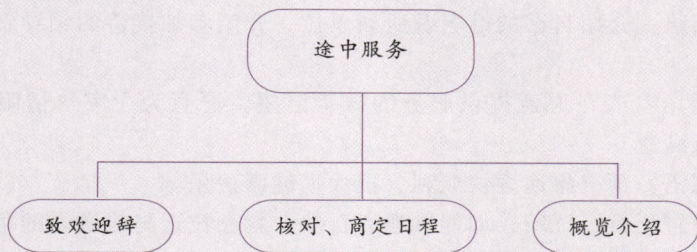

图2-2-1　项目结构图

任务一　致欢迎辞

◎ 任务目标

欢迎辞好比一场戏的"序幕"、一篇乐章的"序曲"、一部作品的"序言"，是给客人留下"第一印象"的极佳机会，导游员应当努力展示自己的艺术风采，使"良好开端"成为"成功的一半"。本任务主要包括欢迎辞的主要内容和致欢迎辞的注意事项两个方面。

◎ 素养目标

通过本任务，培养学生热情、活力四射、真诚的职业态度。

理论知识

欢迎辞的内容应视旅游团的性质及其成员的文化水平、职业、年龄及居住地等情况而有所不同，一般应在旅游者放好物品、各自归位、静等片刻后开始。因为旅游者新到一地，对周围环境有新奇感，左顾右盼，精神不易集中，讲解效果不好。因此，导游员要掌握时机，待大家情绪稳定下来后再讲解。

欢迎辞要精简、有激情、有特点、有新意、有吸引力，这样才能把旅游者的注意力吸引到自己的身上来，给旅游者留下深刻印象。导游员集体中，一般是领队最先致欢迎辞，然后介绍全陪，再由全陪致欢迎辞，介绍地陪，最后是地陪致欢迎辞，并主动承担随后的具体接待工作。

任务实施

导游讲解
2-2-1

致欢迎辞

步骤一：规范欢迎辞的主要内容

（1）问候语："各位来宾、各位朋友，大家好！"或正式的问候语"先生们、女士们，大家好！"

（2）欢迎语：代表旅行社、司机等向客人表达欢迎之意。

（3）介绍语：介绍自己的姓名及所属单位，介绍参加接待的领导、司机和其他工作人员。

（4）愿望语：表示愿意提供服务的诚挚愿望，愿意为大家热情服务、努力工作，确保大家满意。

（5）祝愿语：预祝旅途愉快顺利，祝大家健康快乐。

欢迎辞切忌死板、沉闷，如能风趣、自然，就会拉近与旅游者的距离，使大家很快成为朋友，熟悉起来。例如：

各位贵宾：

大家好！

首先请让我代表××旅行社欢迎各位来到美丽的江城——武汉观光游览。我是此次行程的导游，姓周，大家可以叫我"周导"。希望我能够像我的称呼一样为大家提供"周到"的服务。这位是我们的司机刘师傅，今明两天就由刘师傅和我为大家提供服务，我们感到非常荣幸！大家在武汉可以把两颗心交给我们，一颗心是"放心"，交给刘师傅，他的车技相当娴熟，大家尽可以放心坐他的车；另一颗心是"开心"，就交给"周导"我好了，一路上大家有什么问题尽管和我说，我将尽我所知为各位解答。

最后希望大家在武汉玩得开心，并对我们的服务感到满意。

步骤二：掌握致欢迎辞的注意事项

（1）认真对待。导游员应重视欢迎辞，这是导游员在旅游者面前的首次亮相，是导游服务中的一个重要环节，是旅游全程的前奏。成功的欢迎辞有利于拉近导游员与旅游者的距离，为顺利做好整个团队的接待和服务工作打下良好的基础。

（2）致欢迎辞一般在旅游者登上旅游车坐定之后进行，或在机场、车站、码头等接站地点进行，可以根据实际情况灵活掌握。致欢迎辞一定要在旅游者到齐的情况下进行，对个别旅游者的疏漏和怠慢会给行程中的团队管理埋下隐患。

（3）致欢迎辞时态度要热情，让旅游者产生宾至如归的感觉。要避免呆板、程式化的介绍，不要让旅游者产生应付、走过场的感觉。

（4）介绍导游员和司机姓名时要新颖别致，达到使旅游者迅速记住的效果。让旅游者记住导游员的姓名，能够对彼此间增进感情、培育信任起到非常积极的作用。帮助记忆的方法很多，可运用中国传统的拆字法（如木子李、弓长张等），或联系相同姓氏的名人姓名进行介绍。

（5）介绍自己所属的旅行社。这是一个宣传企业的机会，要认真把握。可以对所属旅行社做一个简单介绍，如公司的名称、规模、业绩、影响力等，有利于增强旅游者对公司和导游员的信任度。

（6）表达会尽力做好服务的态度和希望得到合作的愿望时，态度要诚恳。因为在接待过程中难免会遇到一些不尽如人意的地方，需要旅游者的配合和理解。在这里可以把在本地旅游接待中容易遇到的问题简单列举一下，如城市交通堵塞问题、节假日景点人多等候时间较长等，使旅游者对可能出现的问题提前做好思想准备。

（7）欢迎辞的长短要结合实际情况进行调整。如果是从机场接团去市区，通常时间较长，可以适当展开；如果是在火车站接团到下榻宾馆或第一个景点，途中时间较短，则可以精练一些。

随堂测验
2-2-1

任务一

任务评价

通过实施以上步骤，是否达成了该项任务目标和素养目标呢？请对完成任务的情况做出评价，见表 2-2-1。

表 2-2-1　　　　致欢迎辞任务评价表

评价内容	完成情况			
	优	良	中	差
规范欢迎辞的主要内容				
掌握致欢迎辞的注意事项				
热情、活力四射、真诚的职业态度				

任务二　核对、商定日程

◎ **任务目标**

核对商定日程是行程开始之初导游服务集体的一项重要工作，主要包括确认日程和修改日程两大项内容。

◎ **素养目标**

通过该任务，培育学生统筹协调、整合规划、灵活应变的专业素养。

理论知识

旅游团在开始参观游览之前，地陪应与领队、全陪核对、商定本地行程安排，并及时通知每一位游客。这是因为：首先，与领队、全陪核对行程安排是对他们的尊重。领队和全陪是组团社的代表，他们有事先了解和审核各地接社对旅游日程的安排以及对安排提出自己的意见并予以修改的权利。其次，与领队、全陪核对日程是实施接待计划的必要准备。在旅游团抵达前，旅行社有关部门已经安排好该团在本地的活动日程，但是通过领队、全陪的认真审核，可以进一步发现问题，弥补漏洞和不足，有助于旅游团的游览更为圆满地完成。最后，与领队、全陪核对日程有利于双方的沟通，对未尽事宜达成共识。由于旅游计划的拟定已经有了一段时间，在主观和客观方面都有可能发生变化，因此，事先商定日程可以针对已经变化了的各种因素及时做出必要调整。

总之，核对、商定日程是旅游团的一项重要工作，是保证团队顺利运行的必要程序，导游员要予以特别的重视。

任务实施

步骤一：确认日程

地陪要与领队、全陪核对旅游日程，核对的内容包括：

（1）各自手中的接待计划有无出入；

（2）每日行程安排的具体情况；

（3）向领队征求对地接社安排的详细行程的意见；

（4）离开本地时的交通工具、航班（车次、船次）以及时间。

步骤二：修改日程

在核对商定日程时，有时会因某些原因对原定日程进行修改，这时导游员要采取相应的措施。

（1）领队提出修改意见或要求增加新的游览项目。①导游员应及时向旅行社有关部门反映，对于合理有可能的项目应尽量予以安排；②需要加收费用的项目，导游员要事先向领队讲明，按有关规定收取费用；③对确有困难无法满足的要求，导游员要详细解释、耐心说明。

（2）领队提出的要求与原日程不符且涉及改变接待规格。①一般应予以婉言拒绝，并说明我方不便单方面不执行合同；②如确有特殊理由，并且由领队提出，导游员必须请示旅行社有关部门，视情况而定。

（3）与领队（或全陪）手中的接待计划有出入。①要及时报告旅行社，并查明原因、分清责任；②若是接待方的责任，导游员应实事求是说明情况，并向领队和全体游客道歉。

随堂测验
2-2-2

任务二

任务评价

通过实施以上步骤，是否达成了该项任务目标和素养目标呢？请对完成任务的情况做出评价，见表2-2-2。

表2-2-2　　　　　　　　　核对商定日程任务评价表

评价内容	完成情况			
	优	良	中	差
确认日程				
修改日程				
统筹协调、整合规划、灵活应变的专业素养				

任务三 概览介绍

◎ **任务目标**

概览介绍包括简介旅游行程，介绍下榻酒店，宣布集合时间、地点和停车地点三个步骤，使游客对于整体旅游线路有一个全面的认识，为此次旅游活动的顺利开展打好基础。

◎ **素养目标**

通过该任务，培养学生热爱旅游事业和尽职敬业的精神，以及认真负责、一丝不苟的工作作风。

理论知识

旅游行程单，简称行程单或者行程表，是旅行社提供给游客的介绍日程安排、服务标准、注意事项的文件，是旅游合同的必备附件，也是旅游合同的一个重要组成部分。游客在报名前应当仔细阅读行程单的内容，并就相关事项详细咨询旅行社。独立成团的可以根据团队的需要定制某条线路的行程单。旅游者在报名时应当索取一份旅行社盖章确认的行程单，并在一份行程单上签名留存于旅行社，与旅游合同一起作为参团依据。《中华人民共和国旅游法》第五十九条规定，旅行社应当在旅游行程开始前向旅游者提供旅游行程单。旅游行程单是包价旅游合同的组成部分。

任务实施

步骤一：简介旅游行程

导游服务集体在核对、商定日程之后，应向游客简要介绍本地的旅游行程安排，让游客对此次旅游行程形成总体的印象。

步骤二：介绍下榻酒店

导游员应向旅游者介绍他们所下榻酒店的基本情况，有利于增加旅游者对该酒店的特点和服务的了解，方便旅游者的生活。

1.主要内容

（1）酒店的基本情况，包括酒店的名称、星级、规模、曾获得的荣誉、在本地住宿设施中的地位等。

（2）酒店的详细地址，要讲清该酒店的具体位置、在城市的方位、交通状况、距机场（车站、码头）的距离，以及附近著名的街道、商业区、建筑物等。

（3）酒店的服务设施及其提供的服务项目，主要包括住宿设施（各类客房）、餐饮设施（各类餐厅、酒吧）、商务设施（商务中心）、休闲设施（健身房、游泳池、桑拿、KTV）等，以及旅游者比较关心的外汇兑换、电话、洗衣等服务项目。

（4）与入住房间有关的问题，如门锁的使用、房内设备设施的使用、房内物品的检查、房内商品收费情况等。

2.注意事项

（1）介绍时要突出酒店的优势和特点。有的酒店档次高，有的酒店位置好，有的酒店设施新，有的酒店接待过某位名人，这些优势都可以重点介绍。对酒店为住店旅游者提供的免费服务设施，也可以重点介绍。

（2）根据旅游者情况选择介绍的内容。如果旅游者经常外出，旅行经验丰富，导游员对酒店情况做简单介绍即可，可以注重对酒店服务设施和服务项目的介绍；如果旅游者很少出门，要注重对客房设备和物品使用情况的说明，包括沐浴设施、电器设备的使用，以及酒店对旅游者可以带离房内物品的有关政策，避免在离店时发生不愉快的事。

（3）加强安全宣传。提醒游客观察酒店房间门后所张贴的安全疏散示意图，熟悉酒店内各安全通道的位置；提醒游客将贵重物品存入保险柜；告知游客酒店设施使用的安全提示等。此外，当酒店遇到游客投诉时，导游应积极做好酒店和游客之间的沟通工作，协助酒店做好妥善处理，做到客观公正又不失温度。当然，如果酒店单方面未按协议规定的标准提供服务，则应据理力争，维护旅行社的声誉和旅游者的权益。

步骤三：宣布集合时间、地点和停车地点

（1）旅游车在下榻酒店门口停靠后，导游员应在旅游者下车前讲清下次集合的时间、地点（一般在酒店大堂）和停车地点，让旅游者记住旅游车的颜色、车型和车牌号，并提醒他们将手提行李和随身物品带下车。

（2）告知司机第二天早餐和旅游团出发的时间。

任务评价

随堂测验
2-2-3

任务三

通过实施以上步骤，是否达成了该项任务目标和素养目标呢？请对完成任务的情况做出评价，见表2-2-4。

表2-2-4　　　　　　　　　概览介绍任务评价表

评价内容	完成情况			
	优	良	中	差
简介旅游行程				
介绍下榻酒店				
宣布集合时间、地点和停车地点				
热爱旅游事业和尽职敬业的精神，以及认真负责、一丝不苟的工作作风				

知识拓展
2-2-1

首因效应、
期望效应、
马斯洛需求
层次理论

案例点评
2-2-1

行李要点清

案例共享

行李要点清

某年8月的一天早上，西安的导游员李先生要送一个10人德国旅游团离开，该团没有领队。离开酒店前，旅行社行李员已将酒店行李员从各楼层收下来的14件行李装上了行李车，并请导游员查看。李先生想让游客们来看一下，但此时他们正在吃早饭，有几位客人跟随李先生来查看行李，有的人则不愿来，认为错不了。李先生想，刚来时他们一共有12件行李，现在多出2件，很可能是在西安购物后又增添了行李，就没再坚持让所有的客人都来查看行李，没想到当天就出了问题。原来，酒店行李员将那些德国游客隔壁房间的澳大利亚游客的2件行李混进了他们的行李中。后来，这2件行李又从上海运回西安，再从西安运到澳大利亚客人已经到达的城市——桂林。

资料来源　佚名.点清行李，避免混乱［EB/OL］.［2013-04-16］. https://www.docin.com/p-636120858.html.

投其所好

某年秋天，西安的导游员冯先生接待了一个来自新加坡的旅游团。团内多数人是对中国历史有所了解、有所研究的教师。那么，要让他们玩得满意，简单地介绍中国历史就显得不太合适了。于是，冯先生经过考虑，决定给他们多讲一些西安的民俗习惯和西安人的生活方式。在讲西安的饮食文化时，他谈到西安的饮食不但有精美的仿唐宫廷菜肴，还有丰富多彩的地方风味小吃，其中羊肉泡馍、辣味食品和面食十分有特色……于是游客们兴致勃勃地与他侃起了"吃"。在游客们感叹中国饮食文化之博大精深的同时，冯先生又请他们对秦始皇这个有争议的皇帝进行评价，结果有的说秦始皇很伟大，能够统一全国，修建万里长城，有的说秦始皇很残暴，焚书坑儒，横征暴敛。回到酒店后，游客们都异口同声地表示，今天玩得太开心了。

案例点评
2-2-2

投其所好

案例点评
2-2-3

初次见面的
讲解

初次见面的讲解

某年秋天，北京的导游员郑小姐接待了一个泰国旅游团。在机场接到客人后，她带领团队驱车前往酒店。为了给大家留下良好的第一印象，在机场高速路上，她首先热情问候了客人，并向大家介绍了司机和自己。然后，简要地介绍了北京优美的风光、历史和传说。她还根据客人的情况，给他们提出了一些善意的叮嘱，例如考虑到泰国客人来自湿润的热带国家，初到北京，总感觉气候干燥，有不适之感，严重者还会嘴唇干裂出血，因此要多喝水、多吃水果。她还向大家介绍了一些缓解空气干燥的小窍门：大家进入酒店的客房后，可以先打开洗手间热水阀，然后关上门，待洗手间充满水汽后，再将洗手间的门打开，使洗手间的水汽与客房中干燥的空气自由流通，这样客房空气就会湿润很多，人便会感到舒适多了。除此之外，她还给予大家一些忠告，例如出去旅游时要注意人身、护照、钱财的安全；外汇应在酒店、正规商店、银行等处兑换，不要在别处私自兑换，以免上当受骗……

郑小姐积极热忱的态度、生动实用的讲解给大家留下了良好的印象，不知不觉间，车子就到了酒店。

课后思考与实践

请以小组为单位，简单介绍即将下榻的酒店以及注意事项。

项目三　应对交通问题

◎　**项目概述**

　　交通是实现旅游者空间移动的必要手段和途径，旅游交通通过时间和距离等因素来影响旅游者的旅游选择，交通的可进入性是旅游资源开发和建设的必要条件，也是衡量旅游景点服务质量的关键因素。如果出现误机（车、船）事件或者其他的旅游交通事故，会严重影响旅游者的旅游兴趣和激情，使其享受不到旅游带来的愉悦和放松感，这种情绪也会影响到旅游者对今后旅游的选择。

◎　**项目结构**

　　本项目结构如图2-3-1所示。

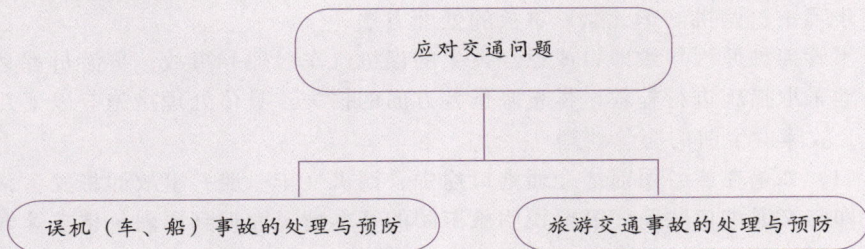

```
              ┌──────────────────┐
              │    应对交通问题    │
              └──────────────────┘
                      │
        ┌─────────────┴─────────────┐
┌───────────────────────┐  ┌───────────────────────┐
│ 误机（车、船）事故的处理与预防 │  │ 旅游交通事故的处理与预防      │
└───────────────────────┘  └───────────────────────┘
```

图2-3-1　项目结构图

任务一　误机（车、船）事故的处理与预防

◎　**任务目标**

　　误机（车、船）不仅会给旅行社带来经济损失，还会使游客蒙受时间、经济或其他方面的损失，严重影响旅行社的声誉。导游人员要高度认识误机（车、船）的严重后果，杜绝此类事故的发生。本任务的主要内容包括误机（车、船）事故的处理方法和预防工作两个方面。

◎　**素养目标**

　　培养和树立"人民安全至上"的理念；培养意识形态安全防范的敏锐性、警惕性和斗争性。

理论知识

　　误机（车、船）事故是指由于某些客观原因或旅行社有关人员工作的失误，旅游团（游客）没有乘原定航班（车次、船次）离开本站而导致的暂时滞留。

误机（车、船）事故的原因：（1）客观原因造成的非责任事故，由于游客方面的原因或途中遇到交通事故、严重堵车、汽车发生故障等突发情况造成迟误。（2）主观原因造成的责任事故：①地陪日程安排不当或过紧，使旅游团没能在规定时间到达机场（车站、码头）；②地陪没有认真核实交通票据，将离站的时间或地点搞错；③航班（车次、船次）变更但接待社的有关人员没有及时通知导游人员。

误机（车、船）事故属于重大事故。旅行社应安排充裕的时间去机场（车站、码头），保证旅游团按以下规定时间到达离站地点：乘国内航班，提前120分钟到达机场；乘国际航班，提前180分钟到达机场；乘火车或轮船，提前60分钟到达车站或码头。

任务实施

步骤一：误机（车、船）事故的处理方法

不管何种原因导致即将或已经发生的误机（车、船）事故，导游员都必须迅速果断地采取措施进行补救，尽量降低各方面的损失。具体处理措施有以下几种：

1.故障发生前的应急处理

（1）如果在旅游团前往交通港口途中，误机（车、船）事故即将发生，导游员应立即与交通港口联系，简要说明旅游团的基本情况和迟到原因，请求等候，并告知能够抵达的大致时间。

（2）如果请求获得同意，导游员应以最安全快捷的方式组织旅游者赶赴交通港口，同时向旅行社汇报情况，请其协助处理各相关事宜。

2.事故发生后的善后处理

（1）导游员应立即向旅行社领导及有关部门报告并请求协助。

（2）地陪和旅行社应尽快与航空公司（车站、码头）联系，争取让旅游团乘最近班次的交通工具离开本站，以减少滞留时间，降低对后续行程的负面影响。必要时，可以根据旅行社领导的意见包机（车、船）或改乘其他交通工具前往下一站。

（3）稳定旅游团的情绪，安排好旅游者在当地滞留期间的食宿、游览等事宜。

（4）一旦落实了新的航班（车次、船次），要及时通知下站地接社。

（5）向旅游团赔礼道歉，争取旅游者的谅解。

（6）如实写出事故报告，明确事故的原因和责任，总结教训。责任者应按旅行社的规章承担经济损失和接受相应的处罚。

步骤二：误机（车、船）事故的预防工作

旅行社的经营已进入微利时代，竞争日趋激烈，作为旅行社员工的导游员在为旅游者提供导游服务时，务必增强工作责任心，积极预防误机（车、船）事故的发生，维护旅行社的利益和声誉。

首先，导游员在送团前要提前做好旅游团离站交通票据的落实工作，并核对日期、班次、时间、出发机场（车站、码头）、目的地等。如交通票据没落实，带团期间要随时与旅行社有关部门联系，了解班次有无变化。

其次，送团前，不要安排旅游团到范围广、地域复杂的景点参观游览，也不要安排旅游团到热闹的地方购物或自由活动。要结合实际情况安排充裕的时间去机场（车站、码头），保证旅游团按规定提前到达离站地点。

随堂测验
2-3-1

任务一

任务评价

通过实施以上步骤，是否达成了该项任务目标和素养目标呢？请对完成任务的情况做出评价，见表2-3-1。

表2-3-1　　　　误机（车、船）事故的处理与预防任务评价表

评价内容	完成情况			
	优	良	中	差
误机（车、船）事故的处理方法				
误机（车、船）事故的预防工作				
树立"人民安全至上"的理念，以及安全防范的敏锐性、警惕性和斗争性				

任务二　旅游交通事故的处理与预防

◎ **任务目标**

旅游交通事故中，有些是突发性事故，而有些会在事先出现苗头；有些是因自然灾害等不可抗力因素造成的，而有些是因为行程安排不当或司机的工作失误、导游员的安全意识不到位等因素造成的。

导游员在带团过程中，一定要强化交通安全意识，尽量预防可能出现的旅游交通事故，同时在面对突发性交通事故时，要沉着冷静，采取迅速而恰当的措施，力争将事故造成的负面影响降到最低。

◎ **素养目标**

培养和树立"人民安全至上"的理念；培养意识形态安全防范的敏锐性、警惕性和斗争性。

理论知识

在旅游过程中，有时会因航班延误、列车晚点、堵车、车辆抛锚以及交通事故

等影响旅游活动的正常进行，甚至影响计划行程的正常进行，从而给旅游活动造成负面影响。我们把所有这些干扰和影响旅游活动正常进行的交通因素，统称为旅游交通事故。

交通运输延误类事故一般属于突发性事故。引起交通运输延误的原因有很多，如火车延误可能是由于天气因素、人为操作失误、列车调度管制失误、列车运行线路进行改造等；而飞机延误可能由于航空管制、天气因素、机械故障等。

道路交通拥堵是指车多拥挤且车速缓慢的现象，通常在假日或上下班时间出现。此情形常出现于世界各大都市、两都市间的高速公路以及汽车使用率高的地区。随着我国旅游市场的快速发展，部分景区交通基础设施薄弱的问题也暴露出来，尤其是部分知名旅游景区附近的交通拥堵现象十分严重，道路交通拥堵会使旅游者劳累和烦躁，这会影响旅游者整个旅行的质量和满意度。

车辆机械故障：旅游车辆跟其他客运车辆有所不同，一般旅游车执行任务时都是单车独行，而且旅游景点大多分散在偏远的地方，行车路线长，时间跨度大。且景区不可能有大型车的修理点，所需配件也不可能像固定线路的班车那样由后续车辆带到。而在旅游过程中，前往景点、餐馆、宾馆等全部需要车辆接送，时间安排非常紧凑。所以一旦旅游车在途中发生故障，就会影响游客的食、住、行、游，将产生较大的经济损失与负面影响。

根据《中华人民共和国道路交通安全法》，道路交通事故是指车在道路上因过错或者意外造成的人身伤亡或者财产损失事件。随着社会的发展，旅客和货物的运输量增多，特别是随着个人机动车拥有量的增加，道路交通事故频发。道路交通事故在旅游活动中时有发生，已成为严重威胁旅游安全的社会问题，它的预防与处理反映了导游员的应变能力。

任务实施

步骤一：交通运输延误类事故的处理与预防

1.交通运输延误类事故的处理方法

（1）交通运输延误往往在导游员带团抵达机场（车站、码头）时得知。这时，导游员首先应向机场（车站、码头）工作人员了解具体情况，及时告知领队和旅游者，同时要及时向组团社和地接社进行通报。由于航班延误的时间很难把握，而且机场一般都远离市区，所以在发生航班延误时，导游员可以在讲清集合地点的情况下让旅游者在候机楼内自由活动。同时要提醒旅游者记住航班号，注意倾听机场广播，不要走得太远。

（2）如果出现列车延误的情况，要根据具体时间来安排旅游者继续在车站等候或者重新安排旅游活动。如果涉及用餐，必须请地接社就近落实餐厅。是否安排旅游者离开车站去游览，要根据车站工作人员的指示行事。原则上不要安排到离车站太远的景点或到人多热闹的地方去活动。如果去有门票费用的景点游览，导游员务必事先向领队和旅游者讲明。

2.交通运输延误类事故的预防措施

（1）导游员在带团前应及时关注旅游天气预报，飞机场、火车站、汽车站、码头网站信息，发现可能导致交通延误的情况应提高警惕，及时处理。导游员可以运用手机APP及时了解团队的交通工具到站情况，查看将要搭乘航班的实时状态信息，提前了解影响航班准点的各种情况，实时获得航班的起飞、到达、延误、取消、返航、备降信息。

（2）在航班出港机场的网站或者到港机场的网站上输入航班号也可以查到相关信息，如果机场网站没有即时查询功能还可以通过电话查询。

步骤二：道路交通拥堵类事故的处理与预防

1.道路交通拥堵的处理

（1）如果团队在城市间移动过程中，乘坐的旅行车在高速公路上遭遇堵车，全陪要把能了解到的具体情况向下一站地陪及时通报并与之保持联系。同时，要向旅游者讲明情况，在车内可以组织适当的娱乐活动以缓解旅游者的焦躁情绪。拥堵解除后，要及时通知下一站地陪。

（2）如果团队在前往景点观光的途中，在高速公路上遇到堵车，地陪应及时报告地接社，必要时也要告知餐厅和目的地景点工作人员。同时在车内组织适当的活动，尽量活跃车内气氛。

（3）如果在送团去机场的途中，在高速公路上遇到堵车，导游员要根据实际情况迅速做出反应。时间紧急时，要立即与航空公司和旅行社通报情况以协商应急方案。在拥堵解除后，要提醒司机注意安全行车，切不可一味地赶时间，应注意行车安全。

（4）在市内观光时，如果在城区道路上发生交通拥堵，导游员可以与司机协商改变路线，必要时可以调整行程安排以有效利用时间。当然，如果需要改变行程，一定要如实将情况与旅游者讲明，以免旅游者产生误解。实在难以改变路线时，也要如实向旅游者讲明情况，以期得到谅解。

2.道路交通拥堵的预防

（1）导游员应合理安排旅游交通的时间和交通路线，行车时间尽量避开城市交通拥堵时间，如早晚高峰，行车路线尽量避开城市拥堵路段。

（2）导游员应及时关注交通运行预测预报。例如，北京市在黄金周期间针对节前、节中、节后不同阶段的交通特点，利用对外网站、"北京交警"微博和微信等渠道，详细说明拥堵高发时段、易拥堵路段及绕行路线，并利用交通台等电视、广播、报纸、网络媒体对黄金周期间交通管理措施和实时路况等交通信息进行发布。导游员应结合交通部门信息，合理安排或调整旅游行程。

步骤三：车辆机械故障的处理与预防

1.车辆机械故障的处理

（1）在旅游过程中遇到机械故障导致汽车抛锚时，导游员应立即与地接社取得联系，要求尽快换车。同时，如实向旅游者说明情况，并诚恳地道歉以求得旅游者的谅解。

（2）如果车辆在市内或郊外、景区等地发生故障，导游员可以在确保安全的情况下安排旅游者下车，在近处安全地带活动。

（3）如果车辆在高速公路等相对封闭且存在安全隐患的地方抛锚，导游员切不可让旅游者下车，以免发生危险。时间较长的情况下，可组织车内活动以活跃气氛。

2.车辆机械故障的预防

（1）导游员应在行前提醒司机注重汽车养护、行前检查车辆，及时清除故障隐患，同时旅游车辆应配备简单的修理设备和配件，如备用轮胎、千斤顶、便携式充气装置等。

（2）导游员应在行前做好路线规划，记录相应的车辆保险信息，熟悉旅游线路、周边汽修站点与加油站，如遇到车辆机械故障，可以到最近的汽修站或加油站求助。

步骤四：交通安全事故的处理与预防

交通事故在旅游活动中时有发生，不是导游员所能预料、控制的。如有交通事故发生，导游员应立即采取措施，冷静、果断地处理相关事宜，并做好善后工作。

1.交通安全事故的处理措施

（1）立即组织抢救。发生交通事故出现人员伤亡时，导游员应立即拨打110和120求助，并立即组织现场人员抢救受伤的旅游者。如有可能，应立即将伤员送往距出事地点最近的医院抢救。

（2）保护现场，立即报案。事故发生后，应注意尽量保护事故现场，以备警方到场后勘查。

（3）迅速向旅行社汇报。在将受伤者送往医院救治的同时，导游员应迅速向地接社领导报告事故情况，并按领导指示安排下一步的善后事宜。

（4）做好全团旅游者的安抚工作。交通事故发生后，导游员应做好团内其他旅游者的安抚工作，继续组织安排好参观游览活动。事故原因查清后，要向全团旅游者说明情况。

（5）写出书面事故报告。交通事故处理结束后，导游员要写出书面事故报告，内容包括：事故的原因和经过、抢救过程；事故责任及对责任者的处理；旅游者的情绪及对处理结果的态度等。报告力求详细、准确、清楚（最好和领队联名报告）。

2.交通安全事故的预防方法

（1）安排观光路线要考虑当地的交通路况，参考司机的建议，合理规避交通高峰，减少行车时间，尽量使旅游者的时间有效地用在观光游览上。

（2）上团前，务必提醒车队和司机对车辆进行全面的检修，杜绝问题车辆上团。在旅游行程中，要提醒司机利用旅游者在景点观光或用餐、购物等时机，对车辆进行检查，发现问题立即处理，尽量不要把车辆的问题暴露给旅游者。

（3）为了确保行车过程中旅游者和导游员的安全，车辆前部第一排座位尽量不要安排旅游者就座，仅作为导游工作席。副驾驶位置有较高的事故伤害风险，尽量不要坐人。如有旅游者不理解，要耐心做好说服和解释工作。

（4）上团前，要向司机通报行程，以便司机充分做好安全行车的各项准备。

（5）导游员在安排活动日程的时间上要留有余地，切不可催促司机为抢时间、赶日程而违章行驶。遇有天气不好（如雨雪天或大雾天）、交通拥挤、路况不佳等情况，要主动提醒司机注意安全，谨慎驾驶。

（6）导游员应阻止非本车司机开车。如遇司机酒后开车，导游员要立即阻止，并向旅行社领导汇报，请求改派其他车辆或调换司机。

随堂测验
2-3-2

任务二

任务评价

通过实施以上步骤，是否达成了该项任务目标和素养目标呢？请对完成任务的情况做出评价，见表2-3-2。

表2-3-2　　　　　　　旅游交通事故的处理与预防任务评价表

评价内容	完成情况			
	优	良	中	差
交通运输延误类事故的处理与预防				
道路交通拥堵类事故的处理与预防				
车辆机械故障的处理与预防				
交通安全事故的处理与预防				
树立"人民安全至上"的理念，以及安全防范的敏锐性、警惕性和斗争性				

知识拓展
2-3-1

交通的主要
形式及影响
人们选择交
通出游方式
的因素

案例共享

翻车之后

某年夏天，北京的导游员赵先生接待了一个10人的欧洲旅游团。团内的客人年龄都比较大，行动比较缓慢。在参观长城回来的路上，由于下雨路滑，车速较快，旅游车突然翻倒了。赵先生镇定下来之后，顾不得自己身上的疼痛，和司机一起抢救游客。他们把客人一个个扶出车外，然后检查每人的受伤情况。万幸的是，大家只是受了些惊吓，其中只有几位受了点轻伤。赵先生安慰客人以后，急忙和旅行社联系，派新的旅游车来接客人。可就在此时，团内的一位老人躺倒在地，小便失禁，瞳孔放大，身体挺直。赵先生忙让病人的家属不要搬动他，而用湿手绢擦他的额头。老人慢慢地恢复了知觉，能小声说话了。此时赵先生马上将新情况向旅行社汇报。一会儿，来了两辆车，一辆车拉着部分客人去继续旅游，赵先生和病员乘另一辆车去医院急诊。经医院检查，病人一切正常，那位昏倒的老人是由于脑部突然受到震荡而引起假死。赵先生此时才感到心上的一块石头落了地。他明白，这次翻车，虽然没有受重伤的客人，但却是一次突发事件，一旦处理不当，后果是极其严重的。为了把这次事故所造成的损失和影响降到最低的程度，他决定用自己热情的态度和周到的服务来消除游客们心中的余悸。经过联系，当晚旅行社的领导亲自出面，设宴为大家压惊，向大家赠送了礼品，并询问客人有什么具体要求。游客们见自己受到如此重视，感到很宽慰，没有提出过多的要求。

第二天，赵先生又根据大家要求，特意多安排了一些活动。这样，游客们的心情逐渐轻松了下来，有人还就翻车事件开起了玩笑，认为那是一生中一次难忘的遇险经历。赵先生也用"大难不死，必有后福"的俗语来安慰大家，活跃了旅游的气氛。

客人回国后，纷纷给赵先生来信，肯定了他在这次事故中的处理方法，对他的接待感到满意。

案例点评
2-3-1

翻车之后

案例点评
2-3-2

"学会提醒"

案例点评
2-3-3

滞留西双版纳

"学会提醒"

一旅游团参加某旅行社组织的旅游活动，他们乘坐的客车行驶在崎岖不平的山路上。驶至一急转弯时，司机并未放慢速度，致使转弯时车碰在岩崖上，使靠在车窗上的一位游客头部被撞伤。虽及时送往医院治疗，但最终导致该游客右脸面部神经麻痹。据查，在山路上行驶时，路况极差，车体抖动厉害，但车上导游人员并未做出任何警示和采取必要的措施（如让司机减慢行车速度）。事后，该游客提出了索赔。

滞留西双版纳

李某等18名游客参加某旅行社组织的"云南4飞6日游"。按合同约定应于2月10日乘飞机从西双版纳返回昆明，但由于大雾和雷电天气，预定航班被取消。旅行社为了确保2月11日准时乘上昆明至北京的航班，拟改乘大巴赶回昆明。但与游客协商后未达成一致，游客坚持按原约定乘机返回昆明，导致旅行团滞留西双版纳4天，直到2月15日，旅行社买到机票后才返回昆明。李某等游客为此投诉旅行社，要求旅行社承担违约责任，并支付他们滞留西双版纳期间的食宿费用及误工费。

课后思考与实践

请以小组为单位，谈谈在因为交通拥堵而造成误机的情况下，作为导游，应该如何解决。

3

模块三　讲解服务

　　导游讲解服务是一门艺术，它是衡量导游接待质量的重要标志，导游员在接待工作中应充分考虑旅游者特点，掌握讲解语言的表达技巧，使导游讲解更富感染力，在思想、情感及信息上达到与游客有效地传递与沟通的目的。

◎ **项目概述**

　　沿途讲解的内容主要包括文明引导、途中讲解和致欢送辞三个部分。沿途讲解更能考验导游的实力，也更能体现导游的讲解能力。优秀的沿途讲解可以吸引游客的注意力，加深导游和游客的感情，增加游客对导游的认同感。

◎ **项目结构**

　　本项目结构如图3-1-1所示。

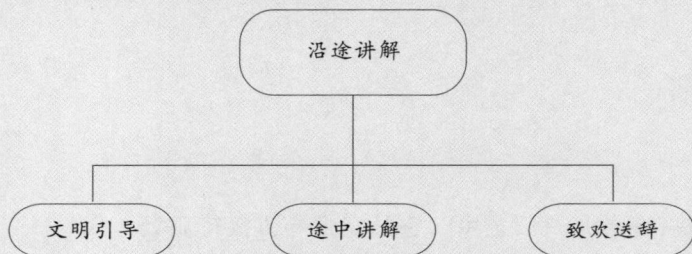

图3-1-1　项目结构图

任务一　文明引导

◎ **任务目标**

　　文明引导是导游员的重要职责之一。在文明引导环节，导游员应具备文明引导的相关专业、法律和礼仪等知识，掌握必要的紧急情况处理技能；能够根据不同旅游产品，针对不同的游客进行分类引导；合理引导游客文明旅游，抓住适当时机对游客进行相应提醒、警示、劝告；应以身作则，为游客树立榜样；在引导时，导游人员应注意与游客充分沟通。

◎ **素养目标**

　　通过该任务，培育学生的文明旅游观。

理论知识

　　引导的主要内容包括以下几个方面：

　　（1）法律法规。导游人员应将我国和旅游目的地国家和地区对文明旅游的有关法律规范和相关要求向游客进行提示和说明，避免游客出现触犯法律的不文明行为。导游人员应引导游客爱护公物、文物，遵守交通规则，尊重他人权益。

（2）风俗禁忌。导游人员应主动提醒游客尊重当地风俗习惯、宗教禁忌。在有支付小费习惯的国家和地区，导游人员应引导游客以礼貌的方式主动向服务人员支付小费。

（3）绿色环保。导游人员应向游客倡导绿色出游、节能环保，宜将具体环保常识和方法向游客进行说明。导游人员应引导游客爱护旅游目的地自然环境，保持旅游场所的环境卫生。

（4）礼仪规范。导游人员应提醒游客注意基本的礼仪规范：仪容整洁，遵序守时，言行得体。导游人员应提醒游客不在公共场合大声喧哗、违规抽烟，提醒游客依序排队、不拥挤争抢。

（5）诚信善意。导游人员应引导游客在旅游过程中保持良好心态，尊重他人、遵守规则、恪守契约、包容礼让，展现良好形象，通过旅游提升文明素养。

任务实施

步骤一：宣讲文明旅游

导游应在出行前将文明旅游需要注意的事项以适当方式告知游客。

导游参加行前说明会的，应在行前说明会上，向游客讲解《中国公民国内旅游文明行为公约》或《中国公民出境旅游文明行为指南》，提示基本的文明旅游规范，并将旅游目的地的法律法规、宗教信仰、风俗禁忌、礼仪规范等内容系统、详细地告知游客，使游客在出行前具备相应知识，为文明旅游做好准备。

不便于召集行前说明会或导游不参加行前说明会的，导游应通过向游客发送电子邮件、传真或电话沟通等方式，将文明旅游的相关注意事项和规范要求进行说明和告知。

在旅游出发地机场、车站等集合地点，导游应将文明旅游事项向游客进行重申。若旅游产品具有特殊性，例如乘坐的航班不提供餐饮，部分入住酒店不提供一次性洗漱用品等，导游应向游客事先告知和提醒。

步骤二：引导文明出行

1.登机（车、船）与出入口岸

导游应提醒游客提前办理检票、安检、托运行李等手续，不得携带违禁物品。

导游应组织游客依序候机（车、船），并优先安排老人、未成年人、孕妇、残障人士登机（车、船）。

导游应提醒游客不抢座、不占位，主动将上下交通工具方便的座位让给老人、孕妇、残障人士和带婴幼儿的游客。

导游应引导游客主动配合机场、车站、港口以及安检、边防（移民局）、海关的检查和指挥。与相关工作人员友好沟通，避免产生冲突，如携带需要申报的物品，应主动申报。

2.乘坐公共交通工具

导游可利用乘坐交通工具的时间，向游客说明文明旅游的规范要求。

导游应提醒游客遵守和配合乘务人员指示，保障交通工具安全有序运行，乘机时应按照要求使用移动电话等电子设备。

导游应提醒游客乘坐交通工具的安全规范和基本礼仪，遵守秩序，尊重他人，乘机（车、船）时不长时间占用通道或卫生间，不强行更换座位，不强行开启安全舱门。避免不文雅的举止，不无限制索要免费餐饮等。

导游应提醒游客保持交通工具内的环境卫生，不乱扔乱放废弃物。

3.住宿

导游应提醒游客尊重服务人员，服务人员问好时要友善回应。

导游应指引游客爱护和正确使用住宿场所设施设备，注意维护客房和公用空间的整洁卫生，提醒游客不在酒店禁烟区域抽烟。

导游应引导游客减少一次性物品的使用，减少环境污染，节水节电。

导游应提醒游客在客房区域举止文明，如在走廊等公共区域衣着得体，出入房间应轻关房门，不吵闹喧哗，调小电视音量，以免打扰其他客人休息。

导游应提醒游客在客房内消费的，须在离店前主动声明并付费。

4.餐饮

导游应提醒游客注意用餐礼仪，有序就餐，避免高声喧哗干扰他人；导游应提醒游客自助餐区域的食物、饮料不能带离就餐区；游客如需在就餐时抽烟，导游应安排游客到指定抽烟区域就座，如就餐区禁烟则应遵守相关规定。

在公共交通工具或博物馆、展览馆、音乐厅等场所，应遵守相关规定，勿违规饮食。

5.游览

导游宜将文明旅游的内容融合在讲解词中，进行提醒和告知。

导游应提醒游客遵守游览场所规定，依序文明游览。

在自然环境中游览时，导游应提醒游客爱护环境、不攀折花草、不惊吓伤害动物，不进入未开放区域。观赏人文景观时，导游应提醒游客爱护公物、保护文物，不攀登骑跨或胡写乱画。在参观博物馆、教堂等室内场所时，导游应提醒游客保持安静，根据场馆要求规范使用摄影摄像设备，不随意触摸展品。

游览区域对游客着装有要求的（如教堂、寺庙、博物馆、皇宫等），导游应提前一天向游客说明，提醒准备。

导游应提醒游客摄影摄像时先后有序，不妨碍他人。如需拍摄他人肖像或与他人合影，应征得其同意。

6.娱乐

导游应组织游客安全、有序、文明、理性参与娱乐活动。

导游应提醒游客观赏演艺、比赛类活动时遵守秩序：如按时入场、有序出入。中途入场或离席以及鼓掌喝彩应合乎时宜。根据要求使用摄像摄影设备，慎用闪光灯。导游应提醒游客观看体育比赛时，尊重参赛选手和裁判，遵守赛场秩序。游客参加涉水娱乐活动的，导游应事先提醒游客听从工作人员指挥，注意安全，爱护环境。

导游应提醒游客在参加和其他游客、工作人员互动的活动时，文明参与、大方得体，并在活动结束后对工作人员表示感谢，礼貌话别。

7.购物

导游应提醒游客理性、诚信消费，适度议价，善意待人，遵守契约。

导游应提醒游客遵守购物场所规范，保持购物场所秩序，不哄抢喧哗，试吃试用商品应征得同意，不随意占用购物场所非公共区域的休息座椅。导游应提醒游客尊重购物场所购物数量限制。

在购物活动前，导游应提醒游客购物活动结束时间和购物结束后的集合地点，避免因游客迟到、拖延而引发不文明现象。

8.如厕

在旅游过程中，导游应提醒游客正确使用卫生设施；在如厕习惯特别的国家或地区，或卫生设施操作复杂的，导游应向游客进行相应说明。

导游应提醒游客维护卫生设施清洁、适度取用公共卫生用品，并遵照相关提示和说明，不在卫生间抽烟或随意丢弃废弃物、不随意占用残障人士专用设施。

在乘坐长途汽车前，导游应提示游客行车时间，提醒游客提前上卫生间。在长途行车过程中，导游应与驾驶员协调，在中途安排停车如厕。

游览过程中，导游应适时提示卫生间位置，尤其应注意引导家长带领未成年人使用卫生间，不随地大小便。

在游客众多的情况下，导游应引导游客依序排队使用卫生间并礼让老人、未成年人和残障人士。

在野外无卫生间等设施设备的情况下，导游应引导游客在适当的位置如厕，避免污染水源或影响生态环境，并提示游客填埋、清理废弃物。

随堂测验
3-1-1

任务一

任务评价

通过实施以上步骤，是否达成了该项任务目标和素养目标呢？请对完成任务的情况做出评价，见表3-1-1。

表 3-1-1　　　　　　　　　　文明引导任务评价表

评价内容	完成情况			
	优	良	中	差
宣讲文明旅游				
引导文明出行				
文明旅游观				

任务二　途中讲解

◎　任务目标
途中讲解是导游员在行进的旅游车上所进行的讲解。导游员需要掌握市情概况知识、沿途景观知识，还要具备根据游客兴趣点开展即兴讲解和调节气氛的能力。

◎　素养目标
通过该任务，培养学生对地方文化的认同感、归属感和自豪感。培育学生"游客至上"的服务意识和尽职敬业的职业精神。

理论知识

途中讲解的主要内容包括：市情概况讲解、沿途景观讲解和即兴讲解。安排讲解内容时需要注意以下几点：

（1）根据游客的兴趣点选择合适的讲解内容。游客的年龄、性别、职业不同，喜爱的讲解内容也各不相同。导游员需要提前分析游客的特点，针对不同旅游团队的层次和特点，选择游客最感兴趣的内容讲解。

（2）讲解要适时适量。如果游客精神饱满、兴趣浓厚就可以多讲一些；如果游客比较疲劳，没有兴趣听讲解，就可以少讲或者不讲。如果时间充裕，比如从离市区较远的机场接团，就可以开展耗时较多的主题讲解；如果时间比较短，比如在离市区较近的火车站接团，就选择重要的景物或内容讲解。

（3）讲解内容要相对集中。一个主题或内容要一次讲完，保持内容的完整性。合理调节讲解内容的详略程度，在即将到达目的地时要及时收尾。

导游讲解
3-1-1

市情概况

任务实施

步骤一：市情概况讲解

市情概况讲解是沿途讲解的重要方面，通过此部分内容的讲解，游客可以了解目的地城市的概况。讲解内容涉及本地的地理、历史、经济、交通、气候、风俗民情、风物特产等各个方面。讲解时根据时间长短可以集中讲解，也可以结合沿途景观分段讲解。市情概况讲解一般采用概述法。

步骤二：沿途景观讲解

沿途景观讲解，顾名思义是指导游员在行进途中对沿途景观的讲解。

沿途景观指城市道路沿线固定存在的景观，可以是建筑、雕塑、河湖、道路，也可以是绿化植物。只要是醒目的，或者虽然不醒目，但是游客感兴趣的景观，都可以介绍。讲解的内容不局限于对具体景观本身的介绍，还可以延伸到相关知识。比如：行驶在立交桥上，可以先介绍立交桥的构造、建设年代、建设意义等，再延伸介绍本地交通状况；经过南京中山门可以先介绍中山门名称的来历及改造经过，再介绍南京明城墙。将讲解内容与所见景物结合，有助于增加游客的游览兴致。

进行沿途景观讲解时需要注意以下几个方面：

（1）熟悉沿途道路，有针对性地准备讲解内容。比如，旅游车从南京中山陵开出，前往总统府，沿途要准备什么讲解内容呢？陵园路、卫岗、中山门、明城墙、南京博物院、中山东路、明故宫等，导游员应具体根据游客的兴趣选择介绍的重点。

（2）方位的指示要以游客为准。导游员面向游客，伸出自己的右手时，指示游客"大家请看左前方"；伸出左手时，指示游客"大家请看右前方"。

（3）讲解要有提前量。在即将讲解的景观快到时要说"大家请看左前方或右前方"，而不能等旅游车开过去了再说"大家请看后边"。往后看不仅不舒服，后面的景物容易被其他车辆遮挡，也看不清楚。游客知道后面有重要的景物却看不清楚，讲解效果会适得其反。

步骤三：即兴讲解

即兴讲解一般由游客引起，内容无定式，又随时触及。内容无定式，说明在不违背法律和道德规范的前提下什么都可以讲：年节民俗、风土人情、世界风云、时事政治等都可以讲。什么都可以讲也意味着另外一层含义：什么都会讲。要求导游员知识储备丰富、有较高的文化修养，平时注意知识积累。

即兴讲解要求把握游客的心理，根据环境的变化等灵活调节讲解内容。具体注意以下几条原则：

（1）因"人"而异。针对不同的游客讲解不同的内容。比如：老年人和年轻人的兴趣点肯定不同，讲解的内容要体现差异。一般老年人比较关注健康，可以准备保健方面的知识；针对年轻的游客，可以跟他们聊聊综艺节目、热门影视剧等，一般会有共鸣。

（2）因"时"而变。春讲鲜花，秋讲落叶。遇到节日可以介绍节日的来历、意义，各地纪念方式的不同等。比如端午节，南京的习俗是在煮粽子的锅里煮鸡蛋，吃过蘸糖的甜粽之后，要再吃蘸盐的鸡蛋"压顶"。据说吃五月粽锅里的煮鸡蛋夏天不生疮。

（3）因"地"制宜。在不同的城市准备不同的讲解内容。在南京游览，需要介绍南京的历史、人文、风俗民情等内容；在苏州则介绍苏州的相关知识。不同的道

路准备不同的内容，经过南京长江路，可以讲解民国知识。

（4）因"事"而异。导游应关注新闻，根据时事选择讲解内容。比如在南京游览时适逢江苏发展大会召开，可以向游客介绍会议的宗旨、会徽等信息。G20峰会在杭州召开，可以介绍峰会的开端及主要活动等。

（5）综合性原则。以上各原则不是孤立的，实际讲解过程中应根据需要灵活结合。

以"下雨"这一事件为例。游览过程中，忽然下雨了，游客的注意力都被吸引过去了，心情受到了影响，甚至已经开始抱怨下雨。此时，导游员讲预先准备的正常讲解内容已经很难吸引游客了，这个时候怎么开展讲解？应该将"事"和"地"结合，同样是下雨，在不同的地方要选择不同的讲解内容。在苏州游览时下雨可以结合戴望舒的诗《雨巷》讲解，下雨天刚好可以体验"雨巷"的意境；在杭州西湖游览时下雨可以讲解"晴湖不如雨湖"，下雨天游客可以欣赏到雨中朦胧的西湖，也是更美的西湖。

随堂测验
3-1-2

任务二

任务评价

通过实施以上步骤，是否达成了该项任务目标和素养目标呢？请对完成任务的情况做出评价，见表3-1-2。

表3-1-2　　　　　　　　　　途中讲解任务评价表

评价内容	完成情况			
	优	良	中	差
市情概况讲解				
沿途景观讲解				
即兴讲解				
对地方文化的认同感、归属感和自豪感、"游客至上"的服务意识和尽职敬业的职业精神				

任务三　致欢送辞

◎ **任务目标**

旅游活动结束之前，导游员需要致欢送辞，通过欢送辞表达惜别之情，加深友谊；如果有服务不周之处，再次向游客表达歉意；介绍未去景点，做好回头客营销；表达美好祝愿；感谢其他司陪人员。

◎ **素养目标**

通过该任务，培养学生树立和掌握系统观、整体观的方法论。

导游讲解
3-1-2

致欢送辞

理论知识

欢送辞是导游讲解工作的重要一环。优秀的欢送辞可以加深导游人员与游客之间的友谊，弥补服务过程中的不足，导游员需要认真对待。

任务实施

步骤一：回顾行程

回顾行程，即带领游客回忆行程中游览的美景、品尝的美食及开心的场景，将旅游行程中的美好回忆一一呈现。这样可以延续和强化游客欢乐的心境，加深对旅游体验的记忆。

步骤二：感谢合作，表达惜别之情

感谢游客在整个行程中对导游员工作的支持和配合，具体可举例说明；表达在行程中与游客之间产生的友谊及惜别之情。

步骤三：征求意见，表达歉意

如果旅游行程中因为旅行社或导游员的原因，造成游客不满意情况的出现，致欢送辞时可以再次表达歉意。面临分别，诚恳的致歉更容易被游客接受。

游客是整个旅游服务的接受者，对各个环节安排的优劣最有发言权。行程即将结束时可以征求游客的意见，找出自身工作的不足，以便后期改进、提高。

步骤四：介绍未去景点

由于时间关系或者线路主题设计的考虑，此次旅游可能不能参观本地全部精华景点。导游员应介绍本次未参观的其他景点，做好回头客营销。

步骤五：表达美好祝愿

导游员预祝游客返程顺利，日后的工作、学习顺利，生活幸福等。

步骤六：感谢其他司陪人员

导游员向驾驶员及其他陪同人员表示感谢，感谢他们的辛苦付出及对导游工作的支持，可以列举具体事例，比如感谢驾驶员每天把车打扫得非常干净，提前把空调打开；感谢全陪协助分房、善后等。

随堂测验
3-1-3

任务三

任务评价

通过实施以上步骤，是否达成了该项任务目标和素养目标呢？请对完成任务的情况做出评价，见表3-1-3。

表 3-1-3　　　　　　　　　　致欢送辞任务评价表

评价内容	完成情况			
	优	良	中	差
回顾行程				
感谢合作，表达惜别之情				
征求意见，表达歉意				
介绍未去景点				
表达美好祝愿				
感谢其他司陪人员				
树立和掌握系统观、整体观的方法论				

知识拓展
3-1-1

中国公民文
明旅游公约

案例共享

如何恰当指示方位

案例点评
3-1-1

如何恰当
指示方位

前往威尼斯的游船上。游客在一楼船舱欣赏着两岸的景色，有的面对面坐在座位上，有的站在甲板上欣赏两岸景色。导游在二楼船舱利用船上的扩音设备讲解到："大家请看右手边这个建筑……"游客一脸茫然，许久才分辨出导游所指示的方位。

欢送辞

各位游客：

大家好！

本次华东五日游的行程就要结束了，在这短短五天的行程中我们一起领略了中山陵的巍峨、太湖的浩渺、苏州园林的精致、西湖的柔美和上海的繁华，南京的盐水鸭、无锡的酱排骨、杭州的西湖醋鱼也一定还在您的唇齿间留香。

只是，欢乐的时光总是很短暂，离别的时刻即将到来。感谢大家一路上对我工作的支持和配合，如果有不足之处也请大家多多批评，并提出宝贵意见。

经过几天的朝夕相处，我们已经和大家结下了深厚的友谊，面临分别有诸多不舍，但"两山不能相遇，两人总能相逢"，期待不久的将来，大家再次到华东来游览。虽然本次大家游览了华东的许多精华景点，但由于时间关系，尚有许多景点我们没能去参观。比如南京的总统府，孙中山、蒋介石的办公室都坐落其中，也是中国近代史博物馆。此外，无锡的灵山大佛、杭州的宋城等其他景点也非常值得游览。欢迎大家下次再来华东，到时我继续给大家当导游。

案例点评
3-1-2

欢送辞

预祝大家返程顺利，也祝愿大家在未来的日子里工作顺利、事事顺心、幸福永随！

课后思考与实践

1.请自行选择市内某条行车路线，按照导游服务规范模拟途中讲解。

2.请自行设定一接团线路与接团情况，根据导游服务规范模拟致欢送辞。

项目二　景点讲解

◎　**项目概述**

　　景点讲解是导游讲解程序中的一个重要环节，导游员需要在分析游客兴趣特点的基础上，提供针对性的景点讲解服务。讲解好每一个参观景点是导游必备的基本讲解技能。

◎　**项目结构**

　　本项目结构如图3-2-1所示。

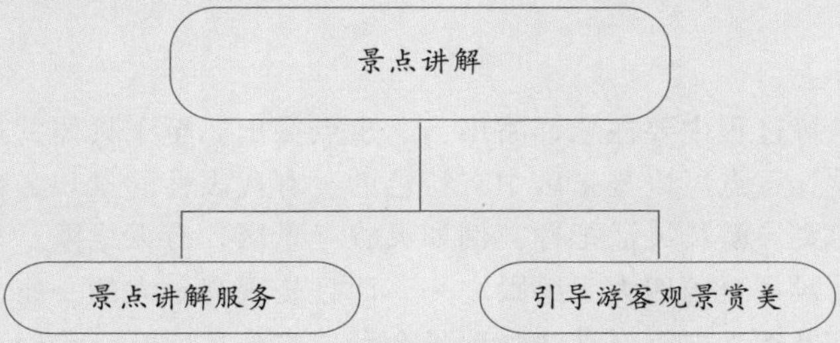

```
         ┌──────────────┐
         │   景点讲解    │
         └──────┬───────┘
        ┌───────┴────────┐
┌───────────────┐  ┌──────────────────┐
│  景点讲解服务  │  │  引导游客观景赏美  │
└───────────────┘  └──────────────────┘
```

图3-2-1　项目结构图

任务一　景点讲解服务

◎　**任务目标**

　　景点讲解服务的主要任务是掌握景点讲解的具体步骤，能够结合景区的特点和游客的兴趣，开展有针对性的景点讲解服务。

◎　**素养目标**

　　通过该任务，培育学生做国家文化的宣传者，能说出中国故事、讲好华夏风情、展现大国风采；培育学生引导游客对祖国大好山河的热爱，提升民族自信心的能力；培养学生对中华优秀传统文化的传承与创新。

理论知识 ●────────────────────────────────●

　　景点讲解的内容主要包括以下几个方面：背景知识讲解、注意事项讲解、实景讲解、外延知识讲解。

　　景点讲解过程中需要注意：根据游客的文化层次，因人而异地选择讲解内容。既要准备正式、严谨的讲解内容，也要准备一些逸闻趣事；既要准备和景点直接相关的基本讲解内容，也要准备丰富的外延内容。导游员应根据游客的喜好和观赏特点，灵活调整讲解的内容和方法。

常用的讲解方法主要包括以下几种：

1.概述法

概述法一般用于市情概况或景点背景知识的讲解过程中。比如，马上到中山陵时，可以讲解它的背景知识："各位游客，我们即将参观的景点中山陵是孙中山先生的陵墓。它位于紫金山南麓，墓址是根据孙中山先生的遗愿选定的。陵墓的整体形状呈木铎形，设计者是吕彦直……"通过概述法讲解，导游将知识传授给游客。

2.分段讲解法

对于规模比较大、游览路线比较复杂的景点，可以采用分段讲解法。比如游览南京总统府、灵谷寺景区时可以将其分为东、中、西三条游览路线，带领游客依次参观、讲解。

3.突出重点法

导游员在讲解过程中要注意详略得当、重点突出。至于具体的重点则因景区而异、因游客而异。重点可以是景区中有特色的、有代表性的景观，也可以是游客感兴趣的内容，需要导游员灵活把握。例如灵谷寺景区，有无梁殿、小灵谷寺、志公墓等景观。无梁殿是全国四大无梁殿之一，而且是现存最大的一座无梁殿，主体部分建于明初；小灵谷寺内有玄奘法师顶骨舍利；志公墓前有三绝碑——吴道子画的志公像、李白所作的赞词、颜真卿的书法。从建筑的角度考虑，无梁殿是讲解的重点；如果游客是佛教信徒，小灵谷寺就是讲解重点；如果游客对书法、绘画感兴趣，三绝碑就是讲解重点。

4.问答法

导游员使用问答法的目的主要是吸引游客的注意力、活跃讲解时的气氛。具体来说，问答法主要有两种——自问自答和我问客答。自问自答的主要作用是吸引游客注意力、引发游客思考，适用于比较深奥、游客一般不知道详细答案的讲解内容。比如讲解过明孝陵的陵墓格局后提问："我国帝王陵墓格局的演变过程是怎样的呢？"我问客答的作用主要是增加互动、活跃气氛，适用于比较简单、游客能部分或完整作答的问题。比如在讲解南京概况时提问："南京是历史上曾用名最多的城市，大家知道的有哪些呢？"一般游客都能答出几个。

5.虚实结合法

"实"指景观实际的构造、成因、价值、历史演变等内容。"虚"指与景观相关的神话、传说、逸闻趣事等。"实"是骨架，"虚"是血肉，虚实结合使讲解更丰满、更有感染力。游览杭州西湖时，讲解西湖的成因、规模、形状，是讲"实"；讲解西湖相关的三个爱情故事——梁山伯与祝英台、许仙与白娘子、阮郁与苏小小，是讲"虚"。

6.触景生情法

触景生情法又叫风景记事法，就是把事情放在风景中，借景抒情、情景交融。

例如旅游车行驶在南浦大桥上，导游员不仅可以讲解南浦大桥的长度、高度、建造过程等，还可以触景生情，讲解由于黄浦江的阻隔，曾经两岸经济差距悬殊，对比现在浦东的发展成就，感慨祖国发展的神速。

7.制造悬念法

制造悬念法俗称"卖关子"，是指导游员在讲解时提出游客感兴趣的话题，却故意引而不发，保留悬念的方法。该方法有助于激发游客的好奇心、引起探索的兴趣，达到强化讲解效果的目的。游览留园时讲解："我们在留园中一共可以看到三个宝物，具体是什么呢？在接下来的参观中我将一一向大家介绍。"

8.类比法

把参观的景物同游客熟知的景物对比，加深游客的印象，包括同类相似类比和同类相异类比。同类相似类比是寻求两个景点的共同点，比如把海南比作东方的夏威夷。同类相异类比是寻求同类事物间的差异，比如同是城墙，南京的明城墙的形状却和其他城市的不同，呈葫芦形，体现了朱元璋因地制宜的造城理念。

9.妙用数字法

妙用数字法是指通过运用数字更好地说明事物、渲染感情、引起游客的兴趣。例如游客比较好奇广州"小蛮腰"电视塔的高度，导游员可以讲解："广州电视塔塔身主体高454米，天线桅杆高146米，总高度为600米。广州电视塔是中国第一、世界第二高电视塔，仅次于东京天空树电视塔。"雨花台烈士纪念馆内，英名榜镌刻着2 406位烈士的姓名。虽然更多烈士的姓名无从知晓，但"2 406"这个数字必须准确讲解。

10.画龙点睛法

画龙点睛法是指讲解过程中在关键地方简明扼要地点明要旨，使内容生动传神。例如，讲解无锡概况时，可以用"假、大、空"介绍它的三个特产：假指假人，即惠山泥人；大指大排，即无锡酱醋排骨；空指面筋，即清水油面筋。

任务实施

步骤一：背景知识讲解

景点的背景知识一般包括景点位置、历史沿革、建筑特色、地理成因、景区地位及相关人物生平等内容。此部分内容的讲解一般在旅游车即将到达景区时开展，下车前完成。通过对背景知识的讲解，使游客对即将参观的景区有个大致的了解，并可以激发其前往游览的兴致，节省导游员在景区内讲解的时间。

步骤二：注意事项讲解

游览开始前需要讲解景点的注意事项，一般在下车前或者景区导览图前完成，主要包括以下方面：

（1）参观路线。景点的参观路线一般分三种情况：游览结束后原路返回；完全不走回头路；部分路线重合。不管哪种情况，参观开始前都需要向游客交代清楚参观路线。

图 3-2-2 为钟山风景名胜区导览图。导游员可以在图前向游客讲解:"大家面前的是钟山风景区部分景点示意图,我们今天要参观的中山陵位于其中。从牌坊开始,经陵门、碑亭,一直到祭堂,是我们今天的参观路线。可以看到我们今天的参观路线是一条直线,直上直下。建议大家上去的时候边听讲解边参观,讲解结束会给大家留自由活动时间。自由活动时大家边往回走边拍照。"

图 3-2-2　钟山风景名胜区导览图

（2）集合时间和地点。开始游览前,导游员需要告知游客集合时间、地点。如果在停车场集合,需要强调旅游车的车牌号码、颜色、具体停车地点,游览点到停车场的行走路线。

（3）安全提醒。在景区旅游时应提醒游客保护好自己的财物。下车前,务必提醒游客带好贵重物品,不能放在旅游车上。

（4）其他注意事项。参观前告知游客景点的注意事项,比如参观园林建筑时不可以抽烟,部分场所不能拍照等,并注意告知游客景点内洗手间的位置。

步骤三:实景讲解

实景讲解是指到达参观游览点后,导游员带领游客对所见到的具体景物的讲解。比如抵达中山陵后,导游员可根据游览线路向游客依次讲解牌坊、陵门、碑亭等具体景物。

实景讲解内容应繁简适度,语言生动而富有表现力,做到讲解与引导游览相结合。例如,在游览留园过程中,引导游客观察建筑门前的台阶——随意堆放几块石头当作台阶,而不是通常见到的中规中矩的台阶。导游员可讲解:"这是园主人隐逸思想的体现,作台阶的这几块石头代表山的余脉,表示园林不是筑于闹市之中,而是位于山林之中。"

导游员要注意选择合适的讲解位置。根据景区游客的游览路线,选择讲解位置时既要利于本团游客集中,又不能挡住其他游客的道路。讲解过程中要留意游客动向，防止游客走失。一般地陪在前讲解，引导游客，全陪或领队断后，观察游客动向，互相配合，防止走失事故发生。

步骤四：景点外延知识讲解

随堂测验
3-2-1

景点外延知识是对景点知识的扩充和延伸，一般在景点游览结束后，回到旅游车上进行。例如，中山陵游览结束后，可以总结讲解中山陵的建筑特点，也可以和同样位于钟山风景区的明孝陵对比，分析各自的特点，进而延伸到中国古代帝王陵墓格局的演变。外延知识讲解可以提升讲解的文化内涵，带给游客知识美的享受。

任务一

任务评价

通过实施以上步骤，是否达成了该项任务目标和素养目标呢？请对完成任务的情况做出评价，见表3-2-1。

表3-2-1　　　　　　　　　景点讲解服务任务评价表

评价内容	完成情况			
	优	良	中	差
背景知识讲解				
注意事项讲解				
实景讲解				
景点外延知识讲解				
做国家文化的宣传者，能说出中国故事、讲好华夏风情、展现大国风采；能引导游客对祖国大好山河的热爱，提升民族自信心；能对中华优秀传统文化进行传承与创新				

任务二　引导游客观景赏美

◎ **任务目标**

旅游是一项发现美、欣赏美的活动。导游员在带领游客游览的过程中，需要调节游客的情绪、传递审美的方法和技巧。在此环节导游员应掌握并运用三个方面的知识：什么是美、如何欣赏美、如何引导游客欣赏美。

◎ **素养目标**

通过该任务，培育学生的审美能力；培养学生学会美育教育理念的传授与践行。

理论知识

什么是美？美是对人的主观需求有功利价值的客观事物的外部形态特征使人主观上产生的一种快乐感觉。调节游客的情绪，保持、提高游客的游兴，使之主观上产生快乐的感觉，是导游员的一项重要工作，也是衡量导游员的能力和水平的一个重要标准。

导游员在向不同层次、不同审美情趣的游客进行导游讲解时，要尽可能地满足他们的审美追求，注意因势利导，正确讲授审美知识，传递审美方法，调节游客的审美取向。

任务实施

步骤一：调节游客的情绪

调节游客的情绪，主要指消除游客的消极情绪。调节游客的情绪，首先必须了解产生消极情绪的主、客观原因。游客产生消极情绪有可能是自身原因，也有可能是旅行社工作人员的原因，或者其他不可抗力的原因（比如天气状况）。导游员需要针对游客消极情绪产生的原因，提供相应的服务。

1.游客自身原因

游客自身原因造成游览情绪不高时，导游员可以有意识地调节游客的注意力，促使他们的注意力从一个对象转移到另一个对象。这种方法称为转移注意法。当旅游团内出现消极情绪时，导游员就应设法用优质的服务和真挚的感情感化他们，用精彩的讲解、美丽的景色去吸引他们，从而转移他们的注意力，恢复愉快的心情。

2.旅游工作者的原因

由于旅游工作者的原因造成游客游览情绪不高时，导游员一般可从物质或精神上给予补偿，从而弱化或消除游客的不满情绪。这种方法称为补偿法。

（1）物质补偿法：可采取给游客加菜、加酒水或者赠送小礼物的方式缓解游客的不满情绪。加菜或加酒水的方式采用得比较多，因其成本较低且能让游客直接感受到旅行社的诚意。赠送小礼物的方式相对来说成本偏高，而且不易把握游客的喜好。

（2）精神补偿法：导游员要尊重游客，因某种原因无法满足游客的合理要求，导致他们不满时，导游员应实事求是地说明困难，以求得游客的谅解。微笑倾听游客的抱怨、诚恳地道歉，都是经常采用的方法。

3.客观原因

由于天气等客观原因造成游客情绪消极时，导游员须将原委向游客解释清楚，并一分为二地分析事物的两面性及其与游客的得失关系。这种方法称为分析法。这种方法有时能消除游客的不满情绪。例如，在黄山游览时如遇阴雨天影响游客的心情，导游可以介绍变幻的云雾、壮观的瀑布，这些景色雨天都比晴天时更壮美。

步骤二：掌握观赏节奏

观赏节奏无定规，应视观赏内容、观赏主体的具体情况（年龄、体质、审美情趣、当时的情绪等）以及具体的时空条件来确定并随时调整。一般在有体力差的游客、天气状况不好、观赏点的吸引力大的情况下，观赏的节奏应缓慢；反之，可以加快观赏节奏。在安排审美赏景活动时导游员需要根据具体情况调节观赏节奏。

1.有张有弛，劳逸结合

旅行社需要根据旅游团的实际情况安排参观游览项目及游览的先后顺序。在规章制度允许的范围内，导游员应努力使旅游审美活动既丰富多彩又松紧相宜，让游客在轻松自然的活动中最大限度地获得美的享受。例如，游客游览完灵隐飞来峰比较劳累，可以随后安排西湖游船，游客可以坐在船上边游览西湖美景，边休息。

2.有急有缓，快慢相宜

在具体的审美活动中，导游员要视具体情况把握好游览速度和导游讲解的节奏。哪儿该快、哪儿该慢，哪些多讲、哪些少讲甚至不讲，必须做到心中有数。对年轻人讲得快一点，走得快一点，活动多一点；对老年人则讲得慢一点，走得慢一点，活动少一点。景色比较美丽或有特色，就慢一点；景色一般或没有观赏性，就快一点。总之，审美节奏要因人、因时、因地随时调整，努力使观景赏美活动获得良好的效果。

3.导与游结合

在游览中讲解是必不可少的，通过讲解和指点，游客不仅可以直接观赏到美景，更可以了解美景的文化内涵。但在特定的地点、特定的时间讲解可以点到即止，让游客去凝神遐想，恰当的留白，"此时无声胜有声"，往往会收到更好的效果。

步骤三：掌握观景赏美方法

不同的游客，对"美"有不同的感悟和见解。观赏同一景物，有的游客感受到美感，有的却没有。这是游客观景赏美的个体差异，究其原因，除了受游客文化修养、审美情趣和思想情绪等各因素影响外，还存在着观景赏美的方式方法问题。导游员必须正确地引导游客去观赏景物，既要根据游客的审美情趣和兴趣爱好选择恰当的内容，进行生动精彩的导游讲解，还要帮助游客用正确的方式方法去欣赏美景，只有这样，游客才能得到美的享受，导游活动才可能获得成功。

一般来说，常用的观赏方法有以下几种：

1.动态观赏和静态观赏

动态观赏和静态观赏的"动"和"静"是指的游客自身的动和静。

动态观赏是指游客在步行、乘车时观景，通过自身的移动使观赏对象呈现特殊的美感。比如造园手法中常应用的"移步换景"，随着观赏者脚步的移动，观赏到的景色也随之变换。

静态观赏是指游客在一定的空间停留片刻或缓慢地移动视线，相对静止地欣赏周边景观。比如在黄河岸边观赏壶口瀑布，在山顶欣赏夕阳西下或旭日东升等，都属于静态观赏。

至于何时"动观",何时"静观",则应视具体的景观及时空条件而定。导游员要灵活运用,"动""静"结合,努力使游客得到最大限度的美的享受。一般来说,游览的过程以"动"为主,以"静"为辅。通过安排合适的游览线路,全面体验景区的美景,个别有特色的地方则静观体会。

2.观赏距离和角度

(1)距离和角度。距离和角度是两个不可或缺的观景赏美因素。许多美景只有在特殊的距离和角度才能感受到其特殊魅力。"一览众山小"的感慨,只能在攀登高峰后发出。

人文景观欣赏距离和角度的选择同样重要。文德桥头是欣赏秦淮河美景的最佳地点。拜谒中山陵,上行时可以感受"高山仰止、景行行止"的设计理念;登上祭堂前平台,可引导游客回望,欣赏中山陵全景,豪情万丈的情感不禁油然而生。

作为导游员,必须非常熟悉所游览的风景名胜的情况,带团游览时要适时地指导游客从最近距离、最佳角度,以最佳方法去观赏风景,使其获得美感。

(2)心理距离。观赏美景除掌握空间距离外,还应考虑心理距离。心理距离是指人与物之间暂时建立的一种相对超然的审美关系。保持适当的心理距离是审美活动的一项基本原则和显著特征。

在游览过程中,游客只有真正从心理上超脱于日常生活中功利的、伦理的、社会的考虑,脱离俗世的羁绊,超然物外,真正进入审美境界,才能尽情地享受美,获得观景赏美的愉悦。否则,就不可能在旅游赏美活动中获得美感。例如,漫步西湖,导游员讲解与之相关的三大爱情传说时,情侣游客可能认为西湖水是充满浓情蜜意的美酒,而刚经历感情挫折的游客则可能感受到"西湖的水,我的泪"。

3.把握观赏时机

观赏美景要掌握好时机,即掌握好季节、时间和气象的变化。春赏鲜花、秋赏落叶,季节的交替造就了自然美景的变幻。导游员无力改变游客到访景点季节的变化,但要尽力选择当季最美的景观、把握合适的观赏时机,带给游客美的享受。峨眉佛光出现的时间一般在13:00—16:00之间,平均每五天左右才有可能出现一次适宜观赏的天气条件。导游员须凭借自身丰富的经验带领游客把握住观赏时机。

人文景观中,不同景观也有对应的观赏时机。比如,南京夫子庙的夜景流光溢彩,适宜安排游客晚上游览;中山陵虽处于钟山风景区,但碑亭到祭堂无林木遮挡,盛夏季节酷暑难耐,适合安排游客早晨游览;"苏堤春晓"是西湖十景之一,适合早上带领游客欣赏雾气朦胧的西湖苏堤;"三潭印月"的美景也只有中秋月圆之时才有机会欣赏。

在引导游客欣赏美景时必须精确地掌握好时机。有的自然美景的观赏时间只有几分钟,甚至只有几秒钟,稍有疏忽就可能失之交臂,后悔莫及。比如,在泰山之巅观日出,必须把握住时机。有的人文景观只有在特定的时段,才能让游客领略到它的美。这就要求导游员要非常熟悉所游览的景点并把握好时机,才能帮助游客及时地观赏到绝妙的美景。

任务评价

通过实施以上步骤，是否达成了该项任务目标和素养目标呢？请对完成任务的情况做出评价，见表3-2-2。

表3-2-2　　　　　　　引导游客观景赏美任务评价表

评价内容	完成情况			
	优	良	中	差
调节游客的情绪				
掌握观赏节奏				
掌握观景赏美方法				
审美能力，以及美育教育理念的传授与践行				

知识拓展
3-2-1

如何欣赏盆景之美

案例共享

煦园导游词

我们将要参观的煦园，算得上是江南名园中的佼佼者。游览中国古典园林，如同欣赏一房石木盆景、一幅山水国画，讲究的是小情景、大意境。在欣赏煦园之前，我要告诉您一些小窍门，掌握了它，也许就不虚此行了。一是欣赏山石。山石就是用自然风化侵蚀成各种形状的石块垒砌成的假山，一般多用太湖石或皖南黄山石垒砌。二是观看池水。因为水池多是人工挖地而成，所以水面、布局、走向、位置、源流来去都非常讲究。如果说园林中山为骨骼，那么水就是血脉，有了水，园子就增添了生气活力。三是品味建筑。中国古典园林中的建筑虽多为亭台楼阁、廊榭轩舫，但南北风格各异，是古代建筑艺术重要组成部分。四是留意花草、树木、动物。草木既可以装点园林，春有花、夏有荫、秋有实、冬有绿，也可以寓情于景，竹子的刚直有节，银杏的长寿多子，梅花的傲雪凌霜。

煦园面积不算大，不过两万多平方米，但由于采用了障景的传统江南园林建造手法，使得游览线路曲折婉转。踏着细碎的鹅卵石铺就的小径，很有曲径通幽、小中见大的情趣。园内山石、建筑、水池布置精巧，令人玩味；花草、竹树与池中游鱼，都寄托了主人的精神追求，小小的煦园简直就是一部简明精要的东方文化小百科。

案例点评
3-2-1

煦园导游词

思政专栏

中国共产党百年述职报告

我的名字叫作中国共产党，以下是我的百年述职报告。

我诞生于1921年，那是一个内忧外患，苦难深重的中国，目睹山河破碎，百姓流离，我痛苦不已。我怀揣一腔热血，渴望寻求到救国救民的出路。在无数种信仰的交锋后，我选择了马克思主义。

从南湖红船的起航，到南昌城头的枪响，从井冈山的星星之火到两万五千里的漫漫长征，从艰苦卓绝的十四年抗战再到解放战争的弹雨硝烟。一路走来，真的很难。

当面临生死的抉择，当面对信仰的考验，我分明听到有种声音在说：甘将热血沃中华，听到那大声呐喊：生是为中国，死是为中国！每每想起这些舍生忘死的同志，想起那些浩然慷慨的义举，我都忍不住流泪，一遍遍告诉自己：永志不忘，切莫辜负。

经过二十八年的浴血奋战，在广大人民群众的支持下，我们终于彻底结束了旧中国半殖民地半封建社会的历史，成立了中华人民共和国。我激动不已，仿佛看到了革命先烈们梦寐以求的可爱的中国。

我知道，历史选择了我，人民选择了我。赶考路上我一刻都不敢懈怠。我们完成了土地改革与社会主义革命。定了一个个"五年计划"的小目标，夯实着共和国的经济基础，国际地位也在不断提高。在社会主义建设的探索中，我也曾走过弯路。通过解放思想、实事求是，终于迎来了改革开放的变革，开辟出我们自己的中国特色社会主义道路。我依靠人民，跨过一道又一道沟坎，取得一个又一个胜利。经过长期努力，中国特色社会主义进入了新时代。到如今，全面建成小康社会，终于取得历史性的成就。当看到国之重器上天入海，探索苍穹。当看到超级工程攻坚克难，刷新纪录。当看到中国智慧走出国门，惊叹世界，我都在为自己的国家和人民感到无比骄傲。如今我们的经济实力、综合国力不断增强，人民的生活水平持续改善。现行标准下9 899万农村贫困人口，全部脱贫。这，就是我们的道路！

在这百年征程里，有风调雨顺，凯歌高奏，也有危难之际的绝处逢生，挫折之后的毅然奋起和失误之后的拨乱反正。但不论怎样，我从没想过放弃。我深知打铁还需自身硬，这一路都坚持自我革命。我也从未忘记过自己的初心，并将永远对人民保持赤子之心。

从石库门到天安门，从兴业路到复兴路，从50多人到9 000多万人，如今站在"两个一百年"的历史交汇点，全面建设社会主义现代化国家新征程开启，我定会不忘初心、继续前进，努力给历史、给人民交出新的更加优异的答卷！

资料来源　佚名. 中国共产党百年述职报告［EB/OL］.［2021-03-30］. http：//cpc.people.com.cn/n1/2021/0330/c64387-32065179.html.

思政关键词：民族自信　爱国情怀

课后思考与实践

在旅行社网站上找几条线路，判别其行程安排是否把握住了不同景观的最佳观赏时机。

4 模块四 生活服务

　　生活服务模块主要包括住店服务、用餐服务、旅游演艺服务、旅游购物服务、应急服务等。导游员应认真做好生活服务，多提供富有魅力、具有针对性的服务，使客、导之间关系融洽，让游客在旅游过程中获得当地旅游生活和旅游文化的享受和体验。

项目一　住店服务

◎　**项目概述**

　　旅游团抵达酒店后，导游应协助游客办理入住手续。因此，导游必须了解酒店的基本设施和等级标准，能熟练办理酒店入住手续，对于游客在住宿环节经常出现的问题，能及时有效地进行处理。

◎　**项目结构**

　　本项目结构如图4-1-1所示。

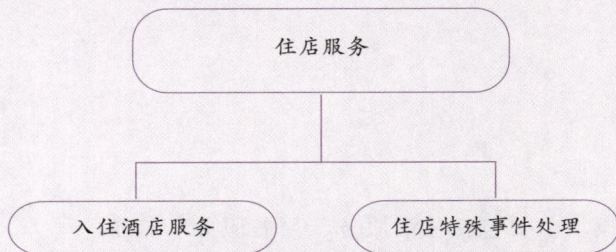

```
            ┌─────────────┐
            │  住店服务    │
            └──────┬──────┘
          ┌────────┴────────┐
   ┌──────┴──────┐   ┌──────┴──────┐
   │ 入住酒店服务 │   │住店特殊事件处理│
   └─────────────┘   └─────────────┘
```

图4-1-1　项目结构图

任务一　入住酒店服务

◎　**任务目标**

　　游客到达酒店后，导游要做好相关的服务工作，协助游客办理入住手续。主要完成四项工作：引导游客、安排入住、介绍酒店设施及提示注意事项。

◎　**素养目标**

　　通过该任务，培育学生理解构建资源节约型社会的理念；培育学生在今后的带团过程中倡导游客绿色环保住宿的理念。

理论知识

在线课堂
4-1-1

住店及用餐
服务

　　分房考验地陪导游的工作能力和协调能力。地陪导游在给客人分房时要注意把握以下几条原则：

　　1.有效性

　　为减少游客在酒店大堂的等待时间，分房一般在赴酒店前的旅游大巴上完成。一方面，游客集中在相对较小的空间中，能够集中注意力听取导游分房方案，另一方面也可以为游客调整分房方案留足时间。

2.同源性

导游需要对照游客名单，判断游客的构成情况。此外，导游要在与游客的交流中，从游客的表现，推断游客的性格，为之后的分房工作打好基础；同一家庭的客人尽量安排在一起，尤其游客中有夫妻的情况，分房时万不得已不要分开；同来的其他客人也尽量安排在一起，如有困难，要和客人解释原因，征得其谅解。

3.优先性

在团队房间有差别的情况下，环境条件较好的房间优先分给老人、小孩；若酒店没有电梯或者电梯不方便，尽量安排老人在一楼；同时，为便于照顾，团里老人的房间尽量安排在导游房间旁边。

对于散客团，导游为游客分配好房间的同时可以为每组住宿搭档编好序号。在酒店大堂分房卡时，导游可以按编号顺序叫号以提高效率。

任务实施

步骤一：引导游客

旅游车抵达酒店后，导游员应提醒游客带齐自己的随身物品下车，之后将游客安排在酒店的免费休息区域内休息。

步骤二：安排入住

安排入住时，地陪导游和全陪导游的职责各不相同，具体分工如下：

（1）地陪导游首先请全陪收齐游客办理入住登记需要的证件。为提高工作效率，全陪导游一般在旅游大巴抵达酒店前就应将游客的身份证件等收齐。然后，地陪导游向酒店前台说明预订的旅行社名称、团号和房间数，办理好入住手续，领取房卡。

（2）地陪导游取出事先准备好的分房表，依次对应填写房号，同时请全陪导游分发房卡。地陪导游要掌握全陪导游以及游客的房间号，并将自己的房间号、联系方式告诉他们，以方便联系。

（3）地陪导游提醒游客在前台处领取酒店卡片。卡片上印有酒店的名称、位置和电话，背面一般还有简易地图，以方便游客出行。

（4）地陪导游和全陪导游商定第二天的叫早时间。

步骤三：介绍设施

入住酒店后，地陪导游要向游客介绍酒店的基本设施，比如：早餐时间和早餐地点；游泳池、健身馆等娱乐健身场所；特色服务项目，如温泉等；商品部；公共卫生间等。

步骤四：提示注意事项

导游在游客入住酒店前还需说明注意事项，如部分酒店安保制度严格，乘电

梯上楼需要刷房卡；提醒游客将贵重物品交给前台保管；提醒房内收费项目（如小酒吧、长途电话、收费电视等）；强调酒店的安全通道位置；提醒进入房间的安全注意事项，如检查房内设施物品是否完备无损；洗澡前确保垫好地巾，防止地滑跌倒；睡觉前注意关紧门窗，以防治安事故的发生；不要在床上吸烟，防止火灾等。

随堂测验
4-1-1

任务一

任务评价

通过实施以上步骤，是否达成了该项任务目标和素养呢？请对完成任务的情况做出评价，见表4-1-1。

表4-1-1　　　　　　　　　入住酒店服务任务评价表

评价内容	完成情况			
	优	良	中	差
引导游客				
安排入住				
介绍设施				
提示注意事项				
理解构建资源节约型社会的理念，倡导绿色环保住宿的理念				

任务二　住店特殊事件处理

◎　**任务目标**

导游在将游客安顿到酒店入住后，可能面临一些特殊事件。不同的特殊事件，其处理方式也各不相同。无论哪一类特殊事件，处理的一般程序有：了解引发特殊事件的原因，协调处理特殊事件，解释说明无法协调的原因。

◎　**素养目标**

通过该任务，培育学生建立遵守公共秩序的思想；养成遵守公共秩序的行为习惯。

理论知识

旅游服务合同是一种有名合同，是指旅游经营者与旅游者约定旅游活动过程中旅行社和旅游者之间权利义务关系的协议。《中华人民共和国旅游法》第五章对

"旅游服务合同"做了专门规定，目的在于保障旅游者和旅游经营者的合法权益，规范旅游市场秩序，保护和合理利用旅游资源，促进旅游业持续健康发展。

任务实施

步骤一：分析缘由

游客入住酒店后，有可能会出现行李丢失、要求调换酒店或者调换房间等特殊事件。导游首先要对事件前因后果进行全面了解，了解问题的症结所在，从而有针对性地进行解决。

步骤二：协调处理特殊事件

1.酒店内行李丢失

行李丢失大多发生在行李寄存环节。导游员首先要安慰游客，告知自己会尽力寻找，让游客放心。接下来，导游员应尽可能地帮助游客寻找丢失的行李。具体可以采取以下措施：①立即找到酒店大堂经理协助寻找；②找到具体负责寄存服务的酒店员工，并询问是否还有其他旅游团同时入住该酒店；③找到寄存员并与其一同查找，看是否有其他游客错拿了行李。

如果实在查找不到，导游员一方面要协助客人购买一些已经丢失的生活必需品并提醒客人保存好发票，另一方面，要协助游客与酒店有关部门联系索赔的问题。

2.游客要求调换酒店

游客享受什么等级的住房在旅游服务合同中有明确规定，所以接待旅行社向旅游团提供的住房若低于合同中的等级，或使用同等级的酒店替代合同中标明的酒店，游客都会提出异议。

游客提出调换酒店的要求后，导游员要尽快联系接待社，了解实际操作没有按照合同执行的真实原因。若旅行社向旅游团提供的住房低于合同书中的等级，导游员应在取得旅行社同意和支持后，给予调换，确有困难要说明原因。若旅行社使用相同等级的酒店替代，导游员应代表旅行社提出有说服力的理由。

3.游客要求调换房间

如果游客因客房内设施破损、房间内卫生不达标而提出换房，导游员应满足其要求。如果游客对客房朝向、楼层不满意，导游员可以先在旅游团内部进行调整。若酒店有空房间且不涉及价格调整，导游员应与酒店联系，予以满足。酒店若虽有空房但因朝向不同，价格不同，导游员要向游客讲明差价。若游客同意付差价，则可满足其要求。

4.游客要求住单间

参加旅游团的游客在酒店一般住标准间。但是，可能会有同住一室的游客生活习惯差异较大或产生了矛盾，提出要求住单间。针对这样的情况，导游员可以在团队内部进行调整。若调解、调整不成，酒店有空房可满足其要求，但须事先说明，房费由游客自理（一般是谁提出住单间谁付房费）。

5.游客在酒店内受伤

尽管导游员在游客入住前已向游客说明入住酒店的安全注意事项，但游客在浴室摔倒等事件仍有发生。当此类事件发生后，导游应立即赶往事发现场，以拍照等方式取证，然后联系酒店值班经理，处理游客受伤事件。待游客情况稳定后，联合酒店有关部门，认定事故责任，商定赔偿事宜。

步骤三：解释说明无法协调的原因

在处理特殊事件时，导游员可能已经尽力了，但是因为旺季等种种原因，最终无法协调解决，此时，应该向游客耐心解释说明，求得游客理解。

任务评价

通过实施以上步骤，是否达成了该项任务目标和素养目标呢？请对完成任务的情况做出评价，见表4-1-2。

表4-1-2　　　　　　　　　　住店特殊事件处理任务评价表

评价内容	完成情况			
	优	良	中	差
分析缘由				
协调处理特殊事件				
解释说明无法协调的原因				
建立遵守公共秩序的思想，养成遵守公共秩序的行为习惯				

案例共享

导游妥善处理游客换房

经过近6个小时的颠簸，小盛的旅游团总算乘旅游车从黄山抵达了最后一站——H市，小盛也由全陪变成了全陪兼地陪。游客们拖着疲惫的身躯下了车，走进下榻的酒店——一家建造于30年前的计划经济时代专用于接待国内一些领导干部的酒店。该酒店占地面积大，环境清幽，是一家地地道道的老酒店。然而游客进入客房不久，就有几位跑来抱怨。这个说客房冷气不足，那个说客房太潮湿，还有的说客房没热水，纷纷要求换房。此时是旅游旺季，小盛非常清楚这个时节酒店的客房供需状况。怎么办呢？他先来到反映有问题的几间客房，发现冷气不够是因为刚进客房，冷气才打开，且温度开关没有调到位；没有热水是因为热水龙头坏了；而客房潮湿则是因为这间房紧挨山崖。小盛想："水龙头坏了可以修，客房不一定要换；但潮湿房一定要换。"于是，小盛来到酒店销售部，销售部人员开始声称没有空余客房，但在小盛一再要求下，加上小盛平时也很注意和他们建立良好的关系，最后，销售部人员在请示经理后，终于让小盛的游客换了客房。问题总算得以圆满解决。

资料来源 佚名. 导游实务案例分析：饭店设施陈旧［EB/OL］.［2009-01-04］. https：//www.51test.net/show/480432.html.

案例点评
4-1-1

导游妥善处
理游客换房

课后思考与实践

请挑选当地一家三星级以上酒店，进行公共区域部分的现场考察，同时收集网上对该酒店相关设施的介绍，在课堂上模拟地陪导游，向游客做一个有关该酒店的介绍。

项目二　用餐服务

◎ **项目概述**

　　导游在为旅游团提供用餐服务的过程中，必须熟悉团队餐和风味餐服务的流程，引导游客深入了解旅游地的饮食文化，及时处理好用餐过程中出现的问题。

◎ **项目结构**

　　本项目结构如图4-2-1所示。

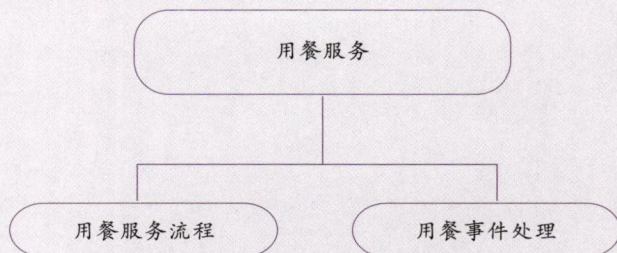

```
            ┌─────────────┐
            │   用餐服务    │
            └──────┬──────┘
          ┌────────┴────────┐
  ┌───────────────┐  ┌───────────────┐
  │  用餐服务流程  │  │  用餐事件处理  │
  └───────────────┘  └───────────────┘
```

图4-2-1　项目结构图

任务一　用餐服务流程

◎ **任务目标**

　　用餐服务是导游服务中重要的一环，其中有许多工作细节和技巧，如果能处理好相关细节，就可以起到事半功倍的效果。具体来说，要完成以下事项：提前落实相关事宜，引导客人进入餐厅，引导客人入座，介绍风味餐特色，巡视团队用餐情况，餐后餐厅结账。

◎ **素养目标**

　　通过该任务，弘扬中国传统饮食文化，引导学生在今后工作中对游客进行"文明用餐、勤俭节约"理念的传播。

> **理论知识**

　　西餐源远流长，又十分注重礼仪，讲究规矩。游客在旅途中也有用西餐的情况。所以，作为导游，了解西餐用餐方面的礼仪知识是十分重要的。

1.餐具使用

（1）西餐的餐具。广义的西餐餐具包括刀、叉、匙、盘、杯、餐巾等，狭义的餐具专指刀、叉、匙。刀分为食用刀、鱼刀、肉刀、黄油刀和水果刀；叉分为食用叉、鱼叉、肉叉和虾叉；匙则有汤匙、甜食匙、茶匙。公用刀、叉、匙的规格明显大于餐用刀、叉、匙。

餐具的摆法：垫盘放在餐席的正中心，两侧的刀、叉、匙排成整齐的平行线。所有的餐刀放在垫盘的右侧，刀刃朝向垫盘；各种匙类放在餐刀右边，匙心朝上；餐叉则放在垫盘的左边，叉齿朝上。一个座席一般只摆放三副刀叉。面包碟放在客人的左手边，上置黄油刀一把，各类酒杯和水杯则放在右前方。如有面食，吃面食的匙、叉则横放在前方。

（2）餐具的用法。刀叉用法：右手持刀，左手持叉，先用叉子把食物按住，然后用刀切成小块，再用叉送入口中。欧洲人使用时不换手，即从切割到送食物入口均以左手持叉。美国人则切割后，将刀放下换右手持叉送食入口。刀叉并用时，持叉姿势与持刀相似，但叉齿应该向下。通常刀叉并用是在取食主菜的时候，但若不需要用刀切割，则可用叉直接叉取，这两种方法都是正确的。

匙的用法：持匙用右手，持法同持叉，但手指务必持在匙柄之端，除喝汤外，不用匙取食其他食物。

餐巾用法：进餐时，大餐巾可折起（一般对折）折口向外平铺在腿上，小餐巾可伸开直接铺在腿上，注意不可将餐巾挂在胸前。拭嘴时需用餐巾的上端，并用其内侧来擦嘴，绝不可用来擦脸部或擦刀叉、碗碟等。

2.西餐进餐礼仪

因为西餐主要是在餐具、菜肴、酒水等方面有别于中餐，因此，参加西餐宴会，除了应遵循中餐宴会的基本礼仪之外，还应分别掌握以下几个方面的礼仪知识。

（1）餐具使用的礼仪。吃西餐，必须注意餐桌上餐具的排列和放置位置，不可随意乱取乱拿。正规宴会上，每一道食物、菜肴配一套相应的餐具，并以上菜的先后顺序由外向内排列。进餐时，应先取左右两侧最外边的一套刀叉。每吃完一道菜，将刀叉合拢并排置于碟中，表示此道菜已用完，服务员便会主动上前撤去这套餐具。如尚未用完或暂时停顿，应将刀叉呈八字形左右分架或交叉摆在餐碟上，刀刃向内，意思是告诉服务员，我还没吃完，请不要把餐具拿走。

使用刀叉时，尽量不使其碰撞，以免发出大的声音，更不可挥动刀叉与别人讲话。

（2）进餐礼仪。吃西餐还应注意坐姿。坐姿要正，身体要直，脊背不可紧靠椅背，一般坐于座椅的前四分之三。不可伸腿，不能跷二郎腿，也不要将胳膊肘放到桌面上。

西餐种类繁多，风味各异，因此其上菜的顺序，因不同的菜系、不同的规格而有所差异，但其基本顺序大体相同。一餐内容齐全的西餐一般有七八道菜，主要由以下几部分构成：

第一，开胃品（又称头盆），多用水果、蔬菜、熟肉制成，色彩鲜艳，装饰美观，令人食欲倍增。开胃品有冷、热之分，与开胃酒并用。

第二，汤类，需用汤匙，此时一般搭配黄油、面包。

第三，蔬菜、冷菜或鱼（也称副菜），可使用垫盘两侧相应的刀叉。如有色拉，需要色拉匙、色拉叉等餐具。

第四，主菜（又名主盘），是西餐全套菜的精华，既讲究色、香、味、形，又注重营养价值，主要原料有海鲜、牛肉、羊肉、猪肉和禽类。

第五，餐后甜点，一般为甜品（点心）、水果、冰淇淋等。最后喝咖啡或茶，喝咖啡应使用咖啡匙，喝茶使用茶匙，但咖啡匙和茶匙都只能用于搅拌。

进餐时，除用刀、叉、匙取送食物外，有时还可用手取。如吃鸡、龙虾时，经主人示意，可以用手撕着吃。吃饼干、薯片或小粒水果，可以用手取食。面包则一律手取。取面包时，左手拿取，右手撕开，再把奶油涂上去，一小块一小块撕着吃。不可用面包蘸汤吃，也不可一整块咬着吃。

喝汤时，切不可以汤盘就口，必须用汤匙舀着喝。姿势是：用左手扶着盘沿，右手用匙舀，不可端盘喝汤，不要发出吱吱的声响，也不可频率太快。如果汤太烫，应待其自然降温后再喝。

吃肉或鱼的时候，要特别小心。用叉按好后，慢慢用刀切，切好后用叉子进食，千万不可用叉子将其整个叉起来，送到嘴里去咬。这类菜盘里一般有些生菜，往往是用于点缀和增加食欲的，可吃可不吃。

餐桌上的佐料，通常已经备好，放在桌上。如果距离太远，可以请别人帮忙拿取，不能自己站起来伸手去拿。

饮酒时，不要把酒杯斟得太满，也不要劝酒（这些都不同于中餐）。如刚吃完油腻食物，最好先擦一下嘴再喝酒，免得让嘴上的油渍将杯子弄脏。干杯时，即使不喝，也应将酒杯在嘴唇边碰一下，以示礼貌。

吃西餐时相互交谈是很正常的现象，但切不可大声喧哗，放声大笑，也不可抽烟，尤其在吃东西时应细嚼慢咽，嘴里不要发出很大的声响，更不能把刀叉伸进嘴里。至于拿着刀叉做手势在别人面前挥舞，更是失礼和缺乏修养的行为。

总之，西餐既重礼仪，又讲规矩，只有认真掌握好相关知识，才能在就餐时表现得温文尔雅，颇具风度。

任务实施

步骤一：提前落实相关事宜

在旅游团队用餐前，为了确保用餐顺利，导游员要提前落实本团当天的用餐事宜，对用餐地点、时间、人数、标准、形式及游客特殊要求等逐一核实、确认。

步骤二：引导客人进入餐厅

进入餐厅后，导游员要告知迎宾人员团队的团号、旅行社名称以及人数等信息。然后引导游客进入用餐区域并介绍餐厅的有关设施，尤其是洗手间的位置。同时，要告知领队和司机用餐地点和出发时间，向游客说明用餐的具体时间。

步骤三：引导客人入座

在引导客人入座前，导游员应事先了解团队用餐的位置，并对游客做出指引。

待游客就座后清点人数，并告知游客餐标所含范围及自理项目。

步骤四：介绍风味餐的特色

对于比较富有特色的当地风味餐，导游员应介绍当地风味餐的口味特点、历史渊源，还要介绍当地风味餐的具体做法、吃法上的讲究等。

步骤五：巡视团队用餐情况

在用餐过程中，导游员要巡视旅游团用餐情况1～2次，解答游客在用餐中提出的问题。同时，监督检查餐厅是否按照标准提供服务并解决出现的问题。

步骤六：餐后餐厅结账

用餐后，导游员应严格按照实际用餐人数、用餐标准、饮用酒水数量等如实填写餐饮费用结算单，与供餐单位结账。

随堂测验
4-2-1

任务一

任务评价

通过实施以上步骤，是否达成了该项任务目标和素养目标呢？请对完成任务的情况做出评价，见表4-2-1。

表4-2-1　　　　　　　　　　用餐服务流程任务评价表

评价内容	完成情况			
	优	良	中	差
提前落实相关事宜				
引导客人进入餐厅				
引导客人入座				
介绍风味餐的特色				
巡视团队用餐情况				
餐后餐厅结账				
弘扬中国传统饮食文化，传播"文明用餐、勤俭节约"理念				

任务二　用餐事件处理

◎ **任务目标**

游客在用餐过程中，因行程安排变化、口味需求等，可能会有退餐、换餐、加餐等特殊要求。这要求导游做到：了解情况，协调解决，对于无法解决的情况要做好解释说明。

◎ **素养目标**

通过该任务，培育学生遵守公共秩序、遵循社会公德的理念。

我们都知道中华美食品种繁多。不同民族孕育着不同的美食，也孕育了不同的民族饮食文化。

1.回族

回族饮食习惯与汉族差别较大。回族日常饮食因聚居各地区的主要农产品不同而略有差异，以面粉、大米为主，辅以玉米、豌豆等杂粮。回族人喜欢吃牛肉、羊肉、鸡肉、鸭肉和带鳞的鱼类，爱吃蔬菜，但不吃马、驴、骡、狗的肉，尤其忌食猪肉，不食动物的血液，不食自死的禽畜和非穆斯林宰的牲畜和牛羊肉罐头，也不吃非清真店制作的食品。

回族人热情好客，总以好茶好饭款待客人，还以给客人加菜加饭为敬。回族一般不嗜烟和酒，喜欢喝茶。回族给客人倒茶、端茶等都使用右手，客人要双手相接，否则会被视为无礼。

2.维吾尔族

维吾尔族饮食很有特色，一种用白面或玉米面在特别的火坑中烤制而成、形似面饼被称为"馕"的食品是维吾尔族家常主食之一。在维吾尔族村镇上，家家户户都有馕坑。维吾尔族人吃馕是有讲究的，都是用手掰开后再食用，不允许拿着整个馕咬食。烤羊肉串是维吾尔族的传统食品，烤出的肉味鲜、香辣，很有特色。抓饭、拉面也是维吾尔族人喜爱的食品。副食品有牛肉、羊肉、鸡肉和各种蔬菜，但蔬菜吃得较少。

维吾尔族同其他信仰伊斯兰教的民族一样，特别重视三大宗教节日，尤其视"古尔邦节"为大年，庆祝活动极为隆重，沐浴礼拜，宰牛羊馈赠亲友，接待客人。节日的筵席上，主要有手抓饭、馓子、手抓羊肉、各式糕点、瓜果等。维吾尔族人喜食水果，这与新疆盛产葡萄、哈密瓜、杏、苹果等果品有关，可以说瓜果是维吾尔族人民的生活必需品。

3.藏族

藏族牧民的饮食多为一日四餐，早7点第一餐，多食糌粑，喝酥油茶，10点吃第二餐，午后2点吃第三餐，亦称午餐，以肉食为主，晚8点吃第四餐，食品以粥为主。总体上牧民们以牛肉、羊肉和奶茶为主要食物，奶制品有酥油、酸奶、奶酪等。农区藏民的饮食以粮为主，蔬菜为辅。糌粑是藏族的日常食品，它是由青稞或豌豆经炒熟磨粉而成，再经数道加工调配工序制成粑食。粑食营养丰富、香酥甘美，不仅藏族人终生食用，居住在藏区的其他民族也喜欢。

藏族日常生活不能没有茶，酥油茶是藏族人时刻不可缺少的饮料佳品。青稞酒是藏民过节必备的饮料。习惯上，青稞酒多指青稞啤酒，此酒黄绿清淡、酒香甘酸。在西藏，除僧人依教规忌酒外，藏族男女老幼几乎都喝青稞酒。

4.蒙古族

各地蒙古族由于地理位置、自然条件、生产发展状况存在差异，在饮食习惯上也不尽相同。在牧区，蒙古族以牛羊肉、乳食为主食，史书以"游牧民族四季出行，惟逐水草，所食惟肉酪"来形容游牧生活形成的饮食习惯。烤肉、烧肉、肉干、手抓肉均为蒙古族家常食品，其中手抓肉最有名，四季都可以食用。而全羊则是宴请远方宾客的最佳食品。全羊有两种做法：一是煮食，即把全羊分解为数段煮熟，在大木盘中按全羊形摆放好，即可食用。二是烤全羊，把收拾干净的整羊入炉微火熏烤，最后刀解上席，蘸板盐食用。炒米也是蒙古族特别喜爱的一种食品，可干嚼、可泡奶，是牧民外出放牧的极好食物。

乳食是蒙古族居民一天中不可缺少的食品。奶食、奶茶、奶油、奶糕等均为蒙古族根据季节变化经常食用和饮用的食品和饮品。此外，夏季人们喜食酸奶，或拌饭或清饮，以清暑解热。夏天蒙古族牧区还喜欢饮马奶酒。

在农区、半农半牧区，蒙古族因与汉族杂居，所以饮食习惯已逐渐与汉族大体相同。农区的蒙古族主食以玉米面、小米为主，杂以大米、白面、黄米、荞面、高粱。随着温室、塑料大棚的普及，农区蒙古族食用蔬菜的品种不断增加。在菜肴烹制上，农区以炖、炒为主。蒙古族农民多保留了牧区的好客习俗，来了客人要先敬茶，无茶或不沏新茶皆为不恭，而且以"满杯酒、满杯茶"为敬，不同于"满杯酒、多半杯茶"的汉族习俗。

任务实施

步骤一：了解情况

游客在用餐前提出退餐、换餐、加餐等特殊要求时，导游员首先要了解一下原因，并预估一下该要求可能对餐厅带来的影响，必要的情况下要向旅行社汇报和请示。

步骤二：协调解决

对不同的特殊事件，导游员必须按照不同的方式进行协调解决。

（1）退餐。导游员要及时通知餐厅，讲明原因，表达歉意。若退餐对于餐厅不会造成大的影响，在餐厅允许情况下，可代表旅游团进行退餐。

（2）换餐。若换餐是由退餐引起的，导游员要关注换餐的原因，安排好换餐的细节，保证游客的用餐质量。同时，导游员要关注游客换餐的后续反映，对换餐后的用餐品种和质量要做到让游客满意。

若游客只是因为想变换口味，在餐前3小时提出换餐，导游员要协助解决，若有差价须向游客说明。如餐厅不具备提供此项服务的能力，导游员可劝说游客更换餐厅，费用自理。如换餐要求是在接近用餐时间提出的，若餐厅尚允许，导游员可协助解决；若餐厅不允许，导游员要做好解释工作。

（3）加餐。游客需要加餐时，导游员要说明加餐的注意事项，所有加餐都要提

醒游客费用自理。导游员在不影响正常游程的前提下，应尽量为提出加餐的游客提供方便，可以协助安排。

（4）房内用餐。游客提出房内用餐时，若游客是因为身体不适有此要求，导游员应主动联系酒店为该游客提供送餐服务。若游客无特殊原因，导游员应建议游客尽量集体用餐，若游客坚持房内用餐，导游员应告知送餐服务费用自理。

步骤三：解释说明

游客提出的用餐特殊要求无法解决时，导游员要向游客耐心说明原因。

任务评价

通过实施以上步骤，是否达成了该项任务目标和素养目标呢？请对完成任务的情况做出评价，见表4-2-2。

表4-2-2　　　　　　　　　　用餐事件处理任务评价表

评价内容	完成情况			
	优	良	中	差
了解情况				
协调解决				
解释说明				
遵守公共秩序、遵循社会公德				

案例共享 👆

游客用餐时导游要注意多关照

某旅行社地陪带一批台湾客人游览华东五地，第四天抵达杭州入住黄龙酒店（四星级），晚餐预订在酒店三层宴会厅。地陪与全陪18:00在餐厅门口迎候大家，客人一一落座后，地陪看客人的桌上凉菜已上齐，酒水也已斟满，于是与客人、领队打过招呼请客人慢慢用餐，就与全陪到一楼用工作餐去了。一般情况下，地陪和全陪会在客人用餐中去看望几次，查看有无问题。谁知这天吃工作餐的地方同时招待会议团的大量工作人员，导致导游员一直在等待用餐，忽略了照顾客人用餐。40分钟以后，领队找到全陪，全陪才意识到出了问题，随领队来到客人用餐的地方，一看傻了眼：三桌除凉菜外，一点菜没上，客人已经走光了。原来，因有宴会人手不够，酒店竟忘记给旅游团上菜，领队找了服务员，回答是马上来。过了半小时后，还不见热菜上来，客人一生气都回房间了。

资料来源　佚名. 导游突发事件案例 [EB/OL]. [2020-04-29]. https://wenku.baidu.com/view/338ce2c04b7302768e9951e79b89680202d86b19.html.

思政专栏 ☑ ----------------●

习近平做出重要指示强调 坚决制止餐饮浪费行为切实培养节约习惯 在全社会营造浪费可耻节约为荣的氛围

习近平强调，要加强立法，强化监管，采取有效措施，建立长效机制，坚决制止餐饮浪费行为。要进一步加强宣传教育，切实培养节约习惯，在全社会营造浪费可耻、节约为荣的氛围。

习近平一直高度重视粮食安全和提倡"厉行节约、反对浪费"的社会风尚，多次强调要制止餐饮浪费行为。2013年1月，习近平就做出重要指示，要求厉行节约、反对浪费。此后，习近平又多次做出重要指示，要求以刚性的制度约束、严格的制度执行、强有力的监督检查、严厉的惩戒机制，切实遏制公款消费中的各种违规违纪违法现象，并针对部分学校存在食物浪费和学生节俭意识缺乏的问题，对切实加强引导和管理，培养学生勤俭节约良好美德等提出明确要求。

党的十八大以来，各地区各部门贯彻落实习近平重要指示精神，采取出台相关文件、开展"光盘行动"等措施，大力整治浪费之风，"舌尖上的浪费"现象有所改观，特别是群众反映强烈的公款餐饮浪费行为得到有效遏制。同时，一些地方餐饮浪费现象仍然存在，有关部门正在贯彻落实习近平重要指示精神，制定实施更有力的举措，推动全社会深入推进制止餐饮浪费工作。

资料来源 新华网. 习近平做出重要指示强调 坚决制止餐饮浪费行为切实培养节约习惯 在全社会营造浪费可耻节约为荣的氛围［EB/OL］.［2020-08-11］. http://www.xinhuanet.com/politics/leaders/2020-08/11/c_1126353394.htm.

思政关键词：勤俭节约 中华传统美德

课后思考与实践 🖉 ----------------●

请自行选择一种风味小吃，编写好解说词，并进行模拟讲解。

项目概述

文娱活动是"旅游六要素"的重要组成部分，我国历史悠久，文化底蕴深厚，民族众多，民俗文化气息浓郁，文娱活动也丰富多彩。文娱活动大多是游客自费的项目，导游应做好适当引导。为此，导游员要了解目前国内表演型娱乐项目的市场发展情况，清楚旅游娱乐活动服务的基本流程。

项目结构

本项目结构如图4-3-1所示。

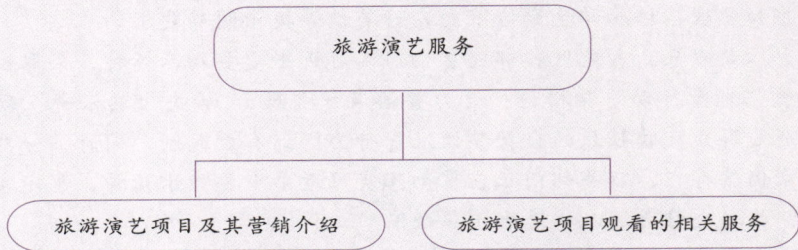

图 4-3-1　项目结构图

任务一　旅游演艺项目及其营销介绍

任务目标

旅游演艺项目是旅游活动的一部分，通常在旅游接待计划中都有安排。一方面，组织和安排旅游演艺项目可以向游客传播当地文化；另一方面，旅游演艺项目能够丰富游客的旅行生活。导游员在对游客进行旅游演艺项目的宣传和介绍时，要做到：合理选取旅游演艺项目，做好文化铺垫，介绍旅游演艺项目等。

素养目标

通过该任务，加强精神文明建设，培养学生积极拓展文化创新产业，树立文化自信；在今后的工作中促进多元文化的交流与活化。

理论知识

旅游演艺，又叫旅游演出，是以异地观众为主要观赏群体的演艺活动。但有几个要点需要强调：首先，旅游演艺的活动范围主要在旅游景区内，但不局限于此，旅游地只要针对游客的演出都可称作旅游演艺。其次，旅游演艺有专门的演出人员以及特定的演出场所（剧院、酒店、大型广场等）。最后，旅游演艺的演出内容主要是表现该地区历史文化或民俗风情。在不同的发展阶段，旅游演艺的实现条件会有所改变，如现阶段主流旅游演艺大范围引入现代化的声光电技术，以满足游客的视觉要求。

旅游演艺有多种不同类型，具体来说，可以分为以下几类：

1. 按照地域概况划分

旅游地域类型是在旅游资源空间组合上的反映，是在一定自然、历史文化条件下形成的地域形态。同一地域类型通常具有相似的资源组合特征，旅游功能与开发建设也有联系。

（1）山水地貌旅游演艺。这是依托某一自然旅游资源而产生的演出项目，如海滩、湖泊、山地、草原等。以水为资源的旅游演艺有杭州的《印象·西湖》、桂林的《梦幻漓江》、海南的《印象·海南岛》等。

（2）城市旅游演艺。其以城市风貌、文物古迹、历史文化为主要内容，为展现某一城市独特的旅游价值而设定的演出项目，一定程度上成为城市名片而被人熟知。目前中国最为成功的有张家界的《魅力湘西》、西安的《梦回大唐》和《长恨歌》等。

（3）宗教旅游演艺。中国宗教文化游具有海纳百川和兼容并蓄的特点，形成中华民族中庸自善的思想性格。图腾崇拜、祖先崇拜、佛教、道教、儒教等在传袭的过程中，留下许多有形或无形的文化遗产，至今仍然在影响着中国人的思想。比较著名的宗教旅游演艺有九寨沟的《藏迷》演出，旨在表现藏传佛教的魅力；河南郑州的《禅宗少林·音乐大典》，传递禅宗的历史与艺术。

2. 按照旅游项目品类划分

旅游项目是在一定的时间和一定的预算内到达一定的目的地旅游的预期任务。目前一般的旅游项目有民俗旅游、国粹旅游、自然风光旅游、探险旅游等，旅游演艺也可区分为以下几类：

（1）民俗歌舞表演。旅游极为重要的一个目的就是感受风土人情与民间情怀，因此展现民俗的歌舞表演成为旅游当中一种重要的演出样式。以歌舞形式表现民俗文化，无疑是最具吸引力的旅游项目。表现的内容可以是民俗的各个方面，如饮食、婚丧、服饰。对于民俗文化的演绎阐释，可以让旅游者真切地感受到文化的空间差异与时代差异。

（2）曲艺杂技表演。传统戏曲往往因为唱腔、唱词的审美与快节奏的现代社会不相符而影响受众的广度，融入了戏曲文艺表演的旅游项目在一定程度上弥补了这一缺陷。如四川成都的《蜀风雅韵》、北京的《京剧演出》等。同时，还有吴桥杂技大世界园区演出等杂技类型、天津的《相声集萃》等曲艺类型。

（3）话剧卡通表演。这主要是指大型主题公园内，在每天固定时段出现的卡通人物游行以及娱乐小品表演。例如迪士尼公园、常州恐龙园等卡通人物表演；宋城、清明上河园、欢乐谷、横店影视城等旅游景点安排在固定时段的小品表演等。其主要作用是延长游客逗留时间、营造热烈气氛。

任务实施

步骤一：合理选择

导游员选取的演艺项目，必须符合以下几点：

（1）能代表当地文化特色；

（2）游客感兴趣；

（3）格调高雅，坚决杜绝不健康演艺项目。

步骤二：文化铺垫

由于旅游演艺项目主要是反映一种地域历史文化或民俗风情，所以，为了提高游客对于该演艺项目的兴趣，导游员首先要做好相关铺垫工作。比如，在观看《印象·西湖》前，导游员需要向游客先讲解杭州的历史沿革，重点介绍西湖文化。

步骤三：项目介绍

在介绍完旅游地的历史文化后，导游员可以重点介绍旅游演艺项目的具体情况。主要包括以下几方面：

（1）旅游演艺项目的地位与艺术价值；

（2）旅游演艺项目的设计团队；

（3）旅游演艺项目的主题；

（4）旅游演艺项目的主要内容；

（5）旅游演艺的演出地点、时间、价格等。

随堂测验
4-3-1

任务一

任务评价

通过实施以上步骤，是否达成了该项任务目标和素养目标呢？请对完成任务的情况做出评价，见表4-3-1。

表4-3-1　　　　　　旅游演艺项目及其营销介绍任务评价表

评价内容	完成情况			
	优	良	中	差
合理选择				
文化铺垫				
项目介绍				
积极拓展文化创新产业，树立文化自信，促进多元文化的交流与活化				

任务二 旅游演艺项目观看的相关服务

◎ **任务目标**

导游员在带领游客观看旅游演艺项目的过程中，要做好游客的组织工作，提醒好安全注意事项，同时，还要处理好游客在观看演艺节目过程中出现的个性化需求。

◎ **素养目标**

通过该任务，培育学生遵守公共秩序、遵循社会公德的理念；培养学生以人为本的服务意识；培养学生热爱劳动、热爱工作、热爱岗位的精神。

理论知识

实景演出，是以真山真水为演出舞台，以当地文化、民俗为主要内容，以演艺界、商业界大师为创作团队的独特的文化模式，是中国人的独创，是中国旅游业向人文旅游、文化旅游转型的特殊产物。

2002年，实景演出创始人梅帅元创造了山水实景演出形式，并邀请著名导演张艺谋合作，一起在中国桂林制作了中国第一部山水实景演出《印象·刘三姐》，创造了一个全新的演出形式，此项目成为中国文化产业重点项目。2007年，梅帅元邀请作曲家谭盾、舞蹈家黄豆豆、少林方丈释永信、著名学者易中天一起制作中国嵩山实景演出《禅宗少林·音乐大典》，此项目也成为中国文化产业重点项目，获得中国城市名片称号。此后，河南开封清明上河园实景演出《大宋·东京梦华》、红色圣地实景演出《井冈山》、山东泰安实景演出《中华泰山·封禅大典》、呼伦贝尔草原实景演出《成吉思汗》、张家界山水音乐剧《刘海砍樵》、都江堰实景演出《道解都江堰》等一系列大型山水实景演出项目陆续在全国各地公演。

任务实施

步骤一：做好组织工作

导游员在带领游客观看旅游演艺项目时，要落实好车辆安排，做好组织工作，并做好文明观看演出的相关宣传工作。

步骤二：提醒安全注意事项

在观看旅游演艺项目时，导游员要随时注意安全，在大型娱乐场所提醒游客不要走散，告知游客集合时间、地点、车牌号、酒店名称和电话以及导游电话。同

时，注意周围的环境和安全出口的位置，以便发生意外事故时能及时带领游客安全撤离。

步骤三：处理游客特殊需求

如果在旅行社已经安排好旅游演艺节目后，全体游客要求变更原定计划，希望观看其他演出或开展其他活动。若时间许可，又有可能调换，可请旅行社调换；如无法安排，导游员要做耐心解释，并明确告知，票已经订好，不能退换。

如果游客提出观看原定行程之外的旅游演艺项目，导游员一般应予协助，如帮助购买门票、预订交通车辆等。但通常导游员不陪同前往。

任务评价

通过实施以上步骤，是否达成了该项任务目标和素养目标呢？请对完成任务的情况做出评价，见表4-3-2。

表4-3-2　　旅游演艺项目观看的相关服务任务评价表

评价内容	完成情况			
	优	良	中	差
做好组织工作				
提醒安全注意事项				
处理游客特殊需求				
遵守公共秩序、遵循社会公德，热爱劳动、热爱工作、热爱岗位				

案例共享 👆

观看演出游客兵分两路，导游何去何从

小邢带团到九寨沟旅游，根据旅游行程安排，在九寨沟的第一天晚上观看藏族风情文艺演出。当天行程结束后，小邢已经拿到了演出票，但这时几个客人提出要看另外一场羌族风情的演出。两场演出同时开始，而且不在一个方向。小邢立即退掉了这几个客人的藏族风情演出票，并安排客人乘出租车前去观看羌族演出，自己则跟"大部队"一起观看藏族演出，客人们对小邢的服务都很满意。

资料来源　佚名. 娱乐服务案例分析［EB/OL］.［2020-08-21］. https://www.docin.com/p-2435887586.html.

课后思考与实践 📝

如果你是南京的地陪导游，请你给游客介绍一下南京的《报恩盛典》演出。

项目四　　旅游购物服务

◎ **项目概述**

　　导游作为旅游活动的引导者，在旅游促销中起着举足轻重的作用。旅游购物促销以诚信为本，以优质服务、商品知识为基础，以旅游心理学、购物促销技巧、语言魅力为手段去感染、影响和调动游客的购物积极性以达到促销的目的。因此导游员须掌握购物服务的基本流程，能正确应对购物服务中经常发生的问题。

◎ **项目结构**

　　本项目结构如图4-4-1所示。

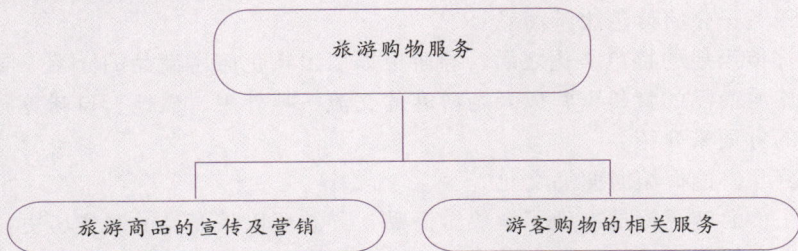

图4-4-1　项目结构图

任务一　旅游商品的宣传及营销

◎ **任务目标**

　　同其他旅游消费项目相比，旅游购物消费弹性最大。因此，做好旅游商品的宣传及营销工作意义重大。在本任务中，导游员主要完成以下事项：宣传地域文化，了解分析游客，介绍旅游商品的特点，挖掘旅游商品文化，突出旅游商品的使用价值。

◎ **素养目标**

　　通过本任务，培养学生的文化自信，促进多元文化的交流与活化。

理论知识

　　旅游商品是指游客在旅游活动过程中购买的物品，也可称作旅游购物品。它与游客的吃、住、行、娱、购、游等要素有着紧密联系。它承载着满足游客购物需求和传播旅游地形象的双重价值。一件精美的旅游商品可被游客长期保存，游客也可以将旅游商品赠送亲友，向朋友介绍，有助于传播旅游地的形象，扩大旅游地的知名度。

旅游商品的主要类别有：工艺美术品、文物及仿制品、风味土特产、旅游纪念品、旅游日用品、有地方特色的轻工业产品、其他旅游商品。纪念性、艺术性、实用性、收藏性等是旅游商品应具备的基本特征。

任务实施

步骤一：宣传地域文化

好的旅游商品能在一定程度上反映旅游地的地域特色文化。因此，导游首先应大力宣传当地文化，激起游客的好奇心和求知欲，为后期旅游商品的宣传做好铺垫。

步骤二：了解分析游客

成功推销的基本法则是：向可能购买产品的游客推销。接团以后，导游可以通过全陪了解团内游客的需求、兴趣及购买能力等，然后才能有的放矢地介绍旅游商品。

步骤三：介绍特色旅游商品

在宣传当地的特色文化之后，导游可以引出特色旅游商品的介绍。导游人员可以借助旅游商品的宣传资料以及与游客的交流，从外观、质地、口味等游客可以直观感知的方面来介绍。

步骤四：挖掘旅游商品文化

为了使游客更深层次地了解旅游商品，导游可以从商品的制作历史、寓意、制作工艺等角度来进一步挖掘旅游商品背后所蕴含的文化。

步骤五：突出旅游商品的使用价值

为进一步激发游客的购买欲望，导游应重点介绍该旅游商品在实际生活中的用途，突出商品的使用价值。

随堂测验
4-4-1

任务一

任务评价

通过实施以上步骤，是否达成了该项任务目标和素养目标呢？请对完成任务的情况做出评价，见表4-4-1。

表4-4-1　　　　　旅游商品的宣传及营销任务评价表

评价内容	完成情况			
	优	良	中	差
宣传地域文化				
了解分析游客				
介绍特色旅游商品				
挖掘旅游商品文化				
突出旅游商品的使用价值				
树立文化自信，促进多元文化的交流与活化				

知识拓展
4-4-1

中国各地旅游特产简介

任务二　游客购物的相关服务

◎ **任务目标**

本任务主要有五个目标：签署进店协议，选择合理购物地点，安排好进店时间，做好进店后购物服务，处理好游客购物方面的特殊要求。

◎ **素养目标**

通过本任务，培养学生的诚信和敬业精神，使学生树立公正、公平的市场交易理念。

理论知识

掌握游客心理，有助于购物促销成功。游客在购物中主要的心理需求有：

（1）求实心理。中低收入阶层的游客，在旅游过程中购买所需要的用品时特别注重商品质量与用途，要求商品经济实惠、经久耐用、使用方便。

（2）求名心理。高收入阶层的游客追求名牌和有名望的商品，喜欢攀比也是游客求名心理的一种表现。

（3）求美心理。对游客来讲，离开自己的居住地参加旅游活动，不仅希望欣赏到美的风景，同时也希望能购买到一些富有美感的旅游商品，往往重视商品的款式、包装以及对环境的装饰作用。

（4）求新心理。对游客来讲，新奇、新颖的商品，可以满足人们求新的心理，可以缓解工作压力，调节枯燥、单调、烦闷的生活。

（5）求廉心理。部分游客对商品的价格特别敏感，他们追求经济实惠、价格低廉的商品，希望在原产地买到比别处更便宜的商品。

（6）求趣心理。对游客来讲，由于生活经历、宗教信仰、受教育程度、家庭背景等方面的不同，他们的兴趣、爱好各不相同。在旅游的过程中，部分游客重视购买与自己的兴趣、爱好有关的商品。

（7）求纪念价值的心理。游客都希望购买当地有纪念价值的旅游商品带回家，一方面带回的是一份对家人和亲朋的关爱和思念之情；另一方面，在时过境迁后，通过睹物思情也能唤起对旅游经历的美好回忆。

（8）购买地方特产的心理。游客去一个地方旅游，回去的时候大多会带上一些当地的特产送朋友、送亲人或自己吃，这种购买地方特产的心理跟特产的稀缺性有很大的关系，很多特产只能手工制作，这种稀缺性刺激了顾客的购买欲望。

任务实施

步骤一：签署进店协议

《中华人民共和国旅游法》实施之后，各大旅行社对于游客进店环节都极为慎重。《中华人民共和国旅游法》第三十五条规定，旅行社组织、接待旅游者，不得指定具体购物场所，不得安排另行付费旅游项目。但是，经双方协商一致或者旅游者要求，且不影响其他旅游者行程安排的除外。因此，导游员在征得游客同意的前提下，签订好相关的进店协议后，才可以带领游客进店购物。

步骤二：选择合适的购物地点

导游员选择的商店必须是旅游行政管理部门挂牌的定点购物场所，因为这些定点购物商店一定程度上意味着规范、可靠及有保障。导游员还要提前熟悉旅游购物商店的地点。

步骤三：安排好进店时间

安排合适的进店时间。许多导游员会有意识地将上午和下午的游览结束时间控制在离开餐还有50分钟的时候，此时既完成了观景任务，离午饭、晚饭时间又还早，刚好是进店的最佳时间。

步骤四：做好进店后购物服务

导游员带领游客进店后要实事求是地当好购物参谋。导游员要注意摆正自己的位置和说话的角度，就商品本身的特性做出客观的说明，就事论事，实话实说。同时要引导游客自己观察，请游客自行选购，自主决定是否购买。同时，导游员要协助处理购物中出现的问题。

步骤五：处理好游客购物方面特殊要求

在购物时，游客往往会提出各种各样的特殊要求，导游员应根据具体情况，有针对性地解决问题。

（1）要求单独外出购物。游客要求单独外出购物时，导游员要予以协助，当好购物参谋，如建议其去哪家商场购物，为其安排出租车并留好联系方式，随时联系等。但在旅游团快离开本地时，导游员要劝阻游客单独外出购物。

（2）要求退换商品。游客购物后发现商品是残次品、计价有误或对商品不满意，要求导游人员帮其退换时，导游员应积极协助，必要时陪同前往。

（3）要求再去商店购买相中的商品。游客在某家商店相中某一商品，当时犹豫不决，回酒店后又下决心购买，要求导游员协助。一般情况下只要时间允许，导游员可让其自行前往该商店购买，如在国外购物，游客有沟通困难，导游员也可陪同前往。

（4）要求购买古玩或仿古艺术品。有的海外游客希望购买古玩或仿古艺术品，导游员应带其到文物商店购买，买下物品后要提醒其保存发票，不要将物品上的火漆印（如有的话）去掉，以便海关查验。游客要在地摊上选购古玩，导游员应劝阻，并告知我国海关的规定：携带我国出口的文物（包括古旧图书、字画等），应向海关递交中国文物管理部门的鉴定证明，否则不准携带出境，地摊是无法为其提供这种证明的。若发现个别游客有走私文物的可疑行为，导游员须及时报告有关部门。

（5）要求购买中药材、中成药。海外游客想购买中药材、中成药时，导游员应告知我国海关的规定：进境旅客出境时携带用外汇购买的、数量合理的中药材、中成药，须向海关交验盖有国家外汇管理局统一印制的"外汇购买专用章"的发货票，超出自用合理数量范围的不准带出。

随堂测验
4-4-2

任务二

任务评价

通过实施以上步骤，是否达成了该项任务目标和素养目标呢？请对完成任务的情况做出评价，见表4-4-2。

表4-4-2　　　　　　　　　　游客购物的相关服务任务评价表

评价内容	完成情况			
	优	良	中	差
签署进店协议				
选择合适的购物地点				
安排好进店时间				
做好进店后购物服务				
处理好游客购物方面特殊要求				
诚信和敬业精神，以及公正、公平的市场交易理念				

知识拓展
4-4-2

地方特色
工艺品

案例共享

购物讲解让人"烦"

"各位团员！到三亚来，最重要的是留下与大海有关的记忆，所以您一定得带些价廉物美的海洋纪念品。其他的东西像椰雕之类，建议还是在海口买，那里会比三亚便宜很多。三亚三面环海，有许多平缓的滩涂，贝壳、海螺之类的东西非常多，当地工匠用它们制成许多美丽的工艺品。三亚还有发达的珍珠养殖业，生产的南珠极负盛名。三亚的北面，是羊栏水晶矿，这种晶莹的石头是给恋人最好的礼物，我看车上的男性游客较多，一定要带给您女朋友或妻子一些啊！不然，回去没法交代……"

一段冗长的讲解，让许多游客都心烦地闭上了眼睛在那儿养神。三亚某地接社导游员卖力地在车上足足讲了32分钟，连水都没喝一口，这功夫也真让人佩服，景点讲解时倒没见他如此卖力呀。一些本无倦意的游客看看周围，也闭上眼睛，"闹中取静吧"。

案例点评
4-4-1

购物讲解让
人"烦"

思政专栏 ☑ ·····································○

　　请同学们收看中央电视台八集系列节目——大国工匠。《大国工匠》讲述了为长征火箭焊接发动机的国家高级技师高凤林等8位不同岗位劳动者用自己的灵巧双手，匠心筑梦的故事。

　　宝剑锋从磨砺出。在收看该系列节目时，同学们会发现他们文化水平不同，年龄有别，但都拥有一个共同的闪光点——热爱本职、敬业奉献。他们技艺精湛，有人能在牛皮纸一样薄的钢板上焊接而不出现一丝漏点，有人能把密封精度控制在头发丝的五十分之一，还有人检测手感堪比X光般精准，令人叹服。他们能够匠心筑梦，凭的是传承和钻研，靠的是专注与磨砺。

　　"问渠那得清如许，为有源头活水来。"人的心灵深处一旦有了源源流淌的"活水"，便有了创业创造、建功建树的不竭"源泉"，我把它称为"成功之源"。这个"成功之源"就是爱岗精神、敬业自觉。有那么一些人，他们也希望能功成名就，却缺少必备的"成功之源"，表现为既不爱岗，更不敬业。有的挑肥拣瘦，这山望着那山高；有的不务正业，把主要精力放在"第二职业"上；有的粗枝大叶，不求"过得硬"但求"过得去"。

　　爱岗敬业，是社会主义核心价值观中的内容之一。筑就人生美丽梦想也好，践行核心价值观也罢，既不是虚无缥缈的，也不是高不可攀的。"成功之源"就根植在我们的职业道德里、情感良心中。表面上，爱岗敬业是利他的。实质上，爱岗敬业也是利己的。换言之，它是满足社会需求与实现个人价值的有机统一。

　　"大国工匠"的感人故事、生动实践表明，只有那些热爱本职、脚踏实地、勤勤恳恳、兢兢业业、尽职尽责、精益求精的人，才可能成就一番事业，才可望拓展人生价值。

　　资料来源　根据网络相关资料整理.

　　思政关键词：职业热爱　敬业奉献

课后思考与实践 ▤ ·····································○

　　如果你是南京的地陪导游，马上将带领游客进云锦店购物，现在请你介绍一下南京的云锦，以激发游客的购买欲望。

项目五　应急服务

◎ **项目概述**

　　游客在旅游途中，会遇到各种突发事件，导游必须了解基本的应急知识，从而能对旅游中易发多发的紧急事故在第一时间采取正确有效的救助措施。

◎ **项目结构**

　　本项目结构如图4-5-1所示。

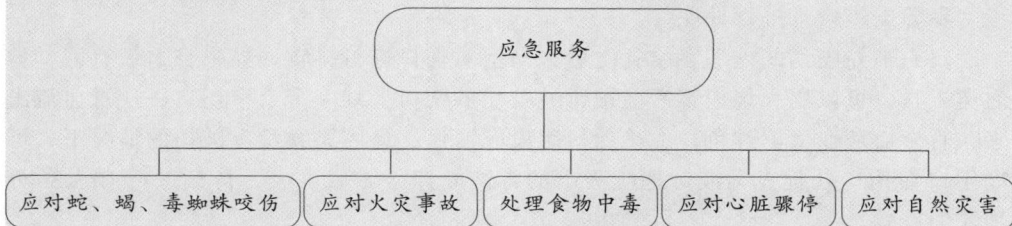

图4-5-1　项目结构图

任务一　应对蛇、蝎、毒蜘蛛咬伤

◎ **任务目标**

　　旅行游览过程中，游客们常常会流连于优美的自然景观，但是自然植被较好的旅游地也是一些有毒动植物的理想栖息地。因此，导游员和游客们都有可能遭到蛇、蝎及毒蜘蛛的攻击而受伤。面对这种情况，导游员必须掌握应对该种突发事件的处理方法，主要包括：结扎伤口、应急排毒处理、清洗伤口并送医院。

◎ **素养目标**

　　培养和树立学生"人民安全至上"的理念。

理论知识

野外旅行如何避免被蛇咬：

（1）在树林里行走时要发出一些大的声响，这样能赶走阴暗处的蛇。

（2）在野外要尽量用长裤、靴子包裹住下半身，最好将长裤塞入靴子中，避免皮肤裸露。

（3）要尽量在小径上行走，不要往杂草灌木丛生的地方走。如果不可避免地要在有灌木杂草的地方赶路，那么用手杖先探路。

在线课堂
4-5-1

应急服务

（4）如果在野外露营，把帐篷的拉链拉上能防止蛇进入帐篷。

（5）如果发现了蛇，马上离开，不要逗它或碰它，这样容易激怒它。

任务实施

步骤一：结扎伤口

第一时间就地选材，在伤口上方（即血液上行靠近心脏的地方）5～10厘米处用带子结扎，将静脉阻断，以防毒素扩散。止血带最好是有弹性的橡胶管、布带、绳索等物品。其松紧度以能插入一个手指为宜。肢体出现肿胀现象，要松开止血带，在上方重新包扎，不然容易出现组织坏死的情况。

步骤二：应急排毒处理

（1）被蛇咬伤的处理。结扎之后，马上对伤口进行排毒，如果身上带有刀、剪之类工具，可以用火烧消毒后在被毒蛇咬伤的伤口上划一个十字切口，让毒血流出来，直至血液变为鲜红色。在确保口腔没有溃疡、口腔黏膜没有破损的情况下，可以用口在伤口处吮吸毒液，把吮吸出的毒液吐掉，然后再吸，持续进行10～30分钟才能有效。

（2）被蝎子咬伤的处理。拔出毒钩，并用挤压、吮吸等方法，尽量把含有毒素的血液由伤口挤出。

（3）被毒蜘蛛咬伤的处理。切开被咬伤的局部皮肤，吸出毒汁，亦可挤出毒汁，用石炭酸烧灼伤口，再以鲜旱莲草适量捣烂外敷。

步骤三：清洗伤口并送医院

在排完毒后，还应对伤口进行清洗。可以用1%～5%的高锰酸钾溶液或者3%氨水、5%苏打水对伤口进行清洗。情况严重的应立即送往医院。

随堂测验
4-5-1

任务一

任务评价

通过实施以上步骤，是否达成了该项任务目标和素养目标呢？请对完成任务的情况做出评价，见表4-5-1。

表4-5-1　　　　　　　　　应对蛇、蝎、毒蜘蛛咬伤任务评价表

评价内容	完成情况			
	优	良	中	差
结扎伤口				
应急排毒处理				
清洗伤口并送医院				
树立"人民安全至上"的理念				

任务二　应对火灾事故

◎　**任务目标**

在游客旅游过程中，为了有效避免火灾事故，在火灾事故发生后，能最大限度地减小损失，导游员必须做到：做好预防工作，火灾发生后及早通知，安全疏散游客，引导游客自救，做好善后工作。

◎　**素养目标**

培养和树立学生"人民安全至上"的理念。

理论知识

火灾逃生中，要用湿毛巾捂住口鼻，这是因为：燃烧时会产生大量的烟雾和有毒气体，它们的蔓延速度是人奔跑速度的4～8倍。人们很容易被烟雾毒害窒息而死。所以当烟雾呛人时，要用湿毛巾、浸湿的衣服等捂住口、鼻并屏住呼吸，不要大声呼叫，以防止中毒。要尽量使身体贴近地面，靠墙边爬行逃离火场。因为贴近地面的空气一般少烟雾，而含氧量较多，可以避免被毒烟熏倒而窒息。

火灾逃生中，一块普通的毛巾可能派上大用场。它可发挥如下作用：

（1）空气过滤器。火灾烟气具有温度高、毒性大的特点，人员吸入后易引起呼吸系统烫伤或中毒。在火场逃生中，用湿毛巾捂住口鼻过滤烟雾的效果较好。

（2）简易灭火器。液化气钢瓶口、胶管、灶具或煤气管道发生燃（煤）气泄露起火，可用湿毛巾盖住起火部位，迅速关闭阀门；遇小面积失火，用湿毛巾覆盖火苗，用窒息法灭火。

（3）密封条。处于火场无路可逃跑时，如有避难房间，可进入其中躲避烟雾威胁。为防止火从门、窗缝或其他孔洞进入房间，可用湿毛巾或床单等织物堵住缝隙或孔洞，并不断向迎烟火的门、窗及遮挡物洒水降温，以延长门窗被烧穿的时间。

（4）保护层。在火场中搬运灼热的液化气钢瓶等物体时，为避免烫伤，可垫上一条湿毛巾再搬运；结绳自救时，为防止下滑过程中绳索摩擦发热灼伤手掌，可在手掌上缠一条湿毛巾以避免受伤。

任务实施

步骤一：做好预防工作

为有效避免火灾事故发生，导游员要做好以下预防工作：

（1）做好火灾防范安全教育及提醒工作。提醒游客不要乱扔烟头、火柴梗，或躺卧在沙发上、床上吸烟。严禁将易燃易爆物品带入酒店。

（2）导游在进入酒店后，应熟悉酒店各楼层的太平门、安全出口、安全楼梯的位置及安全转移的路线，并向游客详细介绍。

（3）及时提醒游客关注酒店客房门背后的"逃生路线图"。

（4）留意门上、墙下的绿色指示牌。

步骤二：及早通知

在火灾发生后，要采取各种可能的办法，比如打电话、根据分房表格敲门等，及早通知领队及全体游客，提醒大家不要乘坐电梯，不要跳楼。

步骤三：安全疏散

酒店一旦发生火灾，走道尚未有烟火或烟雾较小时，应迅速引导游客从安全通道疏散。有消防部门专业人员或酒店工作人员指挥时，要服从统一指挥，迅速撤离火灾现场，导游人员一般应在本团游客全部撤离后撤离。逃生时要匍匐前进，并用浸湿的毛巾或衣服捂住口鼻。

步骤四：引导自救

导游在火灾发生后，还应引导游客进行自救。

（1）走道烟火较大，无法向外疏散时，导游人员要镇定地判断火情，引导大家自救。若身上着火，可就地打滚，或用厚重衣物压灭火苗。

（2）大火封门时，可用浸湿的衣服、被褥等堵塞门缝或泼水降温、等待救援。

（3）情况紧急时，可以用床单、窗帘拧成绳，从窗户逃生，但床单、窗帘一定要牢牢固定好，严防高空跌落。

（4）如果楼层较高，应退回室内，关闭通往燃烧房间的门窗，并向门窗上泼水或用湿毛巾堵住进烟的门窗，延缓火势发展。

（5）打开未受烟火威胁的窗户，用力敲击响器，摇动色彩鲜艳的衣物呼救，发出求救信号，等待救援，切不可盲目跳楼。

步骤五：做好善后工作

导游在带领游客逃离火灾现场后，需要做好相关的善后工作。

（1）及时集合。导游员脱离火灾现场后，应设法将本团游客集合在一起，做好调查工作，如游客负伤情况，是否有人死亡、失踪。如有人员受伤，应立即组织抢救，重伤者马上送医院，并将现场情况及时向领导报告，听取指示。

（2）稳定情绪。导游员应采取各种措施稳定游客的情绪，设法使旅游活动继续进行，并帮助解决生活困难，根据旅行社领导的指示，帮助游客解决因火灾造成的生活方面的困难。

（3）做好善后。导游员应协助领导处理好善后事宜，若有失踪者，要继续寻找；如果有游客负伤、死亡，按有关规定处理，并协助游客办理证明、索赔等事宜。

（4）写出详尽书面报告。导游员应对本次事故的发生情况及游客的伤亡情况写出详尽的书面报告。

任务评价

通过实施以上步骤,是否达成了该项任务目标和素养目标呢?请对完成任务的情况做出评价,见表4-5-2。

表4-5-2 应对火灾事故任务评价表

评价内容	完成情况			
	优	良	中	差
做好预防工作				
及早通知				
安全疏散				
引导自救				
做好善后工作				
树立"人民安全至上"的理念				

任务三 处理食物中毒

◎ **任务目标**

游客在用餐过程中,有时会发生食物中毒等突发情况。为了应对此类事故,导游必须做到:做好预防工作,及时拨打120,设法催吐,将中毒者送往医院并报告旅行社,做好善后工作。

◎ **素养目标**

培养和树立学生"人民安全至上"的理念。

理论知识

食物中毒者最常见的症状是剧烈的呕吐、腹泻,同时伴有中上腹部疼痛。食物中毒者常会因上吐下泻而出现脱水症状,如口干、眼窝下陷、皮肤弹性消失、肢体冰凉、脉搏细弱、血压降低等,甚至可能休克。

任务实施

步骤一:做好预防工作

导游在带团过程中,对于饮食环节一定要做好以下预防工作:

（1）对于容易发生食物中毒的季节和环节必须高度注意，并及时向供餐部门和游客做出提醒。

（2）要反复强调饮食卫生的重要性，提醒游客不要随便吃不经常吃的异地食品，不能喝不洁之水，同时要特别注意时令水果、山珍、野味、海鲜等的食品卫生。

步骤二：拨打120

出现集体食物中毒，不要慌乱，也不要延误时间，应立即拨打120急救电话，切不可向游客随意提供药物。

步骤三：设法催吐

对于中毒者，导游员应提醒游客反复多次催吐，直至呕吐物变清为止。导游员要封存患者所食用的物品或呕吐物，以备查验，分清责任。

在经过吐泻之后，人体的电解质大量丧失，这时需要及时补充体液。一般补充适量白糖和盐掺兑的糖盐水，这样可以全面补充流失的电解质和能量，如钾、钠及葡萄糖等。

步骤四：送往医院，报告旅行社

紧急处理后，患者可能没有缓解迹象，甚至出现四肢冰凉、腹痛腹泻加重、面色苍白、大汗、意识模糊等症状，此时应立即送医院救治，要求医生开具"诊断证明"，写明中毒原因。同时，导游员要将中毒事件尽快报告给旅行社。

步骤五：做好善后工作

若旅游团多人集体中毒，必须立即报告卫生防疫部门，同时报告旅行社管理部门，追究供餐单位责任。此外，患病游客可能会因病放弃某些旅游活动，应注意相应的退费问题，具体费用根据游客与旅行社签署的旅游合同确定。

随堂测验
4-5-3

任务三

任务评价

通过实施以上步骤，是否达成了该项任务目标和素养目标呢？请对完成任务的情况做出评价，见表4-5-3。

表4-5-3　　　　　　　　　处理食物中毒任务评价表

评价内容	完成情况			
	优	良	中	差
做好预防工作				
拨打120				
设法催吐				
送往医院，报告旅行社				
做好善后工作				
树立"人民安全至上"的理念				

任务四　应对心脏骤停

◎ **任务目标**

有时游客会因为自身心脏问题出现呼吸停止、心脏骤停等情况。导游在救护车到来之前，应设法实施心肺复苏术。主要实施流程为：判断意识并呼救，打开气道，判断呼吸，实施人工呼吸，实施胸外心脏按压。

◎ **素养目标**

培养和树立学生安全意识和"人民安全至上"的理念。

理论知识

心肺复苏术（Cardio Pulmonary Resuscitation）简称CPR，指当呼吸停止及心跳停顿时，使用人工呼吸及胸外心脏按压来进行急救的一种技术。心搏骤停一旦发生，如得不到及时的抢救复苏，4～6分钟后会造成患者大脑和其他人体重要器官组织的不可逆的损害，因此心搏骤停后的心肺复苏必须在现场立即进行。

任务实施

步骤一：判断意识并呼救

旅游团中，如出现游客昏迷情况，导游员首先要询问其亲友该游客的病史以及是否携带急救药物。紧接着初步判断病情，可轻拍游客肩膀，高声呼喊。若昏迷游客依然没有意识要立即拨打急救电话。

步骤二：打开气道

导游员可以询问团队其他成员或周边是否有医护人员可以急救。在寻求未果的情况下，在征得病人亲友的同意后，可将伤病员翻成仰卧姿势，放在坚硬的平面上，打开气道。

步骤三：判断呼吸

导游员要判断昏迷游客是否还有呼吸。主要从看、听、感觉三方面着手。

（1）看：看胸部有无起伏；

（2）听：听有无呼吸声；

（3）感觉：感觉有无呼出气流拂面。

当确定游客没有呼吸，心脏骤停时，应立即实施心肺复苏术。

步骤四：实施人工呼吸

导游员可将手放在昏迷游客前额，用拇指、食指捏紧伤病员的鼻翼，吸一口气，用双唇包严伤病员口唇，缓慢持续将气体吹入。吹气时间为1秒钟以上，吹气量700~1 100毫升（吹气时，病人胸部隆起即可，避免过度通气），吹气频率为12次/分钟（每5秒钟吹一次）。正常成人的呼吸频率为12~16次/分钟。

步骤五：实施胸外心脏按压

实施胸外心脏按压，具体步骤如下：

（1）按压部位：胸部正中两乳连接水平处。

（2）按压方法：导游员用一手中指沿伤病员一侧肋弓向上滑行至两侧肋弓交界处，食指、中指并拢排列，另一手掌根紧贴食指置于伤病员胸部。

导游员双手掌根同向重叠，十指相扣，掌心翘起，手指离开胸壁，双臂伸直，上半身前倾，以髋关节为支点，垂直向下、用力、有节奏地按压30次。

按压与放松的时间相等，下压深度4~5厘米，放松时保证胸壁完全复位，按压频率100次/分钟。正常成人脉搏每分钟60~100次。

（3）重要提示：按压与通气之比为30∶2，做5个循环后可以观察一下伤病员的呼吸和脉搏。心肺复苏有效症状：伤病员面色、口唇由苍白、青紫变红润；恢复自主呼吸及脉搏搏动；眼球活动，手足抽动，呻吟。

随堂测验
4-5-4

任务四

任务评价

通过实施以上步骤，是否达成了该项任务目标和素养目标呢？请对完成任务的情况做出评价，见表4-5-4。

表4-5-4　　　　　　　　　应对心脏骤停任务评价表

评价内容	完成情况			
	优	良	中	差
判断意识并呼救				
打开气道				
判断呼吸				
实施人工呼吸				
实施胸外心脏按压				
树立安全意识和"人民安全至上"的理念				

任务五　应对自然灾害

◎ **任务目标**

俗话说："天有不测风云。"导游带团在外时，有时会遇到台风、地震、泥石流、雷电洪水、海啸等不同的自然灾害。为了确保游客的生命财产安全，导游要做到：判断灾情，正确引导自救，做好善后工作。

◎ 素养目标
培养和树立学生"人民安全至上"的理念。

理论知识

1.台风

台风指形成于热带或副热带26℃以上广阔海面上的热带气旋。台风和飓风都是热带气旋，只是发生地点不同，叫法不同。在北太平洋西部、国际日期变更线以西，中国南海和中国东海的热带气旋称作台风；而在大西洋或北太平洋东部的热带气旋则称作飓风。也就是说在美国一带称为飓风；在菲律宾、中国、日本一带叫台风；如果在南半球，就叫作旋风。

2.地震

地震又称地动、地震动，是地壳快速释放能量过程中造成震动，其间会产生地震波的一种自然现象。地球上板块与板块之间相互挤压碰撞，造成板块边沿及板块内部产生错动和破裂，是引起地震的主要原因。

3.泥石流

泥石流是指在山区或者其他沟谷深壑、地形险峻的地区，因为暴雨、暴雪或其他自然灾害引发的山体滑坡并携带大量泥沙以及石块的特殊洪流。泥石流具有突然性以及流速快、流量大、物质容量大和破坏力强等特点。泥石流常常会冲毁公路、铁路等交通设施甚至村镇等，造成巨大损失。

4.海啸

海啸就是由海底地震、火山爆发、海底滑坡或气象变化产生的破坏性海浪，海啸的波速高达每小时700～800千米，在几小时内就能横跨大洋；波长可达数百千米，可以传播几千千米而能量损失很小；在茫茫的大洋里浪高不足一米，但当到达海岸浅水地带时，波长减短而波高急剧增高，可达数十米，形成含有巨大能量的"水墙"。海啸主要受海底地形、海岸线几何形状及波浪特性的影响，呼啸的海浪每隔数分钟或数十分钟就重复一次，摧毁堤岸，淹没陆地，夺走生命财产，破坏力极强。全球的海啸发生区大致与地震带一致。

任务实施

步骤一：判断灾情

当极端恶劣的天气条件出现时，导游员应当对将会出现的自然灾害有一个预判，比如，在倾盆大雨之时，应停止前往山区地带进行旅游活动，防止泥石流发生后被困山区地带。当旅游团真正遭遇自然灾害时，导游员首先要判断灾情类型。自然灾害分为几种类型：

气象灾害：干旱、暴雨、雷电、洪水、台风、寒潮等；

地质灾害：地震、滑坡、泥石流、崩塌、地面塌陷、地面裂缝等；

海洋灾害：风暴潮、海啸、海浪、海冰、赤潮等；

生物灾害：病害、虫害、鼠害等。

步骤二：正确自救

1.台风灾害的应对

游客在室内的情况下：①要远离门、窗和房屋的外围墙壁，躲到与台风前进方向相反的墙壁或小房间内抱头蹲下，尽量避免使用电话；②将床垫或毯子罩在身上以免被砸伤；③地下室或半地下室是最安全的躲藏地点。

游客在室外的情况下：①尽快转移到坚固的建筑物或底层躲避风雨；②外出时应穿颜色较为鲜艳的衣服，并在随时能抓住固定物的地方行走；③在外行走，要尽量弯腰将身体缩成团，扣好衣扣，必要时应爬行前进；④不要在受台风影响的海滩游泳或驾船；⑤远离大树、电线杆或简易房屋等。

2.地震灾害的应对

地震发生后，在室内，要选择易形成三角空间的地方躲避，可躲到内墙角或管道多、整体性好的卫生间、储藏室和厨房等处。不要躲到外墙窗下、电梯间，更不要跳楼。在公共场馆里，应迅速就近"蹲下、掩护、抓牢"或就近躲在柱子、大型物品旁；身处门口时可迅速跑出门外至空旷场地；在楼上时，要找准机会逐步向底层转移。用湿毛巾、衣物或其他布料捂住口、鼻和头部，防止灰尘呛闷发生窒息。寻找和开辟通道，朝着有光亮、宽敞的地方移动；不要乘电梯逃生。如一时无法脱险，要节省力气，静卧保持体力；不要盲目大声呼救；多活动手、脚，清除脸上的灰土和压在身上的物件。

在室外，要尽量远离狭窄街道、高大建筑、高烟囱、变压器、玻璃幕墙建筑、高架桥以及存有危险品、易燃品的场所。

在行驶的汽车、电车或火车内，乘客应抓牢扶手避免摔倒，降低重心，躲在座位附近，不要跳车，地震过后再下车。

无论在何处躲避，如有可能应尽量用棉被、枕头等软物保护好头部。

3.泥石流灾害的应对

发现发生泥石流、山体滑坡时，要迅速向两边稳定区逃离，不要沿着山体向上方或下方奔跑，不要躲在有滚石和大量堆积物的山坡下面，不要停留在低洼处，也不要攀爬到树上躲避。一定要设法从房屋里跑至开阔地带，应选择平整的高地作为营地，不要在山谷和山沟底部扎营。

4.雷电灾害的应对

导游员带团在夏天雷雨多发季节出游时，要特别注意及时收听天气预报，随时了解旅游区的气象变化。

雷电天气并非说来就来，而是有一个发展过程的。在景区游玩时，如果遇到打雷天气，旅行团应该及时组织游客撤离疏散到低处，避免处在孤立、突出和边缘地带。如果撤离不了，游客与游客不要拉扯在一起，也不要在雨中奔跑。如果感觉到雷电就在天顶附近，最好取下钥匙串、手机等金属物品，抛到离自己相对较远的地方。如果感觉到雷电近了，立即双脚并拢蹲下，双手抱头藏在两膝间。双脚并拢是为了避免跨步电压，双手抱头是为了在遭遇雷击时使电流通过手臂和躯干进入地下，以此作为泄流通道，防止电流沿心脏和胸部流动，避免致命伤害。

5.洪水灾害的应对

洪水来临时，要迅速到附近的山坡、高地、屋顶、楼房高层、大树上等高的地方暂避。要设法尽快发出求救信号和信息，报告自己的方位和险情，积极寻求救援。落水时要寻找并抓住漂浮物，如门板、桌椅、木床、大块的泡沫塑料等。

汽车进入水淹地区时，要注意水位不能超过驾驶室，要迎着洪水驶向高地，不能让洪水从侧面冲击车体。不要惊慌失措、大喊大叫；不要接近或攀爬电线杆、高压线铁塔；不要爬到泥坯房房顶上。

6.海啸灾害的应对

地震是海啸发生的最早信号，从地震到海啸的发生有一个时间差，要利用这个时间差进行避险和逃生。如发现潮汐突然反常涨落，海平面显著下降或者有巨浪袭来，都应快速撤离。海啸发生前海水异常退去时往往会把鱼虾等许多海洋生物留在浅滩，场面蔚为大观，但此时千万不要去捡鱼虾或看热闹，应迅速离开海岸，向陆地高处转移。

海啸发生时如果不幸落水，要尽量抓住大的漂浮物，注意避免与其他硬物碰撞。在水中不要举手，也不要乱挣扎，应尽量减少动作，能浮在水面随波漂流即可。海水温度偏低，不要脱衣服。尽量不要游泳，以防体内热量过快散失。不要喝海水，海水不能解渴，反而会让人出现幻觉，导致精神失常甚至死亡。要尽可能向其他落水者靠拢，以扩大目标，让救援人员发现。

步骤三：做好善后工作

自然灾害发生后，除了引导游客自救外，导游要安抚游客情绪，做好送医救治工作，最后写出事故报告。

随堂测验
4-5-5

任务五

任务评价

通过实施以上步骤，是否达成了该项任务目标和素养目标呢？请对完成任务的情况做出评价，见表4-5-5。

表4-5-5　　　　　　　应对自然灾害任务评价表

评价内容	完成情况			
	优	良	中	差
判断灾情				
正确自救				
做好善后工作				
树立"人民安全至上"的理念				

知识拓展
4-5-1

疫情常态化
防控背景下
导游的工作
要求

案例共享 👆 ----------------------------------- ●

中毒事件妥善处理

高原旅行社组织游客前往昆明旅游。一天，导游带领大家去本地一家旅游定点酒店用午餐。用餐结束后继续游览，当游览活动进行到一半时，有人出现不良反应。几十分钟后，恶心、呕吐的人越来越多。导游立即让司机开车将旅游团成员送到医院，对出现不良反应的游客进行紧急治疗。经医院抢救后，有症状的游客全部脱离危险。经查，导致这次事故的主要原因是午餐导致的食物中毒。酒店经理得到消息后，及时赶到医院探望游客，并垫付了部分医疗费。旅游团向旅游行政管理部门提出，由于中毒事件导致没有完成全部行程，组团的旅行社应当退还部分旅游费并赔偿损失。

资料来源　佚名. 导游突发事件案例［EB/OL］.［2020-04-29］. https://wenku.baidu.com/view/338ce2c04b7302768e9951e79b89680202d86b19.html.

课后思考与实践 ✏ ----------------------------------- ●

请学生听急救知识讲座，并学会常规的急救方法。

5

模块五　送别服务及后续工作

导游工作是一项有始有终的系统工作，在最后的送别工作中，导游人员要坚持按照规章制度来办事，并向游客提供个性化和人性化服务，给游客留下一个良好的印象。因此，导游要了解并掌握送别服务及后续工作中的相关知识和注意事项，为整个旅行画上一个完美的句号。

◯ **项目一** 送别服务

◎ **项目概述**

   导游服务流程中的送别服务主要包括送别准备、离店服务和离站服务，在服务过程中应自始至终保持服务的热情和细心。

◎ **项目结构**

   本项目结构如图5-1-1所示。

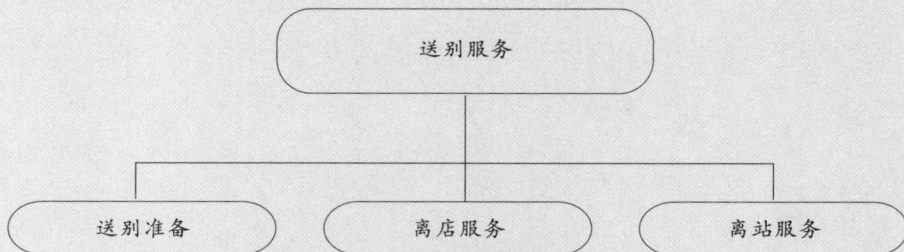

图5-1-1　项目结构图

任务一　送别准备

◎ **任务目标**

   为使游客能够顺利离开本地，导游员在送站前应该做到：核实交通票据；商定出发时间；与酒店结账。

◎ **素养目标**

   通过该任务，培养学生树立和掌握系统观、整体观的方法论。

▶ **理论知识**

在线课堂
5-1-1

送别服务及
后续工作

   国际航班机票代码的编号是由执行该航班任务的航空公司的二字代码和三个阿拉伯数字组成的，其中最后一个数字为奇数者，表示去程航班，最后一个数字为偶数者，表示回程航班。如CA981则指中国国际航空公司承担的自纽约返回北京的国际航班。中国国内航班的航班号由执行航班任务的航空公司二字代码和四个阿拉伯数字组成，其中第一位数字表示执行该航班任务的航空公司或所属管理局，第二位数字表示该航班终点站所属的管理局，第三、第四位数字表示班次，即该航班的具体编号，其中第四位数字若为奇数，则表示该航班为去程航班，若为偶数，则为回程航班。例如 CA1201，表示中国国际航空公司的由杭州至西安的去程航班；MU5302，是指东方航空公司的由长沙至杭州的回程航班。

任务实施

步骤一：核实交通票据

在旅游团离开本地的前一天，导游员应核实该团离开的机（车、船）票，主要注意以下事项：

（1）要核对团名、人数、去向、航班（车次、船次）；起飞（开车、启航）时间（要做到四核实：计划时间、时刻表时间、票面时间、问询时间）。

（2）核对在哪个机场（车站、码头）启程等事项。

（3）如果该团乘坐的航班、车次和时间有变更，导游员应问清旅行社有关部门是否已经通知下一站接待社，以免造成下一站漏接。

（4）核实航班号、确认机位。

步骤二：商定出发时间

导游员应告诉旅游车司机本团离开时所乘的交通工具（是飞机还是火车），具体的航班、车次，离站地点（在哪个机场、火车站），然后与司机商定出发时间。

确定出发时间后，及时通知本团游客。如该团乘早班机（火车或轮船），出发的时间很早，导游员应与相关人员商定叫早和用餐的时间并通知游客。如果该团需要将早餐时间提前（早于餐厅的正常服务时间），导游员应通知饭店订餐处提前安排。

步骤三：与酒店结账

送站前，导游员要及时通知饭店有关部门该团的离店时间，提醒其提前与游客结清账目（最好在离店的前一天晚上结账，以免耽误时间）。同时，导游员应及时提醒、督促本团游客尽早与饭店结清与其有关的各种账目，如洗衣费、长途电话费、房间酒水饮料费等；如有游客损坏了客房设备，导游员应提前协助饭店妥善处理赔偿事宜。

随堂测验
5-1-1

任务一

任务评价

通过实施以上步骤，是否达成了该项任务目标和素养目标呢？请对完成任务的情况做出评价，见表5-1-1。

表 5-1-1　　　　　　　　　　　送别准备任务评价表

评价内容	完成情况			
	优	良	中	差
核实交通票据				
商定出发时间				
与酒店结账				
树立和掌握系统观、整体观的方法论				

任务二　离店服务

◎　**任务目标**

离开饭店前，导游应做到：提醒游客相关事宜；办理退房手续；集合登车。

◎　**素养目标**

通过该任务，引导学生强化服务中的细节服务意识，培育学生勤奋务实的职业品德。

理论知识

中国旅游饭店业协会 2002 年制定的《中国旅游饭店行业规范》第三章第十条规定：饭店客房收费以"间/夜"为计算单位（钟点房除外）。按客人住一"间/夜"，计收一天房费；次日 12 时以后 18 时以前办理退房手续者，饭店可以加收半天房费；次日 18 时以后退房者，饭店可以加收一天房费。

2009 年，宾馆饭店业"12 点退房"的规定正式退出《中国旅游饭店行业规范》。酒店可以弹性规定客人退房时间。客人在退房当天有特殊情况的，或者属于酒店 VIP 会员的，可以提前告知酒店前台，适时延后退房时间。

任务实施

步骤一：提醒游客相关事宜

离开饭店前，提醒游客带好个人物品及旅游证件，并询问游客是否已与饭店结清账目，并收齐房卡。

步骤二：办理退房手续

旅游团离开饭店前，若无特殊原因，导游员应在中午 12：00 以前办理退房手续或通知有关人员办理。

　　步骤三：集合登车

随堂测验
5-1-2

任务二

　　集合全团游客上车。游客上车入座后，导游员要仔细清点人数。等全体到齐后，要再一次请游客清点一下随身携带的物品，并询问是否将证件随身携带，如无遗漏则请司机开车离开饭店赴机场或火车站。

任务评价

　　通过实施以上步骤，是否达成了该项任务目标和素养目标呢？请对完成任务的情况做出评价，见表5-1-2。

表5-1-2　　　　　　　　　　　　离店服务任务评价表

评价内容	完成情况			
	优	良	中	差
提醒游客相关事宜				
办理退房手续				
集合登车				
具有勤奋务实的职业品德				

任务三　离站服务

◎　**任务目标**

　　游客从饭店集合登车后，将正式离开本地。在此阶段，导游要完成发放游客意见征询表；提供送行与告别服务等工作。

◎　**素养目标**

　　通过该任务，引导学生善始善终，守好"最后一公里"，促进学生形成"美好生活引导者"的事业观。

理论知识

　　到达机场（车站、码头）后，导游员应再次提醒游客带好随身行李物品。

　　导游员带领游客进入机场（车站、码头）的候机（车、船）厅后，首先要协助游客办理登机（车、船）等手续，然后协助游客办理行李托运事宜，最后引导所有游客前往登机（车、船）口。

任务实施

步骤一：发放游客意见征询表

游客离站前，导游员发放游客意见征询表，用诚恳的态度表达征求游客意见和建议的愿望。同时要收回游客意见征询表，及时上交旅行社。

步骤二：提供送行与告别服务

为游客送行时，导游员还必须提供以下服务：

以机场送行服务为例：

（1）致欢送辞。

（2）提前到达机场。导游服务规范中要求提前2小时到达机场。导游员要根据天气情况和交通拥堵情况，与司机商量出发时间，做好堵车等意外情况的应对预案，防止误机事件的发生。

（3）协助办理离站手续。

（4）告别。送乘国内航班离开的旅游团，等游客所乘交通工具驶离后，导游员方可离开。

（5）结算。送团结束后，导游员要与司机做好结账工作，请司机在用车单上签字，并要保留好单据。

随堂测验
5-1-3

任务三

任务评价

通过实施以上步骤，是否达成了该项任务目标和素养目标呢？请对完成任务的情况做出评价，见表5-1-3。

知识拓展
5-1-1

口碑营销

表5-1-3　　　　　　　　　　　　**离站服务任务评价表**

评价内容	完成情况			
	优	良	中	差
发放游客意见征询表				
提供送行与告别服务				
形成"美好生活引导者"的事业观				

案例共享

误机

北京某旅行社组织的一个旅游团，原计划乘8月30日1301航班于14：05离京飞广州，9月1日早晨离广州飞香港。订票员订票时该航班已经满员，便改订了3105航班（12：05起飞），并在订票通知单上注明注意航班变化。但是由于计调员的疏忽，只将航班变化时间通知了行李员而没有通知导游，也没有更改接待计划。8月30日上午9：00，行李员发现导游留言条上的时间和他任务单的时间不符，虽进行了提醒但没有引起导游的注意。导游也没有认真检查团队机票的起飞时间，结果造成误机的重大责任事故。

案例点评
5-1-1

误机

资料来源　佚名. 导游带团经典案例分析：误机［EB/OL］. ［2016-03-31］. https：//wenku. baidu.com/view/2eb8cf64680203d8cf2f2449.html.

思政专栏

一名栾川导游的心声：服务好游客，是我的责任！

8月8日，碧空如洗，鸡冠洞风景区人头攒动。

"各位游客大家好，欢迎大家来到国家5A级景区鸡冠洞参观，很高兴能为大家提供服务……"循声望去，一名导游正在为游客讲解。

这名导游叫许望望，是鸡冠洞风景区的一名导游。

"干就干好，要干出成绩"，这是许望望的口头禅。她是这样说的，也是这样做的。她虚心向老导游学习，广泛吸取有关旅游方面的知识，以扩大自己的视野，不断提高导游能力水平。

每一个行业都有楷模，每一个楷模都有故事。

多年来，在推动栾川旅游业发展的过程中，导游员做了大量卓有成效的工作。

2018年，栾川县开展第二届高速免费活动，和许望望一样，共有26名导游员以出色的讲解、优质的服务成为鸡冠洞景区的一道亮丽的风景线。许望望认真总结上年高速免费活动中的工作经验，针对不同的人群提供不同的服务，受到游客的一致赞誉。

许望望6点钟就起床，打扫完景区的卫生后，便开始了一天的导游工作。在长1 800米的鸡冠洞景区里面，许望望每天要走1万多步。

一次，许望望为两个老年旅游团提供导游服务，两个老年旅游团的意见不一，一方抱怨另一方走得太快，彼此感到不快，他们便把气撒到许望望身上。一向倔强的许望望，泪水夺眶而出，但她很快擦干眼泪，向游客道歉，"是自己的工作失误，还请原谅。"

游客们被许望望的真诚打动，便不再计较。许望望叫来安全员，自己带一批游客参观，另一批由安全员带领。

参观结束后，游客对许望望的服务表示肯定。

给游客提供贴心的亲情化服务。一次，许望望提供服务的一名游客带着刚满10个月的小孩，鸡冠洞景区有点凉，许望望便脱下自己的外套披在小孩身上。当走出洞口后，许望望不停地打喷嚏，这名游客掏钱给许望望表示感谢，许望望委婉拒绝，游客便写了一封感谢信送到游客服务中心。

从事导游工作12年来，许望望用自己的一言一行诠释了一个基层旅游从业者的先锋形象。她凭着勇于挑战的性格和真诚实干的精神，不断创造着工作的辉煌，在平凡的岗位上做出了不平凡的成绩。

"为来栾游客提供最优质的服务是我应尽的责任，在以后的工作中，我一定再接再厉，不断提高服务的质量和水平"，许望望说。

资料来源　杜林波，卢天奇."用心服务好每一位游客"［EB/OL］.［2018-08-10］. http://www.luanchuan.gov.cn/view.php?id=15943.

思政关键词：职业品德　职业热爱

课后思考与实践

大赛视频
5-1-1

景点讲解 1

大赛视频
5-1-2

景点讲解 2

请同学们扫描左侧二维码观看大赛视频，选择其中一位导游的讲解，分析其带团过程中的亮点及不足之处，并进行点评。

项目概述

送别服务完成后，导游员的工作并没有结束，还有送团的后续工作，包括工作反馈和财务结账两个方面。

项目结构

本项目结构如图5-2-1所示。

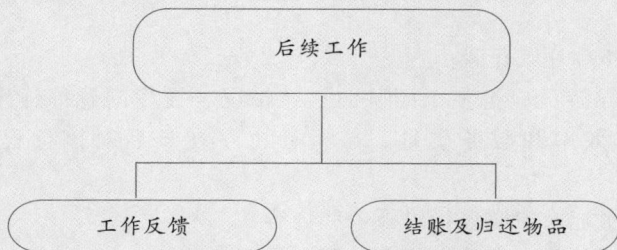

图5-2-1　项目结构图

任务一　工作反馈

任务目标

带团结束后，导游员应将本次工作做一个总结，以便更好地提高工作质量，需要完成的工作有：整理相关记录；做好带团小结。

素养目标

通过该任务，培养学生树立理论实践化、实践理论化的逻辑理路。

理论知识

写带团小结是相关旅游法规的要求。根据《旅行社条例》和《旅行社条例实施细则》，文化和旅游部及各地旅游行政主管部门制定了旅行社业务档案管理规定，都把带团小结列为业务档案的重要内容。旅游产品的践行情况，也可从导游带团小结中加以体现。一份好的带团小结，对旅行社负责人来说，可以成为决策的依据。通过导游的带团小结，管理者可以看出这条线路安排得如何、此次旅游活动完成得怎样、是否具有更大的推荐价值。最后，写好带团小结，还能够提升导游的素质。

带团小结的主要内容包括带团经过和个人总结两部分。带团经过中应包括带团时间、游览景点、游客、交通工具、主要事件等客观表述。个人总结则是导游对此次带团的总结性表述。具体要求有：第一，要真实，带团小结必须客观、真实；第二，要高度概括，在记述全面的同时，突出中心，记述带团过程中有意义的事情，言简意赅；第三，不同旅游产品的重点不同，带团小结也应有所区别。比如，红色旅游团队的带团小结应突出旅游景点的革命和教育意义、游客的感受和导游自身的想法等，观光游团队的带团小结则应侧重于不同景点的观赏价值以及游客对景点的喜爱程度、评价等。

任务实施

步骤一：整理相关记录

下团后，导游员应把整个团队的接待情况、突发问题等详细整理一下，以便日后提高工作效率和服务质量，旅行社也可在日后对该行程的设计吸取经验教训。

通常在带团记录中应包括以下一些内容：

（1）旅行社名称、人数、抵离时间、全程路线。

（2）旅行团成员基本情况、背景、活动中的表现特点及兴趣。

（3）团内重点人物的反馈。

（4）各地接待社住宿、餐饮、游览车的落实情况及导游员的讲解水平和工作态度。

（5）行程中有无意外、失误发生及处理情况。

（6）如有重大事件发生，如伤亡事件或者涉外事件，一定要把详细细节、各种证明资料及主要人物的身份记录得非常清楚，以备检查。

步骤二：做好带团小结

导游员应仔细回忆整个接待过程中的每一个环节，哪些地方做得好，得到客人的认可和好评；哪些地方做得欠缺，处理方法和说话方式有待改进。仔细回忆在跟客人交流的过程中，自己有哪些地方说得模糊不清，回答问题不够准确，甚至根本回答不上来。然后根据这些情况有针对性地补充知识。

随堂测验
5-2-1

任务一

任务评价

通过实施以上步骤，是否达成了该项任务目标和素养目标呢？请对完成任务的情况做出评价，见表5-2-1。

表 5-2-1   **工作反馈任务评价表**

评价内容	完成情况			
	优	良	中	差
整理相关记录				
做好带团小结				
树立理论实践化、实践理论化的逻辑理路				

任务二 结账及归还物品

◎ **任务目标**

    送走旅游团后，导游员要进行结账并归还物品。具体来说，要做好：核实账目；填写报账单并结账；归还所借物品。

◎ **素养目标**

    通过该任务，培养学生树立理论实践化、实践理论化的逻辑理路。

理论知识 ···•

    旅游收入是指旅游接待部门（或国家、地区）在一定时期内通过销售旅游商品而获取的全部货币收入。

    按照旅游收入的性质，可以将其分为基本旅游收入和非基本旅游收入。

    1.基本旅游收入

    基本旅游收入是指旅游部门和交通部门向旅游者提供旅游设施、旅游物品和旅游服务等所获得的货币收入的总和，即旅游者在旅游过程中必须支出的费用，包括交通费、食宿费、游览费等。通常，基本旅游收入与旅游者的人次数、停留时间成正比例变化，由此可以大致估量一个国家（地区）旅游业的发达程度。

    2.非基本旅游收入

    非基本旅游收入是指其他相关部门向旅游者提供其设施、物品和服务所获得的货币收入，即旅游者在旅游过程中可能发生的消费支出，如邮电通信费、医疗保健费、修理费、咨询费及购物的费用等。非基本旅游收入具有较大的弹性，它既取决于旅游者的支付能力，也取决于他们的兴趣和爱好。非基本旅游收入也受旅游者人次数和停留天数的影响，但并不表现为相同的正比例关系。

任务实施

步骤一：核实账目

导游员首先要对本次带团所发生的所有费用进行一一核实，做到准确无误。

步骤二：填写报账单并结账

导游员要按旅行社的具体要求并在规定的时间内，填写有关接待和财务结算表格，连同保留的各种单据、接待计划、活动日程表等资料上交有关人员，并到财务部门结清账目。

（1）报账前，导游要带好门票、发票。

（2）导游凭第一张报账单报账，即写了签单号及借款金额的计划单。

（3）对于所借团款金额，导游员如不确定可与出纳核对后填入报账单。

（4）按范本填写好组团社名称、人数及团号。

（5）导游没有现付，但是签了单的金额一定要填上，签单的酒店或宾馆名称也要填写清楚。如果由于导游不写签单金额，导致漏算成本，此费用将由导游承担。

（6）公司所带门票导游要报入团队报账单里，金额填入签单栏，门票多出需退回。

（7）粘贴各票据时应按次序贴好，门票贴在最下面，门票上面贴车票，发票贴在最上面，贴门票时左上角需留出一定的位置，以便装订。

步骤三：归还所借物品

导游员应尽快把接团前从地接社借出的物品全部归还，并在物品管理部门的物品归还单上签字。

随堂测验
5-2-2

任务二

任务评价

通过实施以上步骤，是否达成了该项任务目标和素养目标呢？请对完成任务的情况做出评价，见表5-2-2。

表5-2-2　　　　　　　　　　结账及归还物品任务评价表

评价内容	完成情况			
	优	良	中	差
核实账目				
填写报账单并结账				
归还所借物品				
树立理论实践化、实践理论化的逻辑理路				

知识拓展
5-2-1

导游报账单

案例共享

北京带团小结

本人近日带团去了趟北京，回程后对本次带团过程进行了梳理，现将相关情况简述如下：

这次北京之行前后共5天时间，整个团队共有29位团友，27大2小，以老年人为主，年龄最大的75岁，最小的才5岁。这次我主要从以下几方面来开展工作：

1. 出发前的准备

（1）熟悉本次北京行程安排，向其他刚去过北京的导游请教北京最近的相关注意事项。

（2）了解客人的组成结构，关注老人、小孩等重点人群，以便有针对性地提供服务。

（3）和北京地导联系，确认行程安排、活动期间北京的天气及气温情况，并向地陪通报客人的相关情况。

（4）提前通知客人集合时间、地点；提醒客人带好本人有效证件，并告知北京最近气温，让其带上合适的衣物及洗漱用品。

（5）和接送机的司机联系，了解车况、座位、话筒等事宜，让其搞好卫生，并向司机表达感谢。

2. 去机场的路上

（1）收集好所有客人的身份证（小朋友为户口本），和计调提供的出票名单进行核对，结果发现有一位客人机票上的名字与身份证上的不同，经计调和票务联系，及时进行了修改。

（2）向每位客人发放本次团友的通讯录和本社旅游贵宾证（上面有旅行社及导游的电话号码，要求其旅行期间佩带），并帮客人在旅游包上做好记号。

（3）在致欢迎辞后向客人进行了安全告知、时间观念和文明旅游的相关说明，希望大家给予理解与配合。

（4）对客人进行"北京住宿酒店位置、餐饮口味及旅游用车可能有套车现象"的预防说明。

（5）针对行程中存在的旅游购物点、部分自费景点，我向客人进行了说明，为可能发生的"加点"做了一定的铺垫。

（6）针对部分客人第一次乘飞机的情况，我也对乘飞机的注意事项（如要系安全带、手机等要关机、飞机遇气流会抖动、飞机上有免费饮料、机舱内有洗手间等）向客人事先进行了说明，免除了这部分客人的担心。

（7）在机场换登机牌时，尽量把一家人安排在一起，并尽可能地为老年人调换到窗边座位，让老年人能看看飞机外的景色。

（8）帮助老年客人办理行李托运事宜。

3.行程过程中

（1）在做好面向全体客人服务工作之外，不时和不同的客人进行个别交流、沟通。本人不抽烟，但也带了两包香烟，时不时和客人中的"烟民"来个互动（这个很重要，可以在短时间内拉近我们与客人的距离、加深感情）。

（2）在抵达北京之后，向部分年龄大的客人子女发平安短信、打平安电话，让客人家属放心（这点令客人家属很放心、很感动）。

（3）因最近北京是旅游旺季，团队多、导游多、旗帜多，所以地陪在自己的导游旗上系了条丝巾，这样很醒目、很独特，方便我们的客人跟对旗。

（4）在老人、小孩上下车的时候，进行搀扶、安全提醒，帮助老人提包（更多的时候只是个态度，客人常常不用我们搀扶，也不会让我们提包），在景区见机帮助客人照相。

（5）在客人用餐时和入住房间后，进行关切询问，这样一来可以发现有没有问题以便及时处理；二来能让客人感受到我们的关注和对他们的尊重。

（6）在行程开始的景点旁，我给两位小朋友各购买了一个小玩具（才几块钱，但效果很好，基本上这家人在整个行程中都会全力支持导游的工作），在合适的时候，也让小朋友扛扛导游旗，也是不错的选择（如有多个小朋友，务必不能顾此失彼）！

4.结束返程

（1）在返程过程中，我适时地向客人进行有关"品质旅游""文明旅游"的宣传，传递与旅行社有关的信息，加深了客人对"品质旅游"的认可和对我们旅行社的信任。

（2）考虑到此团老年人比较多，有人也许不会再来北京了，所以我这次特别带了部摄像机，为他们拍摄，返程后刻成光盘，每人赠送一盘，以作纪念，当然也有广告作用（镜头以客人形象为主，景点为辅）。

因本人能力有限，在语言表达，特别是在活跃气氛方面显得不足，这点北京的地陪李静女士进行了很好的弥补，在此谢谢李导！

案例点评
5-2-1

北京带团
小结

课后思考与实践

请你组织一次家庭的旅游活动，活动结束后以导游的身份撰写一份带团小结。

6

模块六 海外领队准备工作和出入境服务

　　海外领队是指受国家旅游行政管理部门批准可以经营出境旅游业务的旅行社的委派，全权代表该旅行社带领旅游团在境外从事旅游活动的工作人员。主要工作内容是带领境内游客出境游览，在机场及飞机上为游客提供各种帮助，并与目的地国家（地区）地接导游配合，完成游览任务，监督接待服务质量等。该模块主要阐述了海外领队服务中的准备工作和出入境服务，作为海外领队服务的开始和过程衔接阶段，其影响重大。

项目一 出团准备工作

◎ 项目概述

海外领队接到带团通知并接受任务，是整个带团工作开始的标志。"凡事预则立，不预则废"，做好充分而全面的准备工作，有计划、有步骤地开展服务工作，是旅游过程顺利进行的必要保障。

◎ 项目结构

本项目结构如图6-1-1所示。

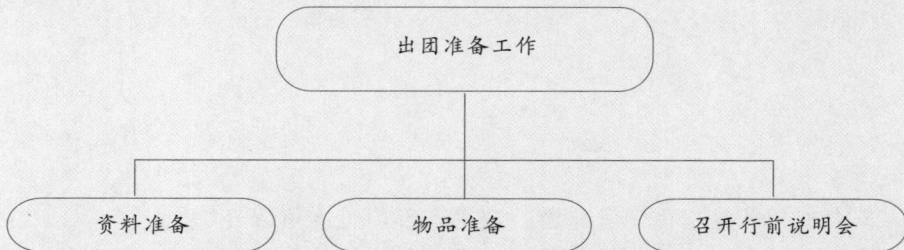

```
                    ┌─────────────────┐
                    │   出团准备工作    │
                    └────────┬────────┘
          ┌──────────────────┼──────────────────┐
    ┌───────────┐      ┌───────────┐      ┌──────────────┐
    │  资料准备   │      │  物品准备   │      │  召开行前说明会 │
    └───────────┘      └───────────┘      └──────────────┘
```

图6-1-1 项目结构图

任务一 资料准备

◎ 任务目标

资料准备是出团准备的开始阶段，领队的资料准备，需要完成以下任务：熟悉旅游行程计划；熟悉旅游团队成员信息；核对"名单表"；充实旅游过程中所需的其他资料。

◎ 素养目标

通过该任务，强调对学生旅游行业核心价值观的培养；旅游职业道德、职业情怀教育的必要性和时代性。

理论知识

在线课堂
6-1-1

出团准备工作

旅游行程计划是旅游过程正常进行的指导性和关键性文件，主要包括旅游线路、旅游时间、游览景点、交通工具的安排、食宿安排、购物娱乐安排、旅游注意事项及紧急联络方式等。

根据《中国公民出国旅游管理办法》（2017年修订版）的规定，旅游团队出境必须持有"中国公民出国旅游团队名单表"（以下简称"名单表"）。"名单表"一式四联，分为：出境边防检查专用联、入境边防检查专用联、旅游行政部门审验专用联、旅行社自留专用联。

任务实施

步骤一：熟悉旅游行程计划

海外领队对旅行社下发的旅游行程计划要认真阅读，详细掌握每日行程的具体安排。

（1）掌握旅游团的详细行程计划，包括旅游团抵离各地的时间及所乘的交通工具。

（2）熟悉并记住旅游行程计划中所开展的全部参观游览项目，并提前向有经验的前辈了解参观游览的相关注意事项，如去往境外教堂或佛寺参观之前要了解有关着装方面的禁忌和要求等。

（3）熟悉并记住旅游行程中应下榻的各地酒店的名称，并可提前查询酒店的位置、周边环境等相关信息。

（4）了解旅游团行程中的用餐、娱乐、购物等安排。

（5）了解旅游中的小费问题及其他收费项目安排。

步骤二：熟悉旅游团队成员信息

旅游团队成员是海外领队的服务对象，在出团之前要仔细对旅游团队构成情况进行分析，以便在带团过程中对游客提供有针对性的服务。

熟悉旅游团队成员信息主要包括：记住旅游团的团名、团号和人数；熟悉旅游团成员的姓名、性别、年龄（尤其要关注年龄特别小的和年龄特别大的游客）、职业、宗教信仰、饮食禁忌、生活习惯等；了解团队中较有影响的成员或者需要特殊照顾的成员等。

除了熟悉掌握一般的信息之外，海外领队还要做更为细致的工作：

（1）制作"团队资料一览表"。制作"团队资料一览表"就是将团员姓名、性别、出生年月、护照号码、有效期、签发地、签证号码等分项列出。海外领队在出团前应制作好"团队资料一览表"，这样可以极大地方便接下来的带团工作，比如，当在飞机上填写出入境卡片、在出入海关时填写申报单、在境外办理入住酒店登记、遇到突发状况时（如游客护照丢失、补办相关旅行证件），"团队资料一览表"可以帮助领队在第一时间确认信息，提高效率，赢得团员的信任和好感。

（2）制作"团队成员信息归类一览表"。领队还可以将旅游团队成员进行归类，如哪些是夫妻，哪些是老人、小孩，散客拼团的旅游团中哪些是一起报名的，哪些游客将会在旅游期间过生日，哪些是少数民族或有宗教信仰的游客等。如果将这些归类信息制作成表格，可以极大地帮助海外领队为游客提供有针对性的服务，体现领队细致化和人性化服务的一面。

步骤三：核对"名单表"

领队带团出境时，须携带"名单表"第一至第三联，在口岸出境时，将"名单表"第一、第二联交边防检查站核查，边防检查站在"名单表"上加注实际出境人数并加盖验讫章后，留存"名单表"第一联；"名单表"第二、第三联由领队保管，在团队入境时交边防检查站核查，边防检查站在"名单表"上加注实际入境人数并加盖验讫章后，留存"名单表"第二联；第三联由组团社在规定时间内交发放"名单表"的旅游行政管理部门核对留存。

步骤四：充实旅游过程中所需的其他资料

准备即将要抵达的国家（地区）旅游资料是海外领队的基础工作，很多旅游者的旅游知识和旅游经验都非常丰富，作为专业的海外领队一定要不断学习和充实自己，如此才能胜任工作。通常情况下，专业的海外领队应做好以下资料准备：①所去旅游国家（地区）的历史、地理、宗教、美食、风物特产等；②气候、时差、出入海关规则、外币兑换等知识；③热点话题、国内外大事件等；④旅途活跃气氛的笑话、故事、游戏、表演等。

随堂测验
6-1-1

任务一

任务评价

通过实施以上步骤，是否达成了该项任务目标和素养目标呢？请对完成任务的情况做出评价，见表6-1-1。

表6-1-1　　　　　　　　资料准备任务评价表

评价内容	完成情况			
	优	良	中	差
熟悉旅游行程计划				
熟悉旅游团队成员信息				
核对"名单表"				
充实旅游过程中所需的其他资料				
树立旅游行业核心价值观，具有旅游职业道德和职业情怀				

任务二　物品准备

◎ **任务目标**

物品准备是出团准备的第二阶段，领队的物品准备，主要需要耐心细致地完成以下任务：准备工作物品；准备个人物品。

◎　素养目标

通过该任务，培养学生诚信敬业的精神和注重细节的品格。

理论知识

导游证：从事领队业务，应当取得导游证，具有相应的学历、语言能力和旅游从业经历，并与委派其从事领队业务的取得出境旅游业务经营许可的旅行社订立劳动合同。

领队证：2016年11月7日，第十二届全国人民代表大会常务委员会第二十四次会议通过了修改《旅游法》的决定。新修订的《旅游法》取消了"领队资格"行政许可，明确从事领队业务的人员必须持有导游证，具有相应的学历、语言能力和旅游从业经历，并与委派其从事领队业务的取得出境旅游业务经营许可的旅行社订立劳动合同。

任务实施

步骤一：准备工作物品

1.旅游行程及相关说明文件

出境旅游行程计划是出境旅游团队的根本性文件，一定要提前熟悉并带在身边。要确认领队手中的行程计划与游客手中的完全一致，并将最后确认的境外接待社对组团社的团队日程安排的一份传真复印件带在身边，这对抵达目的地国家（地区）办理入境手续时帮助很大。

另外，领队还要记得带好旅游中相关收费项目的文字性材料及旅行社对其他事项的承诺声明（如遇到不可抗力造成的损失说明、对退团收取费用的说明等）。

2.旅行社社旗、分房名单表

在机场、景点等地集合游客，让游客能快速寻找到领队的方法之一就是高举旅行社的社旗。出团前，领队应向旅行社领取社旗，上团时记得随身携带。

分房名单表是领队出团前要准备好的，打印出来之后在开行前说明会时可以征求游客的意见，进行适时调整。

3.发放给游客的物品

（1）行李标签。为了统一标识并方便旅游团队成员在机场认找自己的托运行李，旅行社常常会为旅游团队特制统一的行李卡或行李标贴，领队在出行前应记得带上。

（2）旅游标志和纪念品。一般情况下，在旅游过程中为了使全团游客有统一的识别标志，旅行社会发给游客旅游标志物，如旅游帽、旅游徽记等。同时，为了表

达对游客参团的谢意，让游客在游程结束后留下做纪念，旅行社会向游客发放一些小的旅游纪念品，如多国插头转换器、旅行包等。

步骤二：准备个人物品

1.工作和出行证件

（1）导游证。

（2）护照和签证。出境旅游之前对护照、签证等相关证件进行细致查验核对，确保信息正确无误，妥善存放。

以上证件都由领队妥善保管，在机场办理登机手续时发放给游客。全团护照及通行证封面右上侧均贴上不干胶贴签，上面写上编号和姓名，方便清点发放证件，编号应与团队名单表上的顺序一致。在出行前将证件的复印件多复印几份并分开存放。

2.个人生活用品

（1）服装。海外领队的穿着是其精神面貌的体现。领队在准备服装时，可以根据出差的天数，事先将衣服搭配准备好。一般来说，在出境旅游行程中，如果有观看演出（如歌剧、音乐会等），领队应该准备一套正式的服装。在一般的参观游览活动中，领队应根据工作环境的变化准备好合适的衣服，一般多为休闲类服装。领队带团在外工作，要保持衣着整洁得体，将良好的精神面貌呈现给游客。

（2）通信工具。手机是领队工作和生活的必备物品，极大地方便领队与旅行社、游客及服务集体之间的信息传递，同时也可以及时和家人取得联系、维系情感。在出境工作之前，领队要开通国际漫游，并确保自己的手机随时保持开机状态。带好转换插头的同时不要忘记手机的充电器及移动充电宝，要避免因手机没电而无法对外联络。

另外，要牢记一些重要电话号码，如旅游目的地国家（地区）的报警电话和旅游帮助电话、中国大使馆的电话等。

3.小礼物

领队在出行之前，最好带上一些有中国特色或者本土特点的小礼物，以备不时之需，比如送给当地司机，到当地居民家中做客时赠送给主人，在境外获得别人帮助时表示感谢等。赠送适当的礼物往往能够表达心意，融洽人际关系。

4.小额外币

在出境旅游过程中，很多场合都要付小费，领队要准备一些小额的外币放在身边，在行李员帮助搬行李时、在高速公路休息站上厕所时、在餐厅吃饭时都有可能会用到这些小额外币。

5.常备药物

领队要保持健康的体魄，如果在境外感到身体不适，可以服用自身携带的常备药物，缓解病症，以免影响带团工作。由于旅游行程一般安排得较为紧凑，在境外寻找药店和购买药物不方便；另外，境外药店出售的药品往往和境内药品的药效不同，且多数药品需要出具医生处方，因此，在旅游过程中特意到药店购买药品既不方便也不容易。

　　领队要提前根据不同目的地国家（地区）、不同旅游产品的特点，有针对性地准备相应的药物并提醒游客根据自身身体状况备好药物。感冒药、肠胃药、消炎药、外用的创可贴等都应列在常备药物的清单内。

随堂测验
6-1-2

任务二

任务评价

　　通过实施以上步骤，是否达成了该项任务目标和素养目标呢？请对完成任务的情况做出评价，见表6-1-2。

表6-1-2　　　　　　　　　　　　　物品准备任务评价表

评价内容	完成情况			
	优	良	中	差
准备工作物品				
准备个人物品				
具有诚信敬业的精神和注重细节的品格				

任务三　召开行前说明会

◎ **任务目标**

　　行前说明会通常会在旅游团队正式出发前一周左右召开。现在也有一些散客拼团的团队在机场集合的时候进行行前说明。说明会通常由领队主持，是领队和旅游团队成员的第一次见面，也是建立游客对领队信心的关键。说明会虽然短暂，但其规范程度、讲解完整程度能够体现领队的专业水平，是日后旅游行程圆满顺利完成的保障。因此，领队一定要加以重视。

　　该阶段主要完成以下目标：告知出发信息、分发资料和物品；行前准备及行程说明；提醒游客重要的联络信息；文明旅游提示；重大安全警示；预祝旅程顺利愉快。

◎ **素养目标**

　　通过该任务，引导游客文明旅游，塑造国家、地区、城市形象，传播精神文明。

理论知识

《旅行社行前说明服务规范》（LB/T 040—2015）规定了行前说明的一般服务形式和应急形式。

一般服务形式主要有三种：出行前且非出发当天，旅行社、旅游者双方见面的行前说明服务形式；出行前且非出发当天，不见面形式的行前说明服务，即旅行社利用互联网等技术或服务手段，向旅游者送达行前说明内容的电子版本、音频、视频资料并取得旅游者接收确认，且有专门渠道、专门人员解答旅游者疑问；上述两种形式的结合。

应急措施、补救手段主要有三种：行程开始当天，在机场、车站、码头等公共区域临时举行；在前往旅游目的地的交通工具上临时举行；在旅游过程中，通过播放音频、视频资料或由履行辅助人宣讲等进行。

任务实施

步骤一：告知出发信息、分发资料和物品

领队应提前30分钟到达会场，做好会场的准备工作。将领队的姓名、联系方式、旅游团的团名、出发日期、航班、集合时间、地点等写在白板上。向游客发放旅游行程单、行李标贴、旅游标识、旅游纪念品等。

步骤二：行前准备及行程说明

告知游客国内外运输管理相关法律法规、行李托运须知、出入境物品管理相关法律法规等对旅游者乘坐交通工具、托运行李、出入境有影响的事项，提示旅游者提前做好相应准备。在物品上，提醒游客国外的很多饭店为了追求环保节能，通常不为客人准备一次性易耗品，如牙刷、牙膏、拖鞋、洗发液、沐浴液等，需要游客自己准备好。

详细介绍行程，对行程中有变更的情况要着重说明，如：航班变动或住宿酒店变动等；宣布旅游团的住宿名单，及时调整，最终确定分房名单表。

步骤三：提醒游客重要的联络信息

告知并提醒游客在旅游过程中应全程携带的重要联络信息：旅行社操作部门、销售部门相关工作人员、领队或全陪的姓名及联络方式等信息；地接社及其工作人员（如地陪导游员）联络方式等信息；为游客提供保险产品的保险公司的联络信息；遇到紧急情况时的应急联络方式；我国驻外使、领馆应急联络方式；应该或能够在行程中为旅游者提供安全保障的其他机构或人员的信息。

提醒游客开通国际漫游，并准备好转换插头、充电宝、当地上网流量卡等物品。告知游客在境外通信的相关知识。

步骤四：文明旅游提示

提示游客应当注意的旅游目的地相关法律、法规和风俗习惯、宗教禁忌等；容易因不了解而引起误会、冒犯、争端或遭受非议的其他事项；国家出入境管理相关法律、法规；以及依照中国法律不宜参加的活动。

步骤五：重大安全警示

旅行社应根据旅游目的地、行程安排的差异性，就以下事项对旅游者进行说明：行程中旅游者可能接触到的、操作不当有可能造成旅游者人身伤害的相关设施、设备的正确使用方法；必要的人身、财产安全防范和应急措施；行程中未向旅游者开放的经营、服务场所和设施、设备；为保障安全，部分旅游者不适宜参加的活动。

步骤六：预祝旅程顺利愉快

预祝旅途愉快，强调团结配合的重要性。

随堂测验
6-1-3

任务三

任务评价

通过实施以上步骤，是否达成了该项任务目标和素养目标呢？请对完成任务的情况做出评价，见表6-1-3。

表6-1-3　　　　　　　　　召开行前说明会任务评价表

评价内容	完成情况			
	优	良	中	差
告知出发信息、分发资料和物品				
行前准备及行程说明				
提醒游客重要的联络信息				
文明旅游提示				
重大安全警示				
预祝旅程顺利愉快				
塑造国家、地区、城市形象，传播精神文明				

知识拓展
6-1-2

领队的职责
和专业资格

案例共享

案例点评
6-1-1

行前准备有
缺失，旅行
社难辞其咎

行前准备有缺失，旅行社难辞其咎

某年春节，H省某旅行社出境旅游部领队小韩，带一个国内出境旅游团赴泰国旅游，旅游团安排在广州白云机场出境。当游客排好队正准备办理出境手续时，小韩发现广州方面旅行社发给游客的护照上没有在泰国的有效期签证。询问边防检查人员后，得到的回答是旅游团不能出境。无奈，小韩只好又带团返回广州，在饭店住了下来。

都是公文包惹的祸

几年前，中旅赴马来西亚旅游团的一位领队上团时带了一个某品牌的大公文包，他考虑的是大公文包装文件方便，资料不易褶皱。没想到，一天早上在吉隆坡的酒店吃完早餐，由于忙于在酒店大厅旋转门旁边解决团里客人的问题，顺手将公文包放在行李箱上。结果，有两个人在他眼前以问路为掩护，而另外一个人从他的行李箱上拿走了公文包，和公文包一起丢失的还有护照、机票、外币、人民币等重要物品。

案例点评
6-1-2

都是公文包
惹的祸

思政专栏 ☑ ···················· ●

彰显全球环境治理的大国担当

气候变化事关人类的前途命运，全球气候治理是人类的共同事业。在近期的领导人气候峰会上，习近平主席指出，国际社会要以前所未有的雄心和行动，勇于担当，勠力同心，共同构建人与自然生命共同体。构建人与自然生命共同体，需要坚持人与自然和谐共生，坚持绿色发展，坚持系统治理，坚持以人为本，坚持多边主义，坚持共同但有区别的责任原则。面对气候变化对人类社会构成的严重挑战和威胁，中国为应对全球环境危机提出了"中国方案"，为加强全球环境治理贡献了"中国智慧"，为完善全球治理体系擘画了"世界蓝图"。这充分展现了中国推动构建人类命运共同体的责任担当。

应对全球气候变化，中国以身作则。中国将生态文明理念和生态文明建设纳入中国特色社会主义总体布局，坚持走生态优先、绿色低碳的发展道路。中国宣布力争2030年前实现碳达峰、2060年前实现碳中和，是基于推动构建人类命运共同体的责任担当和实现可持续发展的内在要求做出的重大战略决策。发达国家从碳达峰到碳中和大体需要50至60年，而中国将力争30年完成，这意味着中国作为世界上最大的发展中国家，将完成全球最高碳排放强度降幅，用全球历史上最短的时间实现从碳达峰到碳中和。中国是一个有着14亿人口的大国，经济发展面临转型升级的巨大压力，主动提出并稳步推进既定的碳达峰和碳中和目标，其难度可想而知。在当前全球疫情持续蔓延、经济增长和民生发展面对巨大挑战之时，中国推动高质量发展、加快绿色转型的主动承诺和自觉行动能够极大提振国际社会的信心，在全球气候治理进程的关键时刻发挥了积极表率作用。

推动和引领南南气候合作，是中国推进全球环境治理的重要方面。中国真诚践行正确义利观，把发展中国家视为参与全球治理的重要伙伴，帮助它们实现联合国2030年可持续发展议程的发展目标。中国积极开展气候变化南南合作，显著加大了对发展中国家生态环境援助，帮助发展中国家特别是小岛屿国家、非洲国家和最不发达国家提升应对气候变化能力。中国于2015年宣布设立气候变化南南合作基金，在发展中国家开展了10个低碳示范区、100个减缓和适应气候变化项目及1 000个应对气候变化培训名额的"十百千"项目。开展南南气候合作，已经成为新时代中国与发展中国家团结合作的重要着力点。

中国坚持多边主义，推动构建公平合理、合作共赢的全球气候治理体系，在全球气候多边治理进程中发挥了极为重要的引领作用。中国积极推动国际社会达成并落实《联合国气候变化框架公约》和《巴黎协定》，为塑造全球共识、汇聚全球行动发挥了关键作用。中国与印度、巴西、南非共同建立了"基础四国"部长级磋商协调机制，与加拿大、欧盟共同发起气候行动部长级会议机制，创新性推进了全球气候多边治理进程。中国把绿色发展理念融入"一带一路"倡议，发起成立"一带一路"绿色发展国际联盟，建设"一带一路"生态环保大数据服务平台，搭建了更多应对气候变化的机制和平台。中国日益成为全球治理体系的"塑造者"和"建设者"，携手各国共同为全球治理建制度、立规则、定方向，推动世界更为有效地应对各种全球性问题。

中国着眼世界人民的共同福祉和人类社会的长远发展，积极实施应对气候变化国家战略，携手各国推进全球气候治理进程，努力推动和引导建立公平合理、合作共赢的全球气候治理体系，成为全球生态文明建设的参与者、贡献者、引领者。中国应对气候变化的积极作为，有力彰显了负责任的大国形象，为推动建设更加美好的世界做出了中国贡献。

资料来源：学习强国。

思政关键词：保护环境　爱国情怀

课后思考与实践

请自行选择任意一个常见旅游目的地国家（地区），按照领队服务规范模拟召开一次行前说明会。

项目二　出入境服务

◎ **项目概述**

　　领队带团踏入境外，标志着整个旅行的前奏结束，美好旅程的乐章正式开始。领队的出入境服务阶段要经过中国和境外的海关检查、卫生检疫检查、边防出入境检查、登机安全检查等十多个关口，出入境服务中领队要熟练指导和帮助游客通过关口，办理手续，带领游客顺利完成出入境所有流程。

◎ **项目结构**

　　本项目结构如图6-2-1所示。

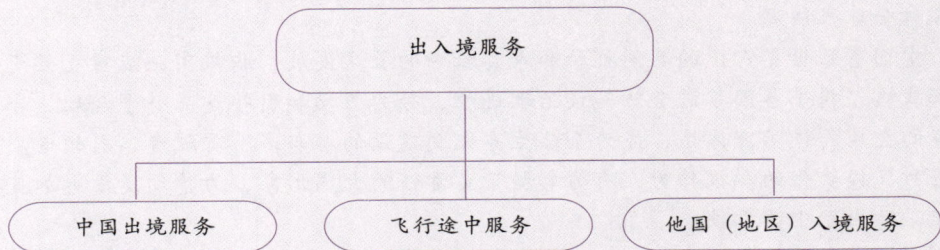

图6-2-1　项目结构图

任务一　中国出境服务

◎ **任务目标**

　　中国出境服务，领队需主要完成以下五项工作：集结旅游团队成员；办理登机手续；过边防检查；过安全检查；等待登机。

◎ **素养目标**

　　通过该任务，培养学生诚信敬业的精神和守规矩讲纪律的观念；培养和树立学生"人民安全至上"的理念；意识形态安全防范的敏锐性、警惕性和斗争性。

> **理论知识**

　　航空飞行之前的安全检查中，对身体及随身携带行李进行检查的方式有以下几种：磁性探测器近身检查、过安全门、红外线透视仪器检查、物品检查。

任务实施

步骤一：集结旅游团队成员

领队至少应当比规定时间早10分钟到达集合地点。到达集合地点后，领队应高举组团社的社旗，方便游客认找，注意保持手机畅通，以便游客联系。

领队与游客会合后，根据名单表清点人数。在临近规定的集合时间时，如果还有个别游客没有赶到，要尽快与之联系，关注游客方位，预估抵达时间。通常超过一小时，仍有游客未到达的，将未到游客的护照、机票交与送机人员处理。

等全团游客到齐后，领队应召集大家集中在某一区域，并进行简短的讲话。告知大家接下来要办理登机手续、海关申报手续、边防检查手续等，并希望得到全体团员的配合。

在线课堂
6-2-1

出入境服务

步骤二：办理登机手续

按照《旅行社出境旅游服务质量》中"领队应积极为旅游团队办妥乘机和行李托运的有关手续"的规定，领队应在带团办理乘机手续时对游客进行相应的服务。

（1）告知游客航空公司的有关规定。领队要提前熟悉航空公司对乘机旅客行李的规定，并告知游客。在办理乘机手续前，对一些可能出现的问题要提醒游客注意，如水果刀、指甲剪等必须托运，不能随身携带。贵重物品和充电宝应随身携带而不能放在托运行李中等。

（2）办理乘机手续。

①集体办理乘机手续。一般情况下，旅游团队是到航空公司值机柜台的"团队"专柜办理乘机手续。领队将全团游客的护照、机票交给值机柜台工作人员核验，并将所有即将托运的行李（提醒游客系上统一的行李牌）按序排放逐一清点。办理完乘机手续后，领队要认真清点航空公司值机柜台工作人员交还的物品：护照、机票、登机牌、行李票。

领队要重点检查登机牌上的乘机人姓名、乘机日期、航班号，并妥善保管好全团的登机牌或者让客人自行保管好。需要注意的是，上面所提到的护照姓名应当与签证、登机牌上面的姓名完全一致，检查时应把这三样放在一起进行审核。

②单独办理乘机手续。并非所有航空公司都要求旅游团队统一办理乘机手续，如要求游客单独办理乘机手续，则由领队带领全团游客到航空公司值机柜台前，告知游客办理乘机手续的注意事项，并在一旁协助游客办理。

步骤三：过边防检查

边防检查站隶属于中华人民共和国公安部，对出境人员身份及证件、签证等进行检查，通过此项检查方可出境。

领队应按照边防检查柜台前现场指挥的要求，带领游客排队按顺序接受边防出境检查。

如果团队办理的是团队签证或到免签国家（地区）旅游，领队应出示"中国公民出国旅游团队名单表"及导游证、团队签证。所有游客必须按照名单表上的顺序排队，逐一通过边防检查（如图6-2-2所示）。

图6-2-2　边防检查处

旅游团队在过边防检查时，领队应始终走在前面，第一个办妥手续，在里面等候游客。对完成边防检查的游客，领队可以引导游客继续办理下一项安全检查。

步骤四：过安全检查

所有旅客都必须经过安全检查后，才能被允许进入飞机。

领队应提前通知游客准备好护照、机票、登机牌，准备交给安全检查员查验。领队在带领游客进行登机安全检查时，要提醒游客主动配合机场安检人员的检查，避免与其发生纠纷。

步骤五：等待登机

安全检查结束以后，领队应带领游客到登机牌上标明的登机闸口的候机室等候登机。如有部分游客逗留在机场免税店购物，领队应提醒游客注意收听机场广播，并约定好在飞机起飞前半小时在登机口集合，以免误机。解散之前，再次提醒游客登机口号码，并提醒游客通过广播、电子屏等方式及时关注登机口是否有调整。

在等待过程中，领队应充分利用时间对团队情况进行再熟悉，比如熟悉接待计划，熟悉游览城市之间的转换、衔接情况等。

随堂测验
6-2-1

任务一

任务评价

通过实施以上步骤，是否达成了该项任务目标和素养目标呢？请对完成任务的情况做出评价，见表6-2-1。

表6-2-1   中国出境服务任务评价表

评价内容	完成情况			
	优	良	中	差
集结旅游团队成员				
办理登机手续				
过边防检查				
过安全检查				
等待登机				
树立诚信敬业的精神和守规矩、讲纪律的观念，树立"人民安全至上"的理念				

任务二　飞行途中服务

◎　**任务目标**

　　飞行途中服务，需要领队完成以下任务：提供乘机帮助；指导游客填写入境表格。

◎　**素养目标**

　　通过该任务，培育学生游客至上的服务意识和尽职敬业的精神。

理论知识

　　地方时与区时：由于地球自转和围绕太阳公转，所以地球上不同经线上具有不同的地方时。为了克服时间上的混乱，国际上规定将全球划分为24个时区（东、西各12个时区）。每个时区统一采用的时间，称为区时，相邻两个时区的时间相差1小时。

　　各地的标准时间为格林尼治时间（G.M.T）加上（+）或减去（-）时区中所标的小时和分钟数时差。许多国家（地区）还采用夏令时（DST），比如美国每年4月到9月实行夏令时，时间提前一个小时。

　　时差的计算方法：两个时区标准时间（即时区数）相减就是时差，时区的数值大的时间早。比如中国是东八区（+8），美国东部是西五区（-5），两地的时差是13小时，北京比纽约要早13个小时；如果是美国实行夏令时的时期，则相差12小时。

任务实施

步骤一：提供乘机帮助

领队在飞机上应为有需求的游客提供乘机帮助。乘机服务主要包括语言翻译、设施设备使用、安全提醒和其他咨询工作。为方便服务，领队的座位一般靠近过道，飞行中应适时进行巡视，了解游客状态。同时要告知游客自己的位置，便于游客需要帮助时能及时找到领队。图6-2-3为A380飞机座椅背后的娱乐系统。

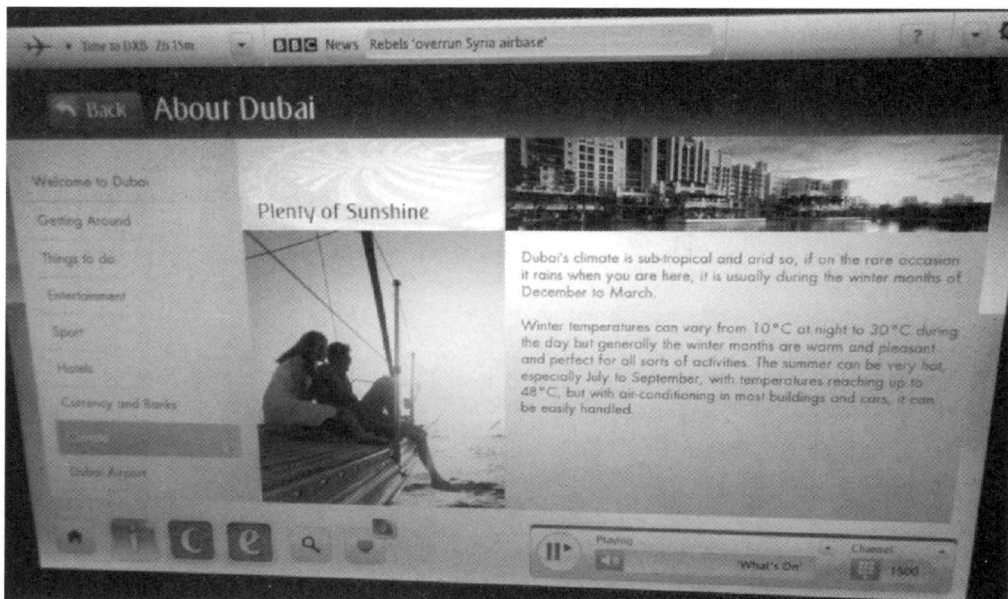

图6-2-3　A380飞机座椅背后的娱乐系统

步骤二：指导游客填写入境表格

在飞行途中，领队需要做的一项最重要的事就是协助或帮助游客填写即将要抵达国家（地区）的入境表格，主要是入境卡和海关申报单。入境卡和海关申报单一般由机组人员发放，但也有部分航班在飞机上不提供入境表格，需要在目的地国（地区）机场领取并填写。

入境卡和海关申报单通常会用当地文字和英文两种文字标明，一般要求使用英文填写。对于英文较好的游客，领队可以指导游客填写，对于不懂英文的游客，领队可以帮助其填写。海关申报需要如实填写，领队应提前和游客进行沟通，以免入境时遇到麻烦。事先制作的"团队资料一览表"这时候显得非常有用，可以节省领队查找翻阅护照的时间，使得填表效率大为提高。图6-2-4为肯尼亚入境卡。

REPUBLIC OF KENYA
ENTRY DECLARATION FORM

Flight No. 航班号 Vol. No.	**Reason for Entry** 入境缘由 Objet de votre visite
Surname 姓氏 Nom de Famille	**Other Names** 名 Prenoms
Nationality 国籍 Nationalite	**Sex** 性别 Sexe	**Occupation** 职业 Profession
Date and Place of Birth 出生地点及日期 Date et lieu de Naissance	**Country of Residence** 居住国 Pays de residence
Passport No. 护照号 Numero de Passeport	**Place and date of Issue** 护照签发日期及地点 Delivre le a
Number of Other Persons Travelling on Your Passport 护照携行人数（不知是否准确，自己当时好像未填此项） Nombre de Personnes Voyageant Sur Votre Passeport	
Full Address in Kenya 在肯的完整地址 Address presice en Kenya	
Date 日期 Date	**Signature** 签名（此处应该是和护照相同的拼音） Signature

AIR	SEA	RAIL	ROAD	LAKE

	For Official Use Only	R. No.
Immigration Entry Date Stamp	**CATEGORY**	Code Security Signature
		Immigration Officer

图 6-2-4　肯尼亚入境卡

随堂测验
6-2-2

任务二

任务评价

通过实施以上步骤，是否达成了该项任务目标和素养目标呢？请对完成任务的情况做出评价，见表6-2-2。

表6-2-2　　　　　　　　飞行途中服务任务评价表

评价内容	完成情况			
	优	良	中	差
提供乘机帮助				
指导游客填写入境表格				
具有游客至上的服务意识和尽职敬业的精神				

任务三　他国（地区）入境服务

◎　**任务目标**
　　他国（地区）入境，导游员主要完成以下任务：介绍流程；卫生检疫；过移民局；提取行李；通过海关；与接待社导游会合。

◎　**素养目标**
　　通过该任务，培养学生诚信敬业的精神和守规矩讲纪律的观念；培养和树立学生"人民安全至上"的理念；提高意识形态安全防范的敏锐性、警惕性和斗争性。

海关是设在口岸上对进出国境的货物、物品、运输工具等执行监督管理并征收关税的机关。世界上各国（地区）出入境口岸都设有海关，以对出入境人员携带的货物进行检查。

世界各国（地区）海关对入境旅客或非当地居民的检查，分为四种情况：免验、口头申报、填写海关申报单、开箱检查。

任务实施

步骤一：介绍流程

抵达目的地机场后，领队应召集游客集中，向游客介绍接下来要办理的入境手续，一般包括卫生检疫、证照查验、过移民局、过海关。

步骤二：卫生检疫

各个国家（地区）的卫生检疫形式不同，有的需要查验黄皮书和健康申报单，有的则完全不需要填写，只是对入境游客进行检视，发现患病游客时加以询问。

（1）查验黄皮书。黄皮书是国际公认的卫生检疫证件，是出入各国家（地区）口岸的重要凭证。很多国家（地区）对来往某些国家（地区）的旅客，免验黄皮书；但对发生疫情的地区，则检查比较严格。

（2）健康申报单。有些国家（地区）要求游客在入境时填写一张健康申报单。健康申报单的主要内容是对一些疾病的询问。有些国家（地区）的健康申报项目是与入境卡放在一张纸上，卫生检疫柜台与入境检查柜台也合二为一，如图6-2-5所示。

步骤三：过移民局

许多国家（地区）的入出境检查由其移民局负责，领队带领游客沿着移民入境"IMMIGRATION"的标志前行，就能找到入境检查柜台。领队要带领游客在外国人入境"FOREIGNER"标志的任意一个通道前排队等候。通常在入境检查柜台前，执勤人员会引导团队游客走一个专用通道办理入境。

（1）校验材料。旅游团队如果所持的是团队签证，则需要到指定的柜台办理入境手续。领队应走在团队的最前面，将团队签证交给入境检查人员，并准备回答检查人员的提问。如果游客办理的是个人签证，领队可以让游客依次排队，提醒游客站到入境检查柜台前，首先要有礼貌地向检查人员打招呼。将事先准备好的护照、签证、机票、接待行程单、入境卡交给检查人员。

班机号码 Flight Number: AE123　抵达日期 Date of arrival: 日 D/J 12　月 M/M 08　年 Y/A 2011

No. de Vol　*Date d'Arrivée*:

姓 Surname:Mr/Mrs/Miss ZHANG

Nom:Mons/Mme/Mlle

名 Other Name: SAN

Prénom

户籍地址 Permanent Address NO. 12 Shanghai road Nangjing

Addresse Permanente

国籍 Nationality China

Nationalité

Resident 永久居民	Non Resident /非永久居民/	Tick as appropriate *Cochez la case appropriée*
√		

驻毛里求斯地址 Address in Mauritius Le Meridien

Adresse à Maurice

驻毛里求斯电话 Telephone No. in Mauritius 4674600

No. de téléphone à Maurice

原离境国家 Port of original embarkation China

Port d'embarquement

预计停留日期 Proposed length of stay in Mauritius 10days

Durée du séjour à Maurice

近半年内到过的国家 Which country have you visited during the last six months?

Quel pays avez vous visité les 6 derniers mois?

停留日期 Specify country & length of stay:

Nom du pays et durée du séjour

如果您有以下的情况请打勾

If you are suffering from any of the following, please tick as appropriate.

Si vous souffrez d'un/des symptôme(s), veuillez cocher la/les case(s) appropriée(s)

	是 Yes *Oui*	否 No *Non*
发烧 Fever *Fièvre*	□	☑
咳嗽 Cough *Toux*	□	☑
喉咙痛 Sore Throat *Mal de Gorge*	□	☑
呼吸困难 Respiratory Distress *Problème Respiratoire*	□	☑
关节痛 Joint Pain *Douleur articulaire*	□	☑
皮肤发疹 Rash *Eruption Cutanée*	□	☑

申明

Declaration

I declare that the information I have given is true and complete. I understand that I shall commit an offence if I fail to fill in the card or knowingly give false information.

以上申明为正确消息。

本人了解如有不实隐瞒，可受到法律惩罚。*toutes les informations fournies sont exactes et complètes. Je suis conscient que le fait de ne pas remplir cette fiche ou toute fausse déclaration de ma part pourrait entraîner des poursuites pénales.*

签名 Signature: 张三　日期 Date: 2011. 8. 12

For office use	

图6-2-5　毛里求斯健康申报单

（2）接受询问。提前告知游客在入境检查环节，移民官常问的问题。工作人员会就入境的原因或具体情况进行简单的询问，如图6-2-6所示。比如：为什么要来这里？准备到哪几个城市？准备停留多久？住在哪家酒店？身上带了多少钱？当地负责接待的旅行社是哪家？

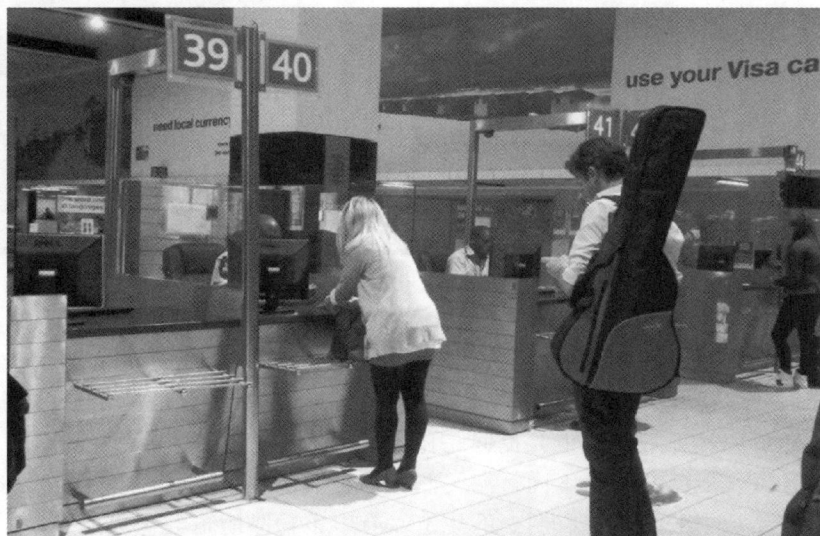

图6-2-6　接受入境官员询问

导游实务

146

知识拓展
6-2-1

目的地国家
（地区）海关
规定及注意
事项

由于中国出境旅游市场的蓬勃发展，很多目的地国家（地区）都设有中文标识、中文翻译。领队及游客面对入境检查人员的提问不必紧张，要予以配合，从容回答。

（3）完成检查。入境检查人员检查结束，在护照上加盖入境章后，会将护照、机票退还。一般情况下，检查人员在完成入境检查后会对游客说声："祝您旅游愉快！"游客在取回证件时，不要忘记说声："谢谢！"

领队及游客通过入境关，即正式进入该国家（地区）。

步骤四：提取行李

过移民局边检后，领队带领游客到航空公司的托运行李领取处提取托运行李，如图6-2-7所示。通常情况下，飞机降落前的广播和机场行李区域的电子屏幕上都会提示航班对应的行李通道的位置。领队在确认自己及每位游客都领取到自己的托运行李后，带领游客办理入境所需的下一项手续。

图6-2-7　提取行李

步骤五：通过海关

游客出境旅游不仅在出境时要接受本国海关的检查，在抵达外国（地区）入境口岸时，同样要接受外国（地区）海关的检查。许多国家（地区）的海关检查设在卫生检疫和护照签证查验结束并提取完托运行李之后。

由于各国（地区）国情不同，海关监督检查的范围也不同，但是对出入境旅客所携带的物品行李的查验都有明确的规定。有申报物品的走红色通道，无申报物品的走绿色通道。领队要事先了解各国（地区）海关的相关规定，并提前提醒游客，避免在入境时遇到麻烦。

通常情况下，海关检查为例行抽查，领队带领游客经过海关时，把海关申报单（如日本海关申报单见图6-2-8）交给海关人员后，即可直接走出。如遇海关人员进行抽查，应当服从并配合检查。

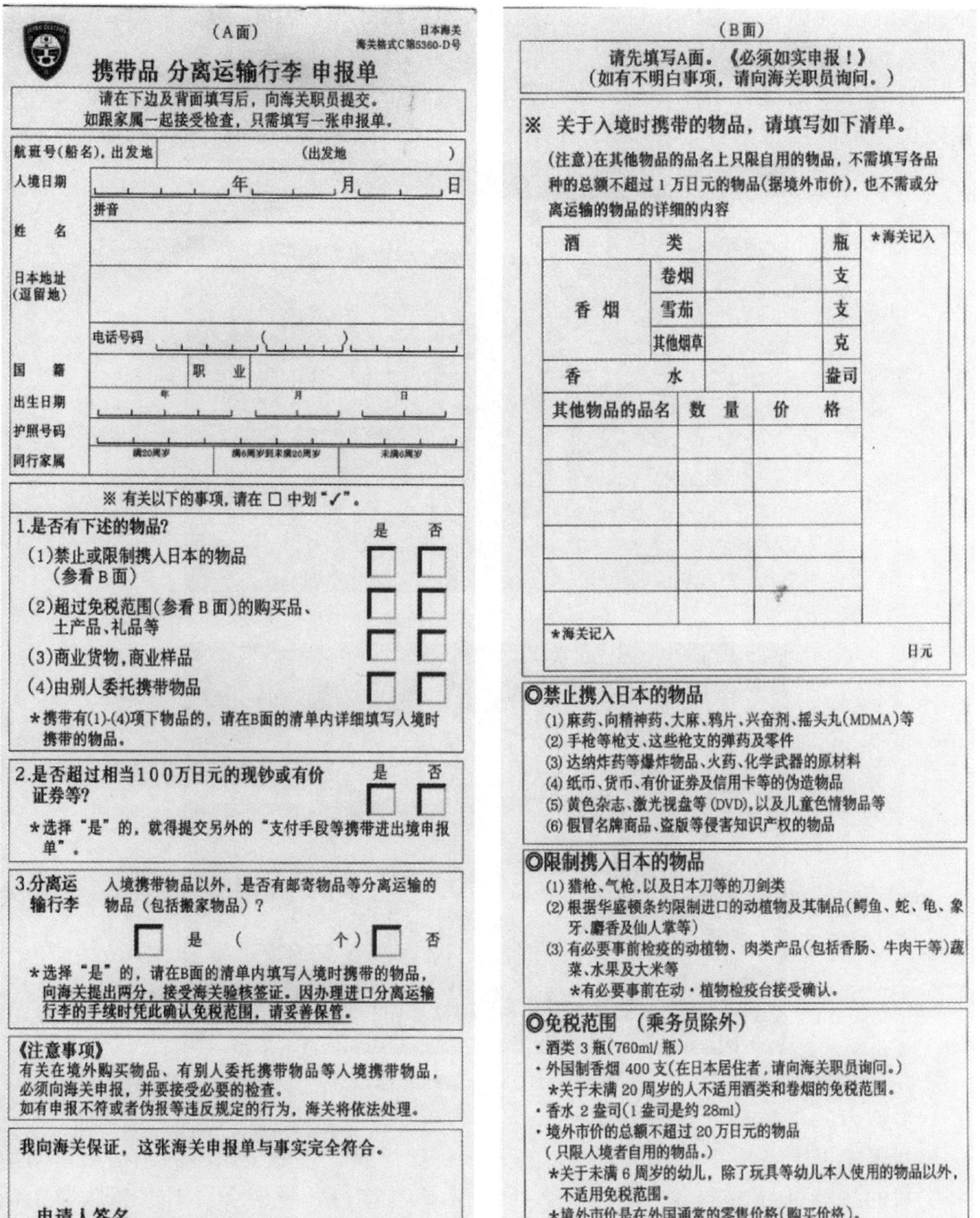

（A面）

日本海关
海关格式C第5360-D号

携带品 分离运输行李 申报单

请在下边及背面填写后，向海关职员提交。
如跟家属一起接受检查，只需填写一张申报单。

航班号(船名)，出发地	（出发地　　　）
入境日期	年　月　日
姓　名	拼音
日本地址（逗留地）	
	电话号码 （　）
国　籍	职　业
出生日期	年　月　日
护照号码	
同行家属	满20周岁 / 满6周岁到未满20周岁 / 未满6周岁

※ 有关以下的事项，请在 □ 中划"✓"。

1.是否有下述的物品？　是　否

(1)禁止或限制携入日本的物品（参看B面）　□　□

(2)超过免税范围(参看B面)的购买品、土产品、礼品等　□　□

(3)商业货物，商业样品　□　□

(4)由别人委托携带物品　□　□

*携带有(1)-(4)项下物品的，请在B面的清单内详细填写入境时携带的物品。

2.是否超过相当100万日元的现钞或有价证券等？　是　否　□　□

*选择"是"的，就得提交另外的"支付手段等携带进出境申报单"。

3.分离运输行李　入境携带物品以外，是否有邮寄物品等分离运输的物品（包括搬家物品）？

□ 是（　　个）□ 否

*选择"是"的，请在B面的清单内填写入境时携带的物品，向海关提出两分，接受海关验核签证。因办理进口分离运输行李的手续时凭此确认免税范围，请妥善保管。

《注意事项》

有关在境外购买物品、有别人委托携带物品等入境携带物品，必须向海关申报，并要接受必要的检查。
如有申报不符或者伪报等违反规定的行为，海关将依法处理。

我向海关保证，这张海关申报单与事实完全符合。

申请人签名

（B面）

请先填写A面。《必须如实申报！》
（如有不明白事项，请向海关职员询问。）

※ 关于入境时携带的物品，请填写如下清单。

（注意）在其他物品的品名上只限自用的物品，不需填写各品种的总额不超过1万日元的物品（据境外市价），也不需或分离运输的物品的详细的内容

酒　　类			瓶	*海关记入
香　烟	卷烟		支	
	雪茄		支	
	其他烟草		克	
香　　水			盎司	
其他物品的品名	数　量	价　格		

*海关记入
日元

◎禁止携入日本的物品

(1)麻药、向精神药、大麻、鸦片、兴奋剂、摇头丸(MDMA)等
(2)手枪等枪支、这些枪支的弹药及零件
(3)达纳炸药等爆炸物品、火药、化学武器的原材料
(4)纸币、货币、有价证券及信用卡等的伪造物品
(5)黄色杂志、激光视盘等(DVD)，以及儿童色情物品等
(6)假冒名牌商品、盗版等侵害知识产权的物品

◎限制携入日本的物品

(1)猎枪、气枪，以及日本刀等的刀剑类
(2)根据华盛顿条约限制进口的动植物及其制品(鳄鱼、蛇、龟、象牙、麝香及仙人掌等)
(3)有必要事前检疫的动植物、肉类产品(包括香肠、牛肉干等)蔬菜、水果及大米等
*有必要事前在动・植物检疫台接受确认。

◎免税范围　（乘务员除外）

・酒类3瓶(760ml/瓶)
・外国制香烟400支(在日本居住者，请向海关职员询问。)
*关于未满20周岁的人不适用酒类和卷烟的免税范围。
・香水2盎司(1盎司是约28ml)
・境外市价的总额不超过20万日元的物品
(只限入境者自用的物品。)
*关于未满6周岁的幼儿，除了玩具等幼儿本人使用的物品以外，不适用免税范围。
*境外市价是在外国通常的零售价格(购买价格)。

图6-2-8　日本海关申报单

值得注意的是，各个国家（地区）对于所需要办理的入境手续并不一致，如泰国的入境手续办理程序是航班抵达、入境检查、卫生检疫、海关检查、入境；日本的入境手续办理顺序是航班抵达、检疫检查、入境检查、动植物检疫、海关检查、入境。各个国家（地区）不仅程序前后不同，入境检查的项目和需要递交的材料也不一样，有的国家（地区）仅需要入境边防检查这一项，有的国家（地区）甚至连入境卡都不需要。

领队在带团过程中，对他国（地区）入境各个环节的把握，大致可以依照在中国海关出境时经过的各个环节做反向记忆。海关通道如图6-2-9、图6-2-10所示。

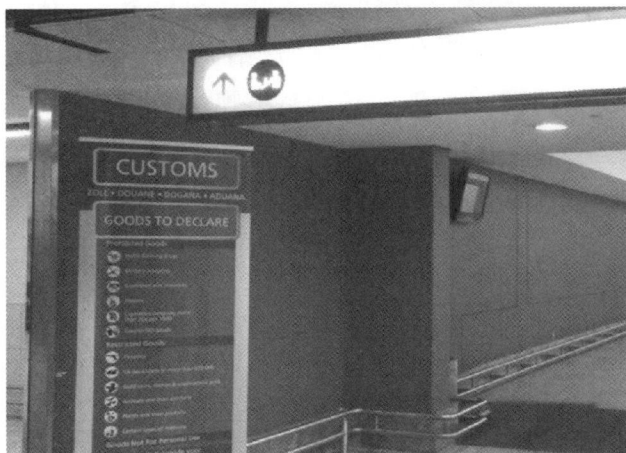

图6-2-9 海关红色通道

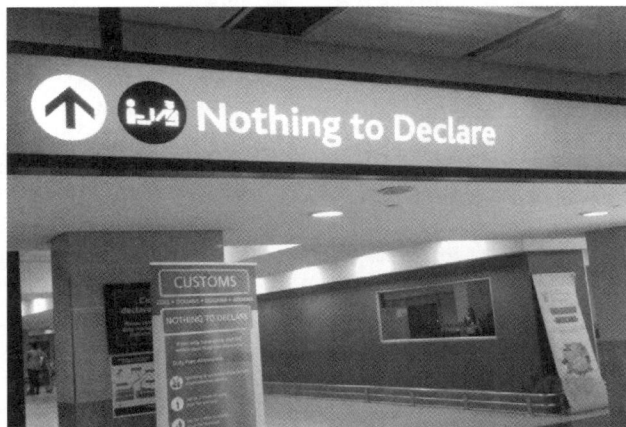

图6-2-10 海关绿色通道

步骤六：与接待社导游会合

办理完以上各项手续，领队可以高举旅行社社旗，带领全团游客到达出口与前来接站的接待社导游会合，如图6-2-11所示。与接待社导游会合时，领队应主动与导游交换名片，并进行工作交代。

图6-2-11　接站的导游

随堂测验
6-2-3

任务三

任务评价

通过实施以上步骤，是否达成了该项任务目标和素养目标呢？请对完成任务的情况做出评价，见表6-2-3。

表6-2-3　　　　　　　　他国（地区）入境服务任务评价表

评价内容	完成情况			
	优	良	中	差
介绍流程				
卫生检疫				
过移民局				
提取行李				
通过海关				
与接待社导游会合				
树立诚信敬业的精神和守规矩讲纪律的观念，树立"人民安全至上"的理念				

知识拓展
6-2-2

关于海关检查

案例共享

鳄鱼皮包属于海关管制物品吗?

2014年,李先生和朋友一起去泰国旅行。在泰国期间,在领队的带领和介绍下,他们来到一个皮具购物店里,这里有鳄鱼皮、大象皮等皮具销售。李先生他们购买了鳄鱼皮包和大象皮皮带。结束了泰国行程后,他们的飞机抵达了国内某机场,李先生的行李箱被机场海关拦下检查,随后鳄鱼皮包及大象皮皮带被机场海关以违禁品予以查扣。

据机场海关工作人员介绍,根据相关法律规定,我国对列入进出口管理办公室、海关总署联合公告的《进出口野生动植物种商品目录》的野生动植物或其产品,以及国家认定的珍贵动物、珍稀植物或其产品,均实行濒危物种进出口管理。其中的野生动物及其产品,既包括野外来源的,也包括通过人工驯养或人工繁殖获得的。李先生所携带的鳄鱼和大象皮革制作的皮包、皮带等均属上述动物制品,确系违禁品,应受相应管制。

资料来源　佚名. 出国旅游带鳄鱼皮包回国被查扣　损失谁来担? [EB/OL]. [2015-02-05]. http://news.bandao.cn/news_html/201502/20150205/news_20150205_2500475.shtml.

思政专栏

守好国门第一道安全防线——新华社记者探访绥芬河海关

在绥芬河海关的集装箱检测系统视频终端监控室,绥芬河海关公路办事处查验科副科长高磊正在操作按钮,对一辆入境俄罗斯货车进行车体和货物扫描。

记者在绥芬河海关的检测系统视频终端看到,所有车辆都要经过喷淋设施的轮胎消毒,所有入境的车辆和人员都要进行严格的闭环管控。高磊说,以前都是工作人员在现场上车检验,现在为了避免与俄罗斯司机接触,采用了红外线扫描技术。

连日来,绥芬河报告境外输入确诊病例持续增加。截至4月13日,经绥芬河口岸入境2 497人,其中322人确诊,现有无症状感染者38人,成为全国境外输入病例最多的口岸。守好国门第一道防线,是打赢境外疫情输入防控的关键。

目前,绥芬河口岸旅检通道继续临时关闭,货检通道正常。在绥芬河市世茂西货场,记者看到,入境货车司机在其车辆上实行就地隔离,并未出现集聚情况。在工作人员指引下,有序进行换装。

绥芬河海关综合技术中心主任王延禄说,在入境检测最高峰的时候,入境旅客包括入境司乘人员每天400余人,压力很大。"现在口岸旅检处于临时关闭状态,我们在对人员进行轮换、对设备进行检修,提升防控能力。"

视频监控系统显示,一辆外籍货车经过查验后,正准备出境。绥芬河海关公路办事处查验科科长王寿春说,这辆车装载的是口罩,准备发往俄罗斯远东地区,大约200万个。

在疫情期间,绥芬河海关推出"绿色通道",对于疫情防控物资、水果蔬菜、粮食，优先查验，优先验放。同时，相关部门随时跟企业沟通，进行非接触预约通关。

据绥芬河海关相关负责人介绍，为了加强口岸货运司乘人员管控，绥芬河市设立入境货车临时换装场，还设置了两处定点集中住宿宾馆，对口岸入境俄罗斯货车司机实行"口岸入境–换装停车场–住宿宾馆–换装停车场–口岸出境"全程闭环管控。

俄远东地区蔬菜市场大部分由中国供应，大量蔬菜由绥芬河口岸出口至俄罗斯。对俄果蔬出口企业蓝洋公司负责人王颖冬告诉记者，在做好防疫基础上，正在源源不断地将山东等地生产的蔬菜运往俄远东地区，疫情期间未受影响，几乎每天都会有俄方车辆入境运输蔬菜。

绥芬河海关公路办事处物流监控科科长王百海说，现在每天都有大量外籍货车入境、出境，我们对入境交通工具进行登临检疫，对入境货车司机实施体温监测、核验健康申明卡、采样检测、开展流行病学调查。

绥芬河是黑龙江省对俄贸易的重要口岸，大量货物往来于两国边境。数据显示，2020年以来，截至4月11日，绥芬河海关在公路口岸监管进出境货运车辆1.1万辆次，进出口货物11.9万吨、货值1.4亿美元。

资料来源　董宝森，王建，齐泓鑫. 守好国门第一道安全防线——新华社记者探访绥芬河海关［EB/OL］.［2020-04-15］. https://baijiahao.baidu.com/s?id=16639372678837
62541&wfr=spider&for=pc.

思政关键词：守规矩　讲秩序　人民安全至上

课后思考与实践

请自行选择任意一个常见旅游目的地国家（地区），介绍一下该国（地区）海关对所携带物品出入境的相关规定。

7

模块七 海外领队境外随团和后续服务

　　游客经过出入境、乘坐长途交通工具等繁复的过程抵达心仪的旅游目的地，就是为了全方位地体验旅游目的地的自然风光、人文资源、饮食文化、风物特产等。因此，境外随团服务过程中，领队要密切配合当地导游，共同促使旅游活动顺利完成，并自始至终从游客角度出发，为游客做好细致耐心的服务。

项目一　境外随团服务

◎ **项目概述**

　　境外随团服务过程中，领队要密切配合当地导游，共同完成入住酒店、餐饮、参观游览、购物、观演、离境服务等一系列工作，促使旅游活动的顺利完成。

◎ **项目结构**

　　本项目结构如图7-1-1所示。

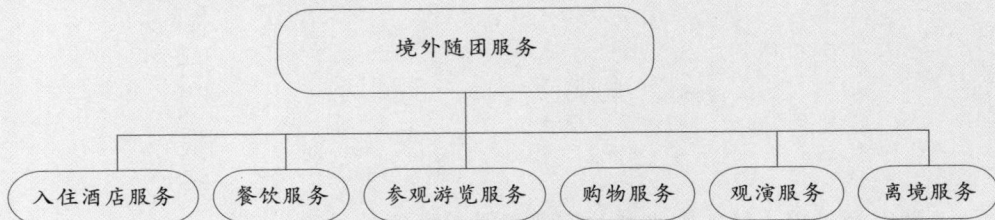

图 7-1-1　项目结构图

任务一　入住酒店服务

◎ **任务目标**

　　该阶段的入住酒店服务，领队主要需要完成以下任务：办理入住登记手续；介绍酒店设施；做好安全提示和文明宣传；提醒游客与酒店结账；提醒游客带齐私人物品。

◎ **素养目标**

　　通过该任务，引导学生了解文化差异，树立安全意识；倡导绿色环保住宿理念。

任务实施

在线课堂
7-1-1

海外领队
境外随团和
后续服务

　　步骤一：办理入住登记手续

　　在境外旅游期间，领队应协助地方接待导游员完成办理入住登记手续的工作，按照出境之前已做好的分房名单，将房号填写到分房名单上，并将房卡分发给游客。在游客回房间休息之前，领队应到前台取一些饭店卡片发放给游客，并将自己的房间号码告知游客，以便游客遇到问题或困难能及时找到领队。

步骤二：介绍酒店设施

领队、全陪和地陪应商量好叫早时间，由地陪通知酒店前台。另外，很多游客可能是第一次出境，对境外酒店的一些设施设备并不熟悉。即使是有出境经验的游客，入住不同的酒店，也需要了解酒店的各项情况。领队应及时将酒店中游客可能不熟悉的地方进行介绍，并提醒游客注意规避一些问题，如收费电视问题等。境外大部分酒店的水都是直饮水，不需要加热，但如果游客不习惯喝凉水，可以让酒店服务生提供热水，但需要支付小费。

步骤三：做好安全提示和文明宣传

在境外住宿过程中，曾经发生过很多治安事件，如游客财物被盗被抢，因此，领队要针对所到旅游目的地国（地区）的情况，提醒游客注意住宿安全问题。如睡觉前检查门窗是否关好锁好；不要轻易给陌生人开门等。

领队要讲解游客入住酒店的文明礼仪，提醒游客不要在酒店大堂和房间走廊大声喧哗，正确使用和爱护酒店房间内的设施设备。

步骤四：提醒游客与酒店结账

游客如在酒店内产生消费，领队应提醒并协助游客提前结清有关账目。最好避开团队出发之前和早餐后的游客结账高峰时间。在有些国家（地区），每日要给客房服务员留小费，应提醒游客入乡随俗。

随堂测验
7-1-1

任务一

步骤五：提醒游客带齐私人物品

离开饭店前，领队要及时提醒游客清点个人物品，检查是否带齐，避免出发之后发生游客将私人物品遗留在酒店，又要返回取物品的现象，从而耽误旅游行程。

任务评价

通过实施以上步骤，是否达成了该项任务目标和素养目标呢？请对完成任务的情况做出评价，见表7-1-1。

表7-1-1　　　　　　　　入住酒店服务任务评价表

评价内容	完成情况			
	优	良	中	差
办理入住登记手续				
介绍酒店设施				
做好安全提示和文明宣传				
提醒游客与酒店结账				

续表

评价内容	完成情况			
	优	良	中	差
提醒游客带齐私人物品				
树立安全意识，倡导绿色环保住宿理念				

任务二　餐饮服务

◎ **任务目标**

该阶段的餐饮服务，领队主要需要完成以下任务：介绍餐厅及菜肴特点；提醒游客用餐中应注意的问题；巡视用餐过程，及时解决出现的问题。

◎ **素养目标**

通过该任务，引导学生了解旅游地国家（地区）的饮食文化，强化"文明用餐、勤俭节约"理念的传播，遵守公共秩序的思想的建立和行为的培养。

任务实施

步骤一：介绍餐厅及菜肴特点

在出境旅游过程中，为了避免游客不适应旅游地的饮食，大部分的团队餐，旅行社会尽量安排在中国餐厅吃中餐，少部分的团队餐会安排当地的特色餐饮。领队在带领团队用餐之前，应简单介绍餐厅及菜肴特点。

步骤二：提醒游客用餐中应注意的问题

游客在境外用餐过程中，常常会出现一些共性的问题，领队应及时提醒游客注意规避。如在餐厅用餐时，不要大声喧哗；在吃自助餐的时候，一次不要取太多食物，要做到取的食物一定要吃完，避免浪费；不要将自助餐厅里的水果、酸奶、饮料等带走；如果吃西餐，应提前介绍西餐礼仪。

步骤三：巡视用餐过程，及时解决出现的问题

在用餐过程中，领队要巡视1～2次，及时发现并解决问题，避免游客因对用餐不满而影响整个行程的满意度。领队要加快用餐节奏，避免游客等待。

随堂测验
7-1-2

任务二

任务评价

通过实施以上步骤，是否达成了该项任务目标和素养目标呢？请对完成任务的情况做出评价，见表 7-1-2。

表 7-1-2　　　　　　　　　　　　　餐饮服务任务评价表

评价内容	完成情况			
	优	良	中	差
介绍餐厅及菜肴特点				
提醒游客用餐中应注意的问题				
巡视用餐过程，及时解决出现的问题				
传播"文明用餐、勤俭节约"理念，遵守公共秩序				

任务三　参观游览服务

◎ **任务目标**

　　该阶段的参观游览服务，领队主要需要完成以下任务：让游客清楚了解每日的计划行程；辅助当地接待导游完成游览计划；回答游客提问。

◎ **素养目标**

　　通过该任务，引导学生成为旅游文化的践行者和传播者；引导游客文明旅游，塑造国家、地区、城市形象，传播精神文明。

任务实施

　　步骤一：让游客清楚了解每日的计划行程

　　旅游团在某地游览观光，常常会因交通、天气等原因，使得原本的行程计划有所调整。领队在与当地接待导游协商后，要及时将调整后的日程及时通知每一位游客。每一天的开始，当地接待导游都要对当天的行程计划进行预告，当天的行程游览结束后，还要将次日的活动安排提前告知游客，特别是如果第二天的行程中有对着装的特殊要求，更应该着重提醒游客（如参观欧洲的教堂，提醒大家不能穿着暴露肢体的服装等）。

　　步骤二：辅助当地接待导游完成游览计划

　　每到一处景点，领队和当地接待导游应告知游客在景点的停留时间、参观游览结束后的集合时间和地点，还应向游客讲清游览中的注意事项，提醒游客保持手机畅通，以便在游客落队后进行联络（出境前，要求每位游客开通国际漫游，一旦游客落队或走失，方便联络）。

　　领队在参观游览景点过程中，应积极协助当地接待导游，随时关注游客动向，清点人数，走在旅游团队的最后，与当地接待导游形成首尾呼应。

步骤三：回答游客提问

在参观游览过程中，游客会不时向领队提出这样那样的问题，领队应用自己的专业知识向游客提供咨询服务，耐心细致地回答游客的问题。

任务评价

通过实施以上步骤，是否达成了该项任务目标和素养目标呢？请对完成任务的情况做出评价，见表7-1-3。

表7-1-3　　　　　　　参观游览服务任务评价表

评价内容	完成情况			
	优	良	中	差
让游客清楚了解每日的计划行程				
辅助当地接待导游完成游览计划				
回答游客提问				
引导游客文明旅游，塑造国家、地区、城市形象，传播精神文明				

任务四　购物服务

◎　**任务目标**

众所周知，中国游客在出境旅游中购物欲望强烈、消费能力强劲，世界上许多接待中国游客的目的地国家（地区）都非常重视中国客源市场，很多商家会安排专门的中文导购人员。因此，购物作为出境旅游中的一项重要活动，旅行社一般都会安排。领队在进行这项工作时，应努力使游客在购物活动中得到满足和愉悦。

该阶段的购物服务，领队主要需要完成以下任务：按照行程计划安排购物；告知游客购物退税的相关规定；协助游客处理购物相关问题。

◎　**素养目标**

通过该任务，引导学生了解国家（地区）政策差异和文化差异，培养诚信、敬业精神；促进多元文化的交流与活化。

任务实施

步骤一：按照行程计划安排购物

领队应向游客介绍值得购买的本地商品及商品特色，向游客讲清购物的停留时间，并向游客讲明购物的有关注意事项，随时向游客提供在购物过程中所需要的服务，如翻译、托运等。很多领队也很热衷于购物，但需要注意的是，千万不能仅顾自己购物而忽视了团内游客，领队应始终将为游客提供购物服务放在首位。

步骤二：告知游客购物退税的相关规定

游客在商店购物时，领队要提醒游客索要发票。领队应及时了解并提醒游客注意不同国家（地区）的退税规定。如欧洲国家的退税要求是：在有退税标志的商店购物，购物要超过一定的金额，开具退税专用发票，盖有海关章，乘机回国前可在机场办理退税手续。

步骤三：协助游客处理购物相关问题

游客出境往往需要购买许多礼物带回，领队应充分考虑到游客的心情，尽可能在时间上予以保证，并在游客挑选时予以协助。如果游客买到不满意的商品，需要退换，领队及当地接待导游应积极协助游客解决，但事先要跟游客讲明注意事项。如中国香港地区的商店"百分百退款保证"规定：游客在旅行社安排的购物活动中消费后感到不满可先通过导游进行处理，或于购货之日起14天内将完全未经使用的货品连同包装完整退回，即可办理全数退款手续，但必须保留好购物单据。

随堂测验
7-1-4

任务四

任务评价

通过实施以上步骤，是否达成了该项任务目标和素养目标呢？请对完成任务的情况做出评价，见表7-1-4。

表7-1-4　　　　　　　　　购物服务任务评价表

评价内容	完成情况			
	优	良	中	差
按照行程计划安排购物				
告知游客购物退税的相关规定				
协助游客处理购物相关问题				
具有诚信、敬业精神，促进多元文化的交流与活化				

任务五　观演服务

◎　**任务目标**

该阶段的观演服务，领队主要需要完成以下任务：引导游客观演；提醒观演时的注意事项。

◎　**素养目标**

通过该任务，引导学生了解多元文化背景下的旅游演艺形式，树立文化自信，加强精神文明建设。

随堂测验
7-1-5

任务五

任务实施

步骤一：引导游客观演

领队应在观演前简单介绍节目内容及特点，并引导游客入座。在观演过程中，领队应自始至终坚守岗位，不能擅离职守。

步骤二：提醒观演时的注意事项

领队应提前告知游客有关观演过程中的注意事项。如观看表演时是否可以照相、摄像，演出结束后和演员合影是否应付小费、一般付多少合适；欣赏国外的歌剧、音乐会、芭蕾舞等演出，领队还应提醒游客着正装出席，在观看演出时要保持安静，不能吃零食、喝饮料等。

任务评价

通过实施以上步骤，是否达成了该项任务目标和素养目标呢？请对完成任务的情况做出评价，见表7-1-5。

表7-1-5　　　　　　　　　　观演服务任务评价表

评价内容	完成情况			
	优	良	中	差
引导游客观演				
提醒观演时的注意事项				
树立文化自信				

任务六　离境服务

◎ **任务目标**

该阶段的离境服务，领队主要需要完成以下任务：发放游客意见评价表；介绍行李须知；办理退税手续。领队在机场的其他相关工作和前面流程类似，在此不做赘述。

◎ **素养目标**

通过该任务，引导学生善始善终，培育学生统筹协调、整合规划、灵活应变的专业素养。

任务实施

步骤一：发放游客意见评价表

在离境前一天，领队应将意见评价表发放给游客填写，就行程中的项目和服务内容向游客征求意见和建议，以期更好地调整和完善行程设计，进一步提升服务质量。

步骤二：介绍行李须知

在离境前一天晚上，提醒游客行李不要超重；提醒游客将退税商品放在行李箱易于检查的位置，以方便海关人员抽查，尽量保证退税商品没有开封或使用过；提醒游客不要将贵重物品和证件放在托运的行李里。

步骤三：办理退税手续

每个国家（地区）的退税流程不尽相同，以意大利罗马机场退税为例：领队带领游客到机场以后，先到海关处盖章，再到退税公司盖章。目前退税的形式有两种：现金退税和信用卡退税，游客可自行选择自己想要的退税形式。如果由于时间关系来不及办理退税，也可以拿着退税单在海关盖章后回国内退税。

随堂测验
7-1-6

任务六

任务评价

通过实施以上步骤，是否达成了该项任务目标和素养目标呢？请对完成任务的情况做出评价，见表7-1-6。

表7-1-6　　　　　　　　　　　离境服务任务评价表

评价内容	完成情况			
	优	良	中	差
发放游客意见评价表				
介绍行李须知				
办理退税手续				
具有统筹协调、整合规划、灵活应变的专业素养				

知识拓展
7-1-1

主要目的地国禁忌

案例点评
7-1-1

出境旅游文明引导的重要性

案例共享

出境旅游文明引导的重要性

2017年，微博有网友曝料称，在美国蒙特利尔的一间中餐馆，发生了一件不愉快的事情。一位中国客人在餐馆就餐时大声喧哗被服务生阻止后，在账单上留言表示不满，并拒付小费。

资料来源　华人看世界．我是来买你服务的！［EB/OL］．［2017-07-08］．http：//www.sohu.com/a/155455592_457279．

思政专栏　☑

巴厘岛火山喷发　凉山游客体验了一把现实版《战狼2》

体验：有一种速度，叫中国救援；有一种感动，叫祖国带我回家。

2017年11月20日至26日，是凉山彝族自治州的法定彝族年，凉山人民都喜欢利用这7天长假错峰外出旅游，因此国内外著名景点都能见到不少凉山人的身影。凉山女孩杨凌也不例外，她和家人这次选择的旅游目的地是印度尼西亚的巴厘岛。

但让她万万没想到的是，受到11月21日巴厘岛阿贡火山首次喷发的影响，阿贡火山活跃强度不断增强，并多次喷发出大量火山灰。巴厘岛伍拉莱国际机场自11月27日7时15分起不得不临时关闭，进出港航班也全部取消，导致400多趟航班取消，近6万名旅客受影响滞留当地，其中有1.7万名中国游客，凉山籍游客有几十位，杨凌和家人也在其中。

但让中国籍游客有惊无险和深感安慰的是，中国政府得知这一情况后，第一时间紧急调派数十架飞机抢接中国籍游客。自11月27日开始紧急抢接，截至12月3日晚，1.7万名滞留印度尼西亚的中国游客全部陆续安全回国。

12月3日，凉山游客杨凌一家人安全返回西昌，向亲朋好友讲述了这一次现实版《战狼2》的亲身经历。

愉快的假期结束　却因火山喷发滞留机场

"今天一早机场就关闭了，你们还去机场做什么？"

"火山喷发了，巴厘岛（伍拉莱国际）机场的航班全部取消。"

11月27日，凉山游客杨凌一家三口在巴厘岛度过了一个非常愉快的彝族年假期，在前往机场的路上，出租车司机轻描淡写地描述了机场关闭的消息，这下杨凌开始着急了。因为，他们正准备到机场与旅行社的成员会合，并计划坐当晚的航班回国，但现在航班已经取消，回家之路变得不确定了，此时又在异国他乡，她的心里升起一种恐慌。

心急如焚的杨凌立刻给导游打电话，可信号不好，始终联系不上。只能先到事先说好的巴厘岛机场去和旅行社导游、团员们会合。下了出租车，杨凌一家直奔候机大厅集合点，还好印度尼西亚导游已经在这里召集大家。杨凌情绪非常激动，拽着导游的衣角问："你好乌图（音译'先生'），听说机场航班全部取消了，我们回国怎么办啊？什么时候才有航班回家啊？"

"别着急！我们已经和爪哇岛泗水机场取得了联系，听说中国已经派了很多专机在那边，到了泗水机场，航班就会优先安排中国游客返航，你们先在这里集合，人到齐了我们就出发。"导游用不太熟练的汉语介绍了当时的情况，并安慰着惶恐而躁动的中国游客。

异国他乡遭遇突发状况　更彰显祖国强有力的爱

导游的消息稍微缓解了一下杨凌的心情，她这才注意到，整个候机大厅还有大量游客正在焦急地打听航班信息，其中大部分都是中国游客。

大约1小时后，导游用扩音器喊话了："大家注意了，我们所有团员都到齐了，现在就带领大家乘坐大巴前往泗水机场，那里有中国航班等着大家。不过要先提醒一下大家，本来印度尼西亚的交通条件就不好，再加上现在是特殊时期，所以这次坐大巴到泗水机场大概需要20个小时，你们要做好充足的心理准备。好了，现在出发！"

这时，同一旅行团的一位昆明游客王先生自豪地说："咱们中国这次太给力了。我刚在网上查到，阿贡火山喷发巴厘岛机场关闭后，我们中国第一时间就紧急调派了16架包机到印度尼西亚接中国游客，之后还有源源不断的包机要来，绝不会遗漏任何一位中国游客。不就是坐20个小时大巴嘛，总比其他国家的游客一时半会儿回不去要强得多啊！"听了王先生的话，杨凌和其他游客也是感同身受，以前只是在电影或新闻里才看到的国家营救同胞的感人事迹，现在居然一不留神就发生在自己身上了。"我们可以回家了！中国万岁，中国人民万岁……"不知旅行团里谁带头喊出了这句口号，之后团队所有人都附和着喊了起来，这句整齐傲人的口号顿时响彻了整个机场大厅。

火山喷发困不住中国游客　危急时刻中国展现"祖国力"

李建是云南中青旅有限公司西昌分公司负责人，这次彝族年长假，公司有一个38人的旅行团到巴厘岛。11月27日回程时，这个旅行团正好也因火山喷发被困在机场。刚开始李建非常着急，动用了一切关系协调大家的返程航班，可实在没有多余的航班。

正在一筹莫展之时，总部领导打来了电话："小李啊，你们那边的团有多少人困在巴厘岛？我们现在要做一个统计。另外你再给每一位团员打电话，稳定好大家的情绪，告诉他们，国家已经派了多批次包机到印度尼西亚泗水机场接中国游客，你们这个旅行团应该安排的是12月1日上午的航班，先飞香港，然后飞昆明，总之国家绝不会让任何一位中国游客被困在印度尼西亚。你最好亲自跑一趟昆明，把你的团员们接回家。"

"太好了，张总，太感谢您了，我正为这事儿发愁呢，我们有38个团员还在巴厘岛机场，昨天到今天我的电话都快被打爆了。我马上给团员挨个打电话，把这个好消息告诉大家。另外我明天就动身到昆明等他们！"李建激动地都要跳起来了。

12月1日晚10时，李建在昆明长水国际机场已经等了2个多小时，不过他一点也不着急，心里反而越来越激动，因为他这次组织巴厘岛旅游的38位游客马上就会一个不少、毫发无损地出现在他面前，里面有几位还是他的朋友。

"李哥，这次旅游太划算了！我们的巴厘岛7日游变10日游了，不仅如此，我们还近距离欣赏了火山喷发，回程还坐的中国包机。"游客张晓军和李建是朋友，见面和李建拥抱时打趣地说道。

李建说："我当时就让你别担心，你还抱怨回来要收拾我，怎么样，坐包机的感觉不错吧！"

张晓军回答："当然不错了！登机前，我们举着中国国旗，走的专用通道，其他国家众多游客只能用美慕的眼光看着我们，那自豪感别提多爽了！"

一番亲切交流之后，李建带着38位团员坐上大巴，再次踏上回家的行程。

你身后有一个强大的祖国

采访过程中，想起了今年的华语电影票房冠军《战狼2》中有一句让人热血沸腾的话："当你在海外遇到困难时，请不要忘记，你身后有一个强大的祖国！"

是的，祖国富强了，国际地位提高了，国人的自豪感和安全感自然也就强烈了。

资料来源　杨恒．巴厘岛火山喷发　凉山游客体验了一把现实版《战狼2》［EB/OL］．［2017-12-09］．https：//www.sohu.com/a/209517352_178440．

思政关键词：职业素养　热爱祖国

课后思考与实践

请自行选择任意旅游目的地国家（地区），模拟离境时退税的过程。

项目二　回国后续工作

◎ **项目概述**

领队行程结束回国后，整个带团工作并没有结束，还应尽快到旅行社完成工作交接，并处理好善后事宜。带团回来后的工作与出团前的准备工作相比，虽然简单许多，但要求领队依然要以善始善终的态度来认真对待，妥善完成。

◎ **项目结构**

本项目结构如图7-2-1所示。

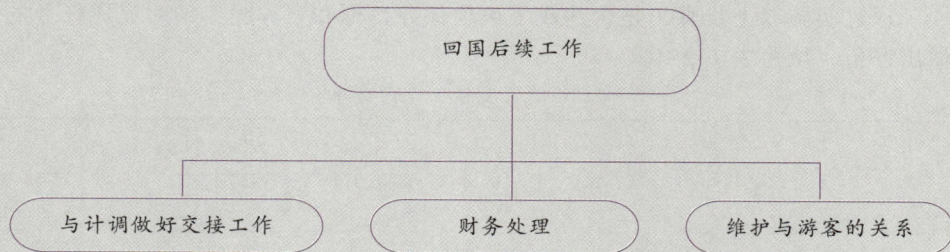

图7-2-1　项目结构图

任务一　与计调做好交接工作

◎ **任务目标**

与计调做好交接工作，领队主要需要完成以下任务：与计调进行工作汇报；上交"领队日志"和"旅游服务质量评价表"；上交带团总结；及时归还物品。

◎ **素养目标**

通过该任务，培养学生树立和掌握系统观、整体观的方法论。

▶ **任务实施**

步骤一：与计调进行工作汇报

领队带团结束回到旅行社后，应对带团过程进行简单描述和基本评价，对发生的问题及解决过程分项进行概要汇报。

步骤二：上交"领队日志"和"旅游服务质量评价表"

领队将"领队日志"上交计调归档，并将游客在旅游过程中对旅游、食宿、讲解等多项服务的评价意见——"旅游服务质量评价表"交给旅行社客户服务部门进

行整理分析。

步骤三：上交带团总结

带团总结主要包括：在带团旅游过程中发生的一些重要情况，领队应以书面报告的形式进行详细记录，以备日后查询；在带团过程中领队亲身实践了旅游产品后对线路产品的建议等。这对领队认识的提高和业务能力的增长十分重要。

步骤四：及时归还物品

将带团前从旅行社借出的物品及时归还旅行社。

随堂测验
7-2-1

任务一

任务评价

通过实施以上步骤，是否达成了该项任务目标和素养呢？请对完成任务的情况做出评价，填写表7-2-1。

表7-2-1　　　　　　　　与计调做好交接工作任务评价表

评价内容	完成情况			
	优	良	中	差
与计调进行工作汇报				
上交"领队日志"和"旅游服务质量评价表"				
上交带团总结				
及时归还物品				
树立和掌握系统观、整体观的方法论				

任务二　财务处理

◎ **任务目标**

财务处理阶段的工作，领队主要需要完成以下两项任务：及时报账；领取酬劳。

◎ **素养目标**

通过该任务，培养学生诚信敬业的精神和守规矩讲纪律的观念；培养学生树立理论实践化、实践理论化的逻辑理路。

任务实施

步骤一：及时报账

一般情况下，领队在带团工作结束后，应及时将各类票据整理好，到旅行社的财务部门进行报账。

步骤二：领取酬劳

领队在带团期间产生的借款，以及因特殊原因垫付的房费、餐费等其他费用，要与财务部门一并结清，并领取自己的出团补助。

随堂测验
7-2-2

任务二

任务评价

通过实施以上步骤，是否达成了该项任务目标和素养目标呢？请对完成任务的情况做出评价，填写表7-2-2。

表7-2-2　　　　　　　　　　财务处理任务评价表

评价内容	完成情况			
	优	良	中	差
及时报账				
领取酬劳				
树立诚信敬业的精神和守规矩讲纪律的观念，树立理论实践化、实践理论化的逻辑理路				

任务三　维护与游客的关系

◎　**任务目标**

维护与游客的关系，领队主要需要完成以下任务：将照片及时传送给游客；保持与游客的联系；建立自己的客户档案库。

◎　**素养目标**

通过该任务，培养学生游客至上的服务意识和尽职敬业的职业精神；培育学生的职业理想，树立和职业道德。

任务实施

步骤一：将照片及时传送给游客

领队应将旅游过程中帮助游客拍摄的照片及时传送给游客，借此和游客保持沟通联系。

步骤二：保持与游客的联系

通过微信、电话、E-mail、QQ等方式保持与游客的联系，也可以定期了解游客的旅游动态，及时将旅行社的新产品推荐给游客，为下次出行做铺垫。

步骤三：建立自己的客户档案库

出境旅游一般时间都较长，与游客的相处虽然结束了，但会留下很多美好的回忆，这段经历会促使游客再次参加出境旅游。领队应与游客建立起信任关系，让他们成为旅行社的常客。可以定期举办一些活动，邀请他们聚到一起，比如老客户回馈会、圣诞聚会等。

任务评价

通过实施以上步骤，是否达成了该项任务目标和素养目标呢？请对完成任务的情况做出评价，见表7-2-3。

表7-2-3　　　　　　　维护与游客的关系任务评价表

评价内容	完成情况			
	优	良	中	差
将照片及时传送给游客				
保持与游客的联系				
建立自己的客户档案库				
树立游客至上的服务意识和尽职敬业的职业精神				

案例共享

领队日志

"分别时大家依依不舍，握手告别，短短几天，我们成了好朋友，他们说以后出去还要找我们旅行社，还要找我带团……"这是领队李阳在其"领队日志"中的一段话。集结、带队、办理手续、联络接待方、了解团内成员情况，对李阳来说，每次常规的带团任务，都能经历许多趣事与突发情况。"许多人羡慕领队能带团出境，殊不知这背后是我们巨大的付出。领队工作广而细，每次回来，我们都会向公司提交相关汇报。现在能通过网络日记展现我的工作，非常有意思。"

　　领队日志展示是浙江省旅游培训管理中心专门组织的一次业内交流活动。由于对领队的职业能力很难进行量化打分，因此全国几乎没有相关比赛，领队之间很少能通过官方活动进行交流。为此，浙江省旅游培训管理中心搭建了专门的领队日志展示平台，通过展示领队日志，让领队之间可以相互学习借鉴各自在带团过程中的心得体会，以更好地为游客服务。

案例点评
7-2-1

领队日志

　　资料来源　佚名. 领队的幸福［EB/OL］.［2011-07-25］. http：//roll.sohu.com/20110725/n314411073.shtml.

课后思考与实践

　　请大家分组讨论，在旅游结束之后，如何维护和游客良好的关系？

下 篇
新型导游服务

　　2013 年 2 月，国务院发布《国民旅游休闲纲要（2013—2020 年）》，提出了"逐步推行中小学研学旅行"的设想。2014 年 8 月 21 日，国务院《关于促进旅游业改革发展的若干意见》，首次明确了"研学旅行"要纳入中小学生日常教育范畴。2016 年年底，教育部等 11 部门联合印发了《关于推进中小学研学旅行的意见》。此后，多个关于"研学旅行"的文件陆续出台。

　　如今，"研学旅行"在国内逐渐迎来高速发展，市场前景广阔。研学旅行的服务对象主要是中小学生，研学旅游线路具有教育性、文化性和专业性，传统的导游服务很难满足需要，必须发展专职的研学旅行接待队伍，提供符合中小学生心理特点的、能够实现研学旅行目的的服务，从而适应研学旅行的发展需要。

项目概述

研学旅行是以中小学生为主体对象，以集体旅行生活为载体，以提升学生素质教育为教学目的，依托旅游吸引物等社会资源，进行体验式教育和研究性学习的一种教育旅游活动。研学旅行与其他旅游产品有显著的差异，要提供适应市场需求的研学旅行服务，必须先了解研学旅行及研学旅行服务，才能有的放矢。

项目结构

本项目结构如图8-1-1所示。

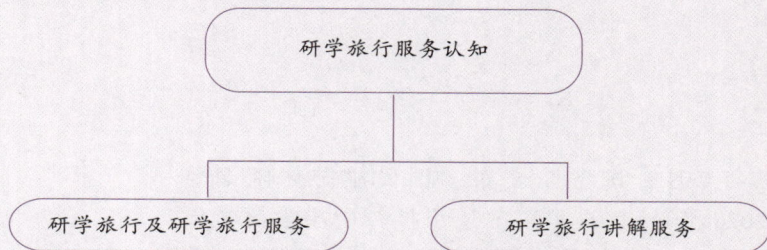

图8-1-1 项目结构图

任务一 研学旅行及研学旅行服务

任务目标

准确认识研学旅行是向旅游者提供良好研学旅行服务的前提，这主要包括熟悉研学旅行的概念、内涵、特征、类型和意义，以及研学旅行服务的内容等。

素养目标

通过对研学旅行这一导游发展新领域的解读，培育学生业态融合发展的改革创新发展精神。在研学旅行基本服务内容的教学实践过程中，增强学生的旅游职业道德，使学生牢固树立"因人而异、因时而变、因地制宜"的理念。

理论知识

1.认识研学旅行

（1）研学旅行的概念。

研学旅行，又称修学旅行或户外教育，是由教育部门和学校有计划地组织安排，通过集体旅行、集中食宿方式开展的研究性学习和旅行体验相结合的校外教育活动，是学校教育和校外教育衔接的创新形式，这种在校外环境中跟随教师学习特定知识与技能的学习方式，可以说是人类历史上最自然有效和最早的教育方法。

为顺应研学旅行发展的新趋势，推动研学旅行模式新的发展，我国在 2016 年由教育部等 11 部门联合印发了《关于推进中小学生研学旅行的意见》（以下简称《意见》）。《意见》指出，要将研学旅行纳入到各级中小学的教育教学计划当中，并与现阶段开展的综合实践活动课有机结合统筹考虑，以促进学生核心素养水平的全面发展。

（2）研学旅行的内涵。

①研学旅行是"做中学"的体验性学习。研学旅行应当是体验式的、真实的社会活动，是基于发现学习的原则，创造出了解对象、概念和操作的教育教学新方式，它的首要目的就是依托旅行让学生进行体验式的学习活动，这种学习要求将学生置于实际情境当中，通过自身所经历的高质量的体验来获得发展，学习主题更为强调人与自然及社会的关系，有效地促进书本知识和生活实践经验相融合。

②研学旅行是构建学习共同体的合作学习。研学旅行是在轻松、愉快、活泼的环境中激发学生的天性和乐趣，并将不同学习能力的学生结合起来以形成和建构出学习共同体。也就是说，研学旅行是一种合作学习的表征形式。这种共同体下的学习更为关注和培养学生在集体协作活动中的沟通交往能力、协作对话能力、批判思考能力等。

③研学旅行是跨领域、多学科的综合性学习。研学旅行不是常规的单一分科教学，它需要跨越与融合多元学科和领域来达到其所希望实现的教育目标。现阶段教育方针要求培养中小学生所必备的核心素养，而学生的核心素养发展必然是全方位、多维度的，要涉及各学科、各个领域的知识和能力，而这种跨界素养就可以很好地通过研学旅行的方式来加以培养。

（3）研学旅行的特征。

研学旅行是教育教学的重要内容，是综合实践育人的有效途径。研学旅行的特征主要包括：

①研究性。研学旅行是一种研究性学习活动，必须体现自主学习、合作学习、探究学习等研究性特点，这是研学旅行的首要特征。

②体验性。研学旅行是一种通过体验来达成教育目标的一种育人方式，没有旅行体验就不能称之为研学旅行。

③计划性。研学旅行是一种有计划、有组织的教育活动，是学校教育的重要组成部分。

④团体性。研学旅行是以学校为组织单位的集体旅行活动，它与学生个人外出旅行、学生与家人外出旅行、学生之间自发组织的外出旅行是有区别的。

⑤社会性。研学旅行是一种社会教育活动，学生必须到广阔的社会中去体验、去活动、去研究、去感悟。

⑥生活性。研学旅行过程中的集体住宿、集体活动、集体交往等，是非常重要的课程资源，研学旅行是一种体验教育方式、社会教育方式，更是一种生活教育方式。

（4）研学旅行的类型。

虽然研学旅行具有较强的复杂性、灵活性和不可预测性，但是总体上来说它仍然是被设计和规划的学习活动。研学旅行可以被大致分为自然探究式、文化考察式、体验学习式和地方本位式四种主要类型，各种类型之间存在交叉和渗透，以便更好地提升研学旅行的效用与价值。

①自然探究式。自然环境对研学旅行来说是最为重要的一种资源，学生可以通过自然探究对自然环境形成深层次的感受与理解。通过自然遗产考察、野外生存探险、动植物观察等形式，可以让学生接触自然、感悟自然，产生对自然环境的熟悉感、亲密感，形成正确的环境价值观念，有助于提升学生对环境保护的意识和兴趣。

例如，日本学校为了使学生正确的形成、理解和分析关于水资源保护的经验，从水俣病的实际案例出发，去研究水的成分和水流动的因素，实地探究水资源保护区，并检查会对水源造成污染的物质和原因。这样就构建了教育、旅行与水资源保护为一体的基于河流湖泊之旅的自然探究式研学旅行。

②文化考察式。除了对自然环境的探究之外，研学旅行的另一个重要形式就是文化考察。参观历史文化景点主要是让学生了解和认知我国优秀的传统文化，感受中华文明的魅力，提升学生对中华文化的认同感和自豪感，培养国家意识并使学生传承和汲取传统文化中的精华。瞻仰红色革命圣地是要让学生近距离感悟到老一辈革命家为国家的独立和振兴所进行的艰苦奋斗，将课本中的故事通过实物展现出来，让学生在爱国主义情感教育上得到提升。与此同时，跨文化考察形式的研学旅行也成为新的热点和趋势，通过让学生实现跨国家/地区的交流和访问，感受不同的文化对他们带来的冲击，增强对各类文化的理解能力与包容力。

③体验学习式。这种类型的研学旅行能够让传统学校课程从过分偏重知识概念的学习转向校外真实情境的体验式学习，唤起学生的渴望与兴趣，增进友谊、善意、美感、合作的多元学习价值。体验学习式的研学旅行以体验为核心，注重活动过程中的个人体验和参与。从目前研学旅行发展的趋势来看，主要还是生活体验式的项目更受欢迎。该类研学旅行通常为了满足学生学会动手动脑、学会生存生活的需要。

④地方本位式。研学旅行是通过学生与环境互动，创设出完整的真实情境和学习经验。家乡是学生最主要的学习和生活场域，是所在地学生最亲切、最熟悉、最为重要的学习环境。这类研学旅行一般以学校所在的地区为基础开展活动，除了对周边自然地理环境的认知之外，还将当地的历史、乡土文化、经济和社会发展等方面向学生进行传授，让学生充分认识到家乡之美，使学生对"生于斯，长于斯"的家乡充满自豪感，且愿意为其发展而奋斗。

（5）研学旅行的意义。

开展研学旅行，有利于促进学生培育和践行社会主义核心价值观，激发学生对党、对国家、对人民的热爱之情；有利于推动全面实施素质教育，创新人才培养模式，引导学生主动适应社会，促进书本知识和生活经验的深度融合；有利于加快提高人民生活质量，满足学生日益增长的旅游需求，从小培养学生文明旅游意识，养成文明旅游行为习惯。

2.研学旅行服务的基本内容

（1）导游讲解能力。扎实的地方旅游资源知识储备是进行导游活动的基础，流利的讲解技能是完成研学活动的关键要素。游览过程中研学服务人员要担任活动讲解、活动主持，能根据不同层次研学主体的组织开展活动，引导其按活动方案游览、研究、学习、总结。

（2）研学课程方案设计能力。研学课程是研学旅行产品的核心元素之一，包括前期课程设计—中期课程执行—后期课程服务。研学课程要根据中小学生的特点，从教学目标难度设置、知识植入、各环节教育功能链接、外部环境的安全性、突发事件的预判等方面进行全面统筹设计。

（3）教学活动组织能力。研学旅行的服务对象是中小学生，通过研学实践活动来实现教育目的，在游览中体验、感悟，引导学生们增长对中华优秀文化的认知，增强民族自豪感和文化自信，协助学生们建立完整的人格、性格与品格。这就要求研学服务人员要具备高超的教学技巧，懂得一定的教育学、心理学知识，掌握每个孩子不同年龄段的心理特点和沟通技巧，能寓教于乐地完成教学目标。

（4）安全意识、应变能力和突发事件处理能力。安全是旅游业的生命线，是旅游活动顺利开展的基础和保障。研学旅行是在户外进行的集体活动，其服务对象的中小学生正值活泼好动、对一切充满好奇的年龄，研学活动在开放的公共场所进行，各种突发情况难以预料，这就要求研学服务人员能及时发现、及时处理，确保研学活动按计划完成。

知识拓展
8-1-1

研学旅行和传统旅游的联系与区别

任务实施

根据研学旅行服务的要求和活动本身的特质，对于研学导师的评价应该理实一体化，即理论部分和实践部分相结合，一般应该包括团队服务的基本知识和活动过程中突发状况的处理。同时，因为研学活动是以教育为主的，所以教育板块也应该纳入其中。

步骤一：掌握研学活动服务规范

看研学旅行组织机构的活动计划表；根据研学活动的主要程序，准备并安排研学活动的接待任务；安排线路、用车、用餐、入住等相关准备工作；安排迎接学生的准备工作，致欢迎词；提供抵站、停留和离站等服务；核对和商定日程安排，妥善处理接待变更等情况；按规范提供参观游览服务；提供途中讲解教育服务；根据研学旅行对象和需求的不同，提供不同的讲解和服务方式；按规范提供送站服务，致欢送词；处理后续工作。

步骤二：掌握研学活动服务应变能力

能判断迎送服务中的漏接、空接、错接事故，并根据迎送服务中的漏接、空接、错接采用不同的处理流程和预防措施；能处理误机（车、船）事故；能根据行李破损和遗失的处理流程处理相应问题，会行李破损和遗失的预防措施；能根据火灾事故的处理流程处理相应问题，会火灾事故的预防措施；能根据物品丢失的处理程序处理相应问题，会物品丢失的预防措施；能根据学生走失的处理程序处理相应问题，会研学团队走失的预防措施；能根据研学团队患病、死亡事故的处理流程处理相应问题；能判断旅游交通事故的种类，采用不同的处理流程和预防措施解决可能出现的旅游交通事故；能对常见自然灾害采取正确的应对措施；能明确旅游事故的责任归属；能熟悉法律法规，会按照规定协商处理各类事故问题。

步骤三：掌握教育教学知识

会利用教育学、心理学的基础知识和理论分析、解决研学旅行中的实际问题；会根据学生身心发展的规律和特点，运用德育教育理论和方法在研学旅行中有针对性地开展德育教育活动；会根据学生学习的规律，指导学生有效学习；会根据对象的不同，设计与规划研学课程。

步骤四：掌握安全急救知识

会识别面临的安全故障情况；能用正确的知识与方法进行救护；能进行外伤止血；能用两种以上方法进行创伤包扎；能在有夹板和无夹板的情况下进行有效的骨折固定；能徒手或者在有同伴的情况下进行搬运护送；能进行心肺复苏术（CPR）和气道异物梗阻急救。

随堂测验
8-1-1

任务一

任务评价

通过实施以上步骤，是否达成了该项任务目标和素养目标呢？请对完成任务的情况做出评价，见表8-1-1。

表8-1-1　　　　　　研学旅行及研学旅行服务任务评价表

评价内容	完成情况			
	优	良	中	差
掌握研学活动服务规范				
掌握研学活动服务应变能力				
掌握教育教学知识				
掌握安全急救知识				
具有业态融合发展的改革创新发展精神，树立"因人而异、因时而变、因地制宜"的理念				

任务二　研学旅行讲解服务

◎　**任务目标**

　　研学旅行的讲解服务需要结合学生身心特点、接受能力和实际需要，结合教育目标，因地制宜、因人而异提供讲解。研学旅行的对象主要是学生，既不同于教师上课的模式，也不同于导游一般的带团讲解模式，要打造一支专业化的讲解队伍，体现研学旅行的重要意义。通过掌握研学旅行讲解服务提升的要点，树立对研学讲解的正确认识。

◎　**素养目标**

　　通过对研学旅行讲解服务要点的把握，培养学生游客至上的服务意识和尽职敬业精神。讲好中国故事、讲好华夏风情、展现大国风采。在讲解词撰写实践中，激发学生对祖国大好山河的热爱，推进中华优秀传统文化的传承与创新，提升民族自信心和自豪感。

理论知识

　　目前，研学旅行模式还不够成熟，旅游行业还缺乏实践经验，导致专门人才不多、解说能力层次不一。研学导师型导游在讲解的过程中，不能只照搬千篇一律的神话故事，应该强调讲解内容的科学性，也不能把科学讲解或者故事讲解作为唯一的讲解内容，应当适当弱化科学性，增强科普性与娱乐性，在实践中不断提高研学讲解服务的能力和水平。

任务实施

　　步骤一：加强讲解内容的科普教育价值

　　研学旅行与传统观光旅行的差别在于，研学旅行能够集教育和旅行为一体，让学生们能够在旅游中学到知识、丰富认知。参与研学旅行服务的导游员在自然类、科技类研学基地讲解中要注重内容的科普性，平时需加强地理、自然科学、科技知识的积累，讲解过程中可以采用问题引入的方法，虚实结合，加强自然、地理、环境等价值的解说，向学生们普及多学科知识。例如，在讲解地质公园时，可以先请学生们辨别岩性，调动学生们的参与性；接下来介绍岩石的成因，引出该类岩石的科研价值；还可以结合岩石的外部形态和内部结构，引出岩石的美学价值。

　　步骤二：加强讲解内容的历史文化价值

　　知识的积累是导游解说内容得以丰富的基础，因此要加强研学解说技能，需要提高导游的科学文化素质。尤其是文史类的研学基地，一方面要了解本基地的历史

导游讲解
8-1-1

南京绒花

发展、文化特征，另一方面要加强相关历史文化知识的积累。例如，在南京牛首山景区的讲解过程中，参与研学旅行服务的导游员不仅要掌握牛首山的历史和佛教文化的渊源，还需要对佛教的历史和相关文化有所了解，不断扩充知识储备，以提升自己的专业素养和文化素质，更好地服务于学生和游客。

步骤三：不同资源类型讲解——因地制宜

在景点讲解过程中，参与研学旅行服务的导游员针对自然景观和人文景观应灵活选择讲解角度，因地制宜地将景观特征和地域特色传递给受众。例如，对地文景观可以从山体形态、景观相映、历史人文等角度去讲解；对植物景观可以从形态机理、分布规律、性能价值等角度去介绍；对古建筑可以从功能特征、构建风格、科学原理和历史地位等角度去讲解；对古典园林可以从造园艺术、自然法则、文化内涵和审美规律等角度去引导学生们欣赏。

步骤四：不同研学主体讲解——因人而异

不同学龄阶段的学生有各自的生理结构和心理特征，需要讲解员根据讲解对象的需求，因人而异，针对性和选择性地介绍讲解。例如，三、四年级的小学生处于形象思维向抽象思维转变的转折期，参与研学旅行服务的导游员在讲解过程中要注意语言形象生动，富有感染力而准确，语速稍微缓慢，多使用提问式和启发式的沟通方式，在激发兴趣的同时注意科学、美学和爱国主义教育。而初中生处于身心发展的成长过程中，情绪、意志等还不稳定，思维活跃，具有很大的可塑性，因此讲解过程中要能激发他们的兴趣和挑战愿望，引导学生们去探究和寻找答案，帮助他们建立层次化、体系化的知识结构。

随堂测验
8-1-2

任务二

任务评价

通过实施以上步骤，是否达成了该项任务目标和素养目标呢？请对完成任务的情况做出评价，见表8-1-2。

表8-1-2　　　　　研学旅行讲解服务任务评价表

评价内容	完成情况			
	优	良	中	差
加强讲解内容的科普教育价值				
加强讲解内容的历史文化价值				
不同资源类型讲解——因地制宜				
不同研学主体讲解——因人而异				
树立游客至上的服务意识和尽职敬业精神，讲好中国故事、讲好华夏风情、展现大国风采				

案例共享

研学旅行：上好"第二课堂"

暑期来临，研学旅行的热度随之上升。近日，多地举办研学旅行主题论坛、发布研学旅行精品线路，或者出台相关规定。研学旅行一头连着旅游，另一头连着教育，其发展质量的高低不仅决定着这一旅游业细分领域的发展前景，也对这个"社会课堂"的参与者们有着重要影响。

"学在天地间"

贾墨涵是北京市的一名小学生，近日，他读到一篇关于在天坛公园植树的文章，去天坛公园"寻树"成了他和几名同学共同的心愿。于是，几位家长组了一个小团队，并邀请了一位研学旅行指导老师，去天坛公园进行了一次短暂的研学旅行。虽然是奔着"寻树"而来的，但是带队老师还是给孩子们做了一次全面的讲解，包括天坛公园的历史、建筑特色、植物知识、环保故事等，让孩子们了解了许多课本之外的知识。"大自然是个大课堂，社会是个大课堂，让孩子们到广阔天地中学习。我想通过一次次的研学旅行，孩子们一定会从中获益。"贾墨涵的妈妈表示。

受新冠肺炎疫情的影响，研学旅行的开展也受到了一定的影响，尤其是在博物馆、纪念馆等室内场所开展的研学项目。疫情防控常态化以来，一些研学旅行机构也在适时调整，推出一系列户外研学活动。北京一家儿童研学旅行机构在控制团队人数、做好疫情防控的基础上，在京郊开展了自行车骑行、徒步、爬山等活动。该机构带队老师安女士告诉记者："目前，我们的研学旅行活动以自然、植物、历史、文化等为主题，在户外活动中给孩子们讲解动植物知识，带领孩子们学习传统手工艺，如木工等。同时，通过线上活动给孩子们开设文化、历史课堂。"

6月底，浙江金华磐安开展了系列研学旅行活动，公布了22家金华研学旅行基地、3家研学营地，传统文化、历史、科普等是这些基地的特色。让孩子们在游中学到更多、学得更有趣，已成为越来越多研学旅行机构的努力目标。

爱国处世修身

2019年11月，中共中央、国务院印发《新时代爱国主义教育实施纲要》（以下简称《纲要》），《纲要》指出："爱国主义是中华儿女最自然、最朴素的情感。要坚持从娃娃抓起……""广泛组织开展实践活动……密切与城市社区、农村、企业、部队、社会机构等的联系，丰富拓展爱国主义教育校外实践领域。"

研学旅行应当成为广大中小学生爱国主义教育的重要途径。

近年来，红色旅游景区、景点成为研学旅行的重要目的地之一，中小学生在这些景区、景点游客中所占比例逐年增加。讲解员、导游员、领队等也对自己的讲解、导览进行了相应调整。安女士多次带领研学团队前往河北西柏坡、山东临沂、陕西延安等红色旅游目的地。"低年龄段的孩子们对共和国历史的了解有限，大部分来源于书本和影视作品，有些并不准确。"安女士说，"面向不同年龄段的学生，我们的讲解需要做出不同的调整，用他们能够理解的语言讲清楚历史，对讲解员或研学指导老师的要求比较高。"

去年暑假，天津游客周先生带孙子前往延安梁家河，通过观看展板等文字介绍、实地参观、听讲解，许多从新闻、书本中累积起来的零散印象，慢慢组合成清晰的形象。"对一个10岁的孩子而言，直观的感受给他的印象更深刻。"周先生说，"我们明显感觉到，延安之行对孩子的影响还是很大的，他对爱国的认识更加深刻，也对自己入少先队的誓词有了新认识。"

安女士介绍，对孩子们进行爱国主义教育，让他们学会正确的处世修身之道，已成为社会各界对研学旅行的期待。

期待品质提升

从推向市场以来，研学旅行就受到各界关注，同时因其存在的准入门槛较低、从业人员素质参差不齐、研学旅行产品同质化严重、"华而不实"等问题而受到质疑。受到新冠肺炎疫情的影响，许多研学旅行机构推出线上研学产品，也使得以"体验"为核心的研学旅游质量大打折扣。未来，研学旅行如何复苏并提升质量，成为现阶段各研学旅行机构能够走出困境、寻求更大发展必须考虑的问题。

针对研学旅行中存在的问题，全国政协委员徐利明建议，应当坚持学校主体原则，细分研学市场，开发多层次的研学产品，并加强对研学旅行导师的培训，提升研学机构的从业水平；此外，还应建立科学的评价及监督机制，指导研学机构规范发展。

在疫情防控常态化阶段，研学旅行机构又应如何发展？中国旅行社协会研学旅行分会秘书长唐燕柳指出，研学旅行企业要保护好核心竞争力，做到停产不停业，利用停产期间做好内部企业的业务管理，包括管理流程梳理、产品再定位、课程品质升级等，积极拓宽课程宽度和深度以及课程跨学科的融合，变危机为转机，同时更要保持行业自信，不被市场现状打倒。

"我们期待孩子的每一次研学旅行都能真正做到寓学于游。"贾墨涵的妈妈表示，作为研学旅行的消费者，家长们对研学旅行满怀期待。

资料来源　尹婕. 研学旅行：上好"第二课堂"［N］. 人民日报（海外版），2020-07-08（12）.

案例点评
8-1-1

研学旅行：
上好"第二
课堂"

思政专栏　✔ ----------------------------------- ●

研学旅行如何真正成为"行走的课堂"

在这个即将结束的暑假，"研学旅行"再度成为许多中小学师生和家长共同关注的季节性热词。一些中小学从素质教育的角度考虑，希望让更多学生走出课堂参与社会实践；更多的学生家长则认为孩子起早贪黑辛苦大半年了，让他们出去走走看看，一方面可以放松放松，另一方面也能丰富知识和阅历。孩子们呢？一个学期下来，他们对"出去"的渴望不言而喻。

家长、学生和学校的共同需求，使"研学旅行"越来越热，"研学市场"越来越大。2016年，教育部等11部门联合印发了《关于推进中小学生研学旅行的意见》；2017年，教育部又印发了《中小学综合实践课程指导纲要》。这两个文件对如何规范研学旅行，如何实现中小学阶段实践活动的课程目标提出了明确要求。

怎样才能让研学旅行真正成为"行走的课堂"？如何通过研学旅行强化实践育人、落实立德树人的根本任务？越来越成为参与各方尤其是相关学校高度重视的问题。

正是在这样的大背景下，重庆八中宏帆中学自2011年便探索将研学旅行作为一门课程，逐步形成完善的"活动育人"的研学课程体系。根据"活动育人"的研学课程体系，"研学"的地点可以在校内也可以在校外，可以在重庆市内也可以在重庆市外；"研学"的内容可以是天文地理也可以是历史军事，可以是"柴、米、油、盐、酱、醋、茶"，也可以是华夏文明五千年；学生代表和家长代表可以投票决定"去哪儿"，但不管"去哪儿"，都必须创造"身临其境"的学习以拓展学生的思维和眼界，力求每次研学旅行都成为孩子们终生受益的人生经历。学校甚至不惜每年拿出一周的上课时间，将正在书桌上埋头苦读的孩子们"赶"往"行走的课堂"。

但要让研学旅行真正成为"行走的课堂"，并不是一件容易的事。

更确切地说，这其实是一件稍有不慎就会引发争议的事。怎样才能让研学旅行真正成为"行走的课堂"？对于许多正跃跃欲试或者已经开始做但还不是很得要领的学校、师生和家长来说，重庆八中宏帆中学7年来的实践探索或许可以提供一些借鉴：

首先，研学旅行是课堂的有机组成和有效延伸。"行走的课堂"是为了将孩子们在课堂上、书本中所学的静态课程转化为动态课程，使其成为孩子们早期"学以致用"的手段和重要的人生体验。从这个意义上来说，"研学"对学校和教师做好"研"和"学"的备课工作要求，至少应该不比正常课程的标准低；否则，学生和家长可能就会觉得浪费了时间和金钱。

其次，研学旅行应该是基于完整的研学教育理论、完善的研究教育课程的教育实践活动。研学教育理论和研学教育课程应该以《关于推进中小学生研学旅行的意见》和《中小学综合实践课程指导纲要》为依据。教育理论上从理论框架、教育目标到研学规划，课程研发上从课程目标确认、产品定制设计到行前、行中、行后的实践课程研究等方面，形成层层推进强化实践体验、追求学生参与及成长的逻辑闭环。

最后，研学旅行从实施和实践的角度出发应该包括从出发的"最初一公里"、过程中的"每一公里"、结束前的"最后一公里"的所有"研""学"环节。"最初一公里"包括出发说明、研学纪律、责任分担和落实等方面；过程中的"每一公里"既包括严格实施既定方案，也包括根据实际效果及时调整和完善既有方案；"最后一公里"包括安全返程和评估总结等方面。

从研学教育理论、研学教育课程开发、研学教育实施三个维度立体构建研学教育的闭环逻辑，有利于引导学生用自己的眼睛观察社会，用自己的心灵感受社会，用自己的思考探究社会，从与自然、历史和社会方方面面接触中获得更真实的自我体验，从而建立起学习与生活的有机联系。

　　正如该校一些学生在云南参观澄江化石展览馆后发出的感慨："在这个伟大的地方，我们从未如此认真地思考：生命是什么？它从哪里来，要到哪里去？花草为什么是花草，我为什么是我？我能是我，这是多么幸运！"也许正是这样的思考和体验，证明了研学旅行可以成为让学生"身临其境"学习、拓展思维和眼界、丰富知识和阅历的"行走的课堂"。

　　资料来源　张国圣. 研学旅行如何真正成为"行走的课堂"［N］. 光明日报，2018-08-30.

　　思政关键词：创新精神　文化传承

课后思考与实践

　　请仔细阅读下面的讲解词，分析并领悟研学旅行讲解服务的要领，并选择你感兴趣的景点撰写一段讲解词，进而思考研学旅行产品开发需要体现的特征和注意事项。

　　读万卷书，行万里路。各位同学大家好，今天我们的研学课堂就来到了苏州舟山村的核雕艺术馆。

　　大家请看眼前这座照壁上的文章，"旁开小窗、左右各四、共八扇。启窗而关，雕栏相望焉。"若但看这句古文，恐怕没人有会将这八扇可开启的窗与这小小的果核联系起来。明代散文学家魏学洢的这篇《核舟记》就向我们展现了核雕精湛的工艺。

　　通过行前的学习同学们已经了解到，核雕是在植物的果核上利用其外形的特点或者起伏的变化，雕刻出各种人物、走兽、山水、楼、台、亭、阁等。同学们也查到它的原材料有桃核、杏核、橄榄核等，果核原本是人们食后的废弃物，但是这小小的果核却成了艺人们发挥想象和施展刀工的载体，是不是也充分体现了匠人的匠心呢？

　　大家不妨思考一下，一件核雕作品，是否能够成为佳品，除了雕工以外，最关键的是什么呢？没错，是构思。果核有大有小，形态各异，核质有厚有薄，颜色也不同，所以要根据经验，在保持果核外型的前提下因材施艺，表现奇巧的工艺特色，可以说是毫厘之间，集大千世界之妙。正因如此人们也称核雕为"鬼工技"。

　　好了同学们，纸上说来终觉浅，绝知此事要躬行，接下来让我们欣赏眼前的这件作品——《太湖霞光》，请大家思考它的原材料和构思又是怎样的？请同学们把想法上传到研学平台，大家一起分享交流。

项目二　研学旅行产品开发

◎ **项目概述**

　　开发合理的研学旅行产品需要兼顾学习和旅游的双重功能，突出研学主题和地域特色，同时符合学生的年龄和身心特点，利于激发学生的研学旅行兴趣，增强其生活体验和热爱家乡的情感，从而最大限度地提高研学的综合效果。开发研学旅行产品要基于校本文化和学生认知特点，包括设计主题、甄选教育资源、设定教育目标、策划探究活动等，既要满足课程的一般规定性，又要体现教育目的。

◎ **项目结构**

　　本项目结构如图8-2-1所示。

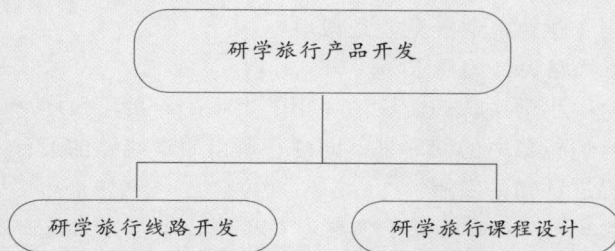

图 8-2-1　项目结构图

任务一　研学旅行线路开发

◎ **任务目标**

　　合理的线路规划是高效开展研学旅行活动的重要保障。一条设计合理的研学旅行线路能够统筹旅游活动的各大要素。从时间上来看，能合理安排日程，学习、体验和游玩穿插进行，实现劳逸结合；从空间上来看，能合理串联各个景点，线路简洁，最大限度地节约时间和经济成本，提高旅行的效率。

◎ **素养目标**

　　通过目的地旅游资源分析，强化社会主义生态文明建设观和中国传统文化自信；在研学旅行的教学实践中，培育学生精益求精、创新发展的工匠精神，推动学生热爱钻研的态度养成，提高专项职业技能，促进中国服务迈向中高端。

导游实务

186

在线课堂
8-2-1

研学旅行
线路设计

理论知识

1.研学旅行线路设计的原则

（1）典型性原则。研学旅行沿线的地理事物要真实典型。

（2）可行性原则。研学旅行沿线的景点要与研学主题相适应，要有必要的基础设施和配套设施，且有一定的接待能力。

（3）经济性原则。在保证研学旅行效果的前提下，线路设计还应考虑所选地理事物的位置和距离。短线路的研学旅行，尽可能选择分布集中的研学点；长线路的研学旅行，尽量选择呈环线分布的研学点，以节约研学成本。

（4）兼容性原则。研学旅行线路应主题鲜明（以一个主题为主），但也可以兼顾其他研学内容。

（5）安全性原则。要确保开展研学旅行活动的地点没有安全隐患，要密切关注当地的天气预报，尽可能避开危险地段。

2.研学旅行线路设计的要求

（1）要符合中小学生认知阶段。中小学生每个年龄阶段的感知、注意力、记忆力、思维、语言、想象力的发展是不同的，所以研学线路的设计不仅要符合认知阶段，还要能够促进认知的发展。

例1：小学三年级之前的孩子偏重形象思维，十岁左右是形象思维向抽象思维转变的转折期。因此，在设计研学线路时要注意对其抽象思维能力的培养，可以适当安排参观画廊、博物馆、科技馆等景点，促使小学生们更多地运用他们的抽象思维能力。

例2：注意力是人的心理活动指向和集中于某种事物的能力。良好的注意力是学习的重要保障，注意力要具有稳定性、广度、分配性和转移性，尤其是小学低年级阶段，注意力很容易分散。因此，在设计研学线路时要注意不能同时开展过多需要专注力的活动，如不能参观完科技馆后又去参观自然博物馆。

（2）要注意体现知行合一。知行合一，其中"知"不仅包括理论知识，还包括道德规范（即良知）和事物之理（即知识）。推进研学旅行本身就是让学生真正做到知行合一。但是，不能仅局限于践行知识，更要注重培养学生的社会良知。

因此，在设计研学线路时要注意结合地方特色，推进学生在研学旅行中去回味课堂所学，更要通过眼睛所看到的、亲身所感受到的东西去提升眼界和内在修为。最终在研学旅行的过程中去加强对课堂所学知识的印象，同时能更多地引发思考。

例1：安排庐山秀峰景区一日游，带学生去看"飞流直下三千尺，疑是银河落九天"的壮丽景色，同时在爬山的过程中体验来自同学之间的关爱和友谊。这比背几首古诗更有价值。

（3）要符合学生的体质发展阶段。身体素质是在运动中表现出来的各种机能能力，是衡量机能状况的重要指标，身体素质包括力量、速度、耐力、柔韧性和灵敏度。青少年时期，由于大脑皮质兴奋性和提高过程灵活性高、反应快，小学阶段是发展速度素质的良好时期，但力量素质和耐力素质差一些，因此根据中小学生的身体素质特点安排线路，可以注意体现速度，但不能长时间的重复体能动作。比如，安排小学生爬山，就不能安排山路特别长或者连续山路特别长的线路，可以在连续爬山的中间安排一些休息活动，才能保证学生高质量地体验到研学旅行的乐趣。

（4）要注重团队协作的培养。团队协作能力，是指建立在团队的基础之上，发挥团队精神、互补互助以达到团队最大工作效率的能力。对团队的成员来说，不仅要有个人能力，更需要有在不同的位置上各尽所能、与其他成员协调合作的能力。

在社会分工越来越细的背景下，学校教育要非常注重团队精神的培养，研学旅行是培养团队精神的重要渠道，因此研学线路的设计要考虑团队精神的培养，多涉及一些协作才能完成的项目。比如，设计带有一定挑战的团队协作游戏，让学生们在自然山水的怀抱中体味到游戏的乐趣，感受到来自其他伙伴的团队力量。

任务实施

步骤一：依据研学目标，初选资源

首先，将区域范围内的研学资源纳入初选范围，包括自然人文景区、工业基地、农业基地、高等院校、社会公共服务机构等；然后，依据研学主题和基本要求进行筛选，要能够开展基本的研学活动，安全有保障。

步骤二：融合教学目标，定点建库

在初选研学资源的基础上，进一步遴选研学线路中的"点"，研学点的选取主要依托已开发的旅游景点，但又不仅仅局限于此，选取的标准主要有：①与教材或教学目标的融合度较高；②有利于学生核心素养的培养；③相关信息准确可靠，特别是对还没有开发成熟的旅游景点，线路设计者必须进行实地考察。

步骤三：合理高效串点，初定线路

将研学点进行合理的串联、组合是规划研学旅行线路的核心。不同研学点的功能、风格、游览价值和教学价值各异，要依据研学主题和目标、学生身心特点，兼顾时间和经济成本，合理安排研学点的空间顺序。

步骤四：实地探访考察，完善线路

初步确定线路后，可以先进行实地考察，以便发现问题并及时修正，对活动内容和方式进行完善，如有必要也可以调整景点。

随堂测验
8-2-1

任务一

任务评价

通过实施以上步骤，是否达成了该项任务目标和素养目标呢？请对完成任务的情况做出评价，见表8-2-1。

表8-2-1　　　　　　　　　　研学旅行线路开发任务评价表

评价内容	完成情况			
	优	良	中	差
依据研学目标，初选资源				
融合教学目标，定点建库				
合理高效串点，初定线路				
实地探访考察，完善线路				
树立社会主义生态文明建设观和中国传统文化自信，具有精益求精、创新发展的工匠精神				

知识拓展
8-2-1

江苏省文旅厅发布研学旅游产品手册

任务二　研学旅行课程设计

◎　**任务目标**

　　开发研学旅行活动课程不是面向大众需求生产旅游线路，而是基于校本文化和学生认知特点定制研学旅行，包括设计主题、甄选教育资源、设定教育目标、策划探究活动，既要满足课程的一般规定性，即课程目标、课程资源、课程组织、课程评价，又要体现教育目的，即自主性、实践性、开放性、整合性。

◎　**素养目标**

　　通过研学课程开发的步骤和方法教学实践，培育学生的职业责任感，以及尊重规律、开拓创新的职业品格和行为习惯。内化以"爱国主义"为核心的民族精神和以"改革创新"为核心的时代精神，强化并应用社会主义生态文明建设观和中国传统文化自信。

理论知识

在线课堂
8-2-2

研学旅行课程开发

　　小学阶段的研学旅行课程设计应以游览、观光、体验为主，重视游戏性、艺术性内容，减少讲授，以满足这一年龄段学生好玩、喜动的天性。初中阶段的研学旅行课程应设计更多理解性内容，适当增加竞赛、参与、探索性内容，以满足这一阶段学生强烈的求知欲、好奇心。高中阶段的研学旅行课程内容要以知识的拓展、理论的应用、综合性体验、研究性学习为主，辅之以观光、考察、游历等活动。

　　研学旅行课程包含了课前、课中、课后三个阶段，课前阶段是研学旅行的准备阶段，课中阶段是研学旅行的实施阶段，课后阶段是研学旅行的总结阶段。

1. 课前阶段

课前阶段是研学旅行课程实施之前的准备阶段。这个阶段要做好课程方案上报、选择机构、确定路线、实地考察、方案确定、学生教育等很多准备工作。但是，最核心的是做好三件事情。

第一件事情是课程目标的确定。确定课程目标是做好其他准备工作的最基础、最重要的工作内容。这个目标主要是确定大的课程目标，如有的学校选择齐鲁文化研学旅行课程，并把泰山、曲阜、济南作为研学旅行目的地，称之为"一山（泰山）、一水（趵突泉）、一圣人（孔子）"。

第二件事情是组织架构的建立。研学旅行课程属于室外活动课程，课程组织的有序性、安全性、教育性是非常重要的课程目标，而这些课程目标的实现，关键是要建立起研学旅行课程的组织架构。这种组织架构除了干部、教师、学生三位一体的关系网外，最根本的是学生自我管理组织体系的建构，自我管理、自我教育应该成为研学旅行课程最主要的管理方式和教育方式。

第三件事情是研学旅行手册的编制。研学旅行手册是整个研学活动的行动指南，也是实现自我管理、自我教育的基本保障。研学手册应该包括研学旅行组织架构、联系网络、课程简介、行程安排、研学课题等方面，研学手册应该力求做到明确具体、操作性强。

在线课堂
8-2-3

研学旅行
手册编制

2. 课中阶段

课中阶段是研学旅行课程的实施阶段。这个阶段要做的事情更多，而且全部都是行动，最容易出现问题。概括起来，课中阶段主要包括乘车管理、食宿管理、活动管理三项核心内容。

第一项是乘车管理。乘车管理包括往返家庭过程中的乘车设计与管理、通往旅行目的地过程中的交通设计与管理、活动过程中的交通设计与管理，以及乘车秩序、座位安排、文明要求等内容。最好的乘车管理方式是自我管理和小组合作管理。

在线课堂
8-2-4

研学开营
活动示范

第二项是食宿管理。食宿管理属于生活管理，也是安全管理的重要内容之一。较好的食宿管理方式是提前设计好餐桌人员分配、餐桌号、餐桌长，以及住宿人员房间分配、住宿管理制度规定、查岗查房等内容，以便实现食宿管理的有序化、自动化、科学化、效能化，以及食宿管理的学生自治。

在线课堂
8-2-5

第三项是活动管理。活动管理主要是指研学旅行课程的实施过程，目前比较普遍的活动管理方式是以学校、年级、班级为单位的统一管理，这种管理可以保障预设性、有序性，但缺乏灵活性、生成性和个性化。学校可以运用后现代课程理论，为学生设计更多的模块化、个性化、微型化的选择性、探究性、合作性课程。

户外如何
辨别方向

3. 课后阶段

课后阶段是研学旅行课程的评价总结阶段。这个阶段是非常重要的课程学习阶段，也是很多学校容易忽视和轻视的阶段。课后阶段主要包括研学作业的完成、研学成果的展示、研学成绩的认定等内容。

第一，研学作业的完成。按照研学旅行课程的设计，学校会在研学旅行的课前阶段布置研学作业，并在课中阶段体验、探究，回到学校后整理和按要求完成作业。

第二，研学成果的展示。研学成果的展示应该以小组为单位，以体现小组合作学习的效果。研学成果的展示实际上是一种课程评价方式，有利于检验研学目标的实现情况。研学成果的展示还可以实现研学成果的物化和延续，以提升研学的实效性。

第三，研学成绩的认定。研学既然纳入课程，就应该有类似于学科课程的成绩和学分认定系统，这是研学旅行课程规范管理的需要，也是推动学生有效参与研学的重要手段。

任务实施

研学旅行课程设计包含了确定主题、选择资源、活动设计、课程实施、课程评价五个环节。这是研学旅行课程的规范性结构，同时要在五个环节上为学生提供更多的选择性、生成性、个性化课程，以实现现代课程与后现代课程的有机整合。

知识拓展
8-2-2

研学旅行
课程的类型

步骤一：依据课程目标确定课程主题

确定目标是研学旅行课程设计的第一个环节。这一环节要在研学旅行前完成，依据教育部等11个部门印发的《关于推进中小学生研学旅行的意见》，我们将研学目标划分为地理类、自然类、历史类、科技类、人文类、体验类六大方向。在大方向确定之后，根据学校的课程规划、育人目标、年龄特征等确定一次研学旅行课程的主题和目标。

步骤二：根据课程主题选配课程资源

选择资源是研学旅行课程设计的第二个环节。这一环节也要在研学旅行前完成，主要是研学旅行课程的设计者根据研学目标选配典型和适宜的研学旅行基地，确定研学目的地和线路。这是研学旅行课程资源的选择。

知识拓展
8-2-3

课程目标的
设计类型

步骤三：根据课程主题设计活动内容

研学旅行课程的设计者还应该根据研学主题设计研学活动内容。活动内容的确定有两条思路：一条思路是按照学科知识的要求确定研学内容；另一条思路是按照学生发展核心素养，并结合课程资源综合设计研学内容。在课程设计中也可以把活动的设计权交给学生或合作小组，让学生在研学旅行过程中自主生成课程资源，这是一种更高境界和层次的课程资源开发方式。

步骤四：根据主题设计实施研学活动

研学活动实施主要在研学旅行过程中完成，主要内容是按照研学主题、研学资源，亲身到研学基地进行参观、考察、体验、探究、实施研学活动。研学活动内容包含了导游讲解、活动组织、教学辅助、成果采集等方面。

课程实施阶段最容易出现的问题是走马观花或形式主义，这是研学旅行实践中需要注意的地方。实施阶段的"研学性质"是未来研学旅行最大的挑战，需要研学

随堂测验
8-2-2

任务二

机构和学校共同研究、共同探讨、共同解决。

　　步骤五：对照研学目标开展效果评价

　　这一环节主要在研学旅行后完成，也应该渗透在研学旅行前和研学旅行过程中。可以说，课前阶段、课中阶段、课后阶段都应该有研学旅行活动的评价。课程评价的方式多种多样，包括研学作业的完成、研学成果的展示、研学体会的分享、研学成绩的认定等。

任务评价

　　通过实施以上步骤，是否达成了该项任务目标和素养目标呢？请对完成任务的情况做出评价，见表8-2-2。

表8-2-2　　　　　　　　　　**研学旅行课程设计任务评价表**

评价内容	完成情况			
	优	良	中	差
依据课程目标确定课程主题				
根据课程主题选配课程资源				
根据课程主题设计活动内容				
根据主题设计实施研学活动				
对照研学目标开展效果评价				
具有职业责任感，以及尊重规律、开拓创新的职业品格和行为习惯，具有以"爱国主义"为核心的民族精神和以"改革创新"为核心的时代精神				

知识拓展
8-2-4

植物园中的
声光热

案例共享

避免只游不学、走马观花　博物馆研学旅行如何规范

　　日前，国家文物局一则题为《社会机构组织博物馆研学旅行应规范管理提升质量》的文章指出："对于部分社会机构、个人以'博物馆游学'之名，开展粗放的、只游不学、走马观花、名不副实的'研学旅行'活动，损害中小学生利益的行为，表示坚决反对。"

　　依托博物馆自身资源禀赋的文化价值，组织中小学生开展研学活动，是素质教育的一种有效探索与实践。在研学活动中，如何避免流于形式、华而不实，切实提升参与学生的学识素养，达到素质教育的目的，值得各方思考。

　　博物馆研学旅行热出现，助推研学市场逐渐壮大

　　研学旅行是研究性学习和旅行体验相结合的校外教育活动。博物馆因其资源禀

赋和独特魅力，成为各类研学旅行的重要目的地之一。如今，很多中小学校都在组织学生走进博物馆。

北京市北京中学列出了孔庙与国子监、中国科技馆等8个博物馆供学生选择，为了让学生在看到展品时有更深入的认识，"提前几天就开始为我们介绍相关背景知识与参观方法，分组布置任务。"该校初中生肖瑜玥说。而在中国文字博物馆，河北省廊坊市第六中学的学生用传统印刷工艺印制生肖画，既能体验技艺，又能收获有纪念意义的作品。

鉴于博物馆所具有的教育功能，博物馆自身以及一些教育机构、旅行社也纷纷推出研学项目。今年暑假，适龄学生可以报名参加故宫博物院组织的6个主题、22场活动的暑期知识课程，除了解古建筑、珍宝、宫廷生活外，还能动手操作，创作属于自己的金瓯永固刮画作品。

有专家表示，随着素质教育理念深入人心，以及文化需求日益增大，研学活动越来越得到相关从业者的重视，行业内市场主体越发丰富，这促使研学项目形式走向多元，给孩子们带来很大的选择空间，助推研学市场规模逐渐壮大。随着市场需求不断释放，研学旅行市场总体规模将超千亿元。

完善监管体系，护航研学旅行产业健康发展

博物馆研学热反映了人们对文化教育的重视，这本应对孩子成长发挥积极作用，但市场上存在的一些乱象，让文化之旅的意义大打折扣。"回来后让孩子讲几个文物故事，她却吞吞吐吐，说不出个所以然。一问才知道，老师只让孩子们自己'寻宝'，没介绍相应的背景知识。"北京市民张玲暑假为孩子报名参加某研学旅行，效果并不理想。

研学项目价格通常与课程时长有关，据统计，2、3天的短途研学收费一般在2 000元左右，有些长途研学收费则在6 000元左右。这样的价格与孩子的实际收获是否成正比，部分业内人士也表示质疑。"博物馆本身是公益性的，但是一些机构打着研学旗号，包装出高价的文化产品，让博物馆失去了公益属性。"中国妇女儿童博物馆社教部副部长梁红指出。

"个别研学团队其实是变相的旅游行为，跟研学关系不大。"国家博物馆社会教育部主任黄琛则认为，"研学更应该由学校而不是旅行社来组织，因为学校组织的研学活动有专业的课程设置和师资配备，能保证基本严谨规范。"

收费偏高，孩子却收获寥寥，且组织不甚规范，这样的研学产品为何依然能有市场？监管不完善是重要原因。早在2016年，教育部等11部门联合印发了《关于推进中小学生研学旅行的意见》，对开展研学旅行的原则、任务等做出规定。虽然规定内容很具体，但是并未制定明确可操作的行业标准。

令人欣慰的是，为防止博物馆研学"变味"，相关部门已经予以重视，正加大监管力度。国家文物局已会同教育部，将95家博物馆及相关机构列入全国中小学生研学实践教育基地名单，而且各地博物馆也加强资源整合，推出了一批研学旅行实践项目和精品课程。

重庆红岩革命历史博物馆打造了"红色小记者"研学旅行体验营，小记者们通过实地采访博物馆、陈列馆、革命遗迹，探寻历史故事、弘扬革命传统；杜甫草堂博物馆开展"草堂一课"教学活动，以学术讲座、诗歌朗诵会、文艺演出、园林园艺展览等形式，弘扬杜甫的爱国主义精神，进行爱国主义教育……这些具有特色的研学项目都取得了不错的社会反响。

精心设计课程，促进研学旅行产品提质增效

如何让研学产品真正做到高品质、有价值？博物馆给出的方案是在课程设计上下功夫。目前，不少博物馆已开始了对研学产品的提质工作，在挖掘、整合自身资源的基础上创新研学教育模式。

广东省博物馆今年暑期组织的"自然海洋营"夏令营推陈出新，孩子们可以根据老师科普的知识创作海洋故事，也可在 DIY 工作坊里解剖鱼类，或进行角色扮演表演即兴话剧。"让孩子们在自主参与中轻松收获海洋生态知识，释放想象力。"广东省博物馆公众服务部主任段小红说。

西安半坡博物馆则同广西民族博物馆开展馆际合作，将"史前工场"带到南宁，南宁的孩子们能现场观看"钻木取火"的演示，体验陶器钻孔、原始房屋搭建等项目，穿越千年体验原始人生活。此举延伸了博物馆的服务触角，同样为研学产品提供了新的思路。

研学产品要重视课程设计，同时要注意到，不同主体所具备的优势特色不同，对课程的呈现效果影响也不相同。"教育机构关注产品的教育性，博物馆保障专业性，旅行社注重娱乐性。"某儿童博物馆课程研发机构创始人张晓扬认为，每一方都有自己的优势和短板，面对巨大的市场需求，各方应积极开展合作，优势互补。广东省博物馆便在 2017 年举办了 5 次针对讲解员的培训工作坊，多次与学校开展研讨会，相关培训活动也向社会开放，以提高讲解员的专业水平和业务能力。

博物馆是历史文化的集纳地，组织青少年走进博物馆求知，是对文物的守护、文化的传承。从这个意义上来说，博物馆研学旅行对促进素质教育大有裨益。

资料来源 杨笑. 避免只游不学、走马观花 博物馆研学旅行如何规范 [N]. 人民日报，2018-08-30.

案例点评
8-2-1

避免只游不学、走马观花 博物馆研学旅行如何规范

思政专栏 ✓ ┄┄┄┄┄┄┄┄┄┄┄┄┄┄●

江苏发布首批亲子研学旅行线路

叮叮当当，"考古"工具敲击"土方"的声音不断从江苏常州溧阳博物馆中传来。随着外层的泥土一块块剥落，沉睡在其中的"化石碎块"渐渐映入眼帘，并被一块一块拼接起来，组成了一副完整的骨架……

这样一个需要细心、耐心和一定专业性的模拟"考古探方"操作，其实是亲子研学旅行的一个趣味环节。参加活动的家长和孩子，需要通过默契的合作，模拟挖掘中华曙猿化石。

2021 年 4 月 22 日，在由江苏省妇联、江苏省教育厅、江苏省文明办等主办的

"呼唤亲子共成长的家庭教育——2021长三角家庭教育研讨会"上，发布了江苏省首批亲子研学线路，并为常州溧阳市博物馆、南渡镇庆丰村、新四军江南指挥部纪念馆三个亲子研学基地授牌。

首批亲子研学旅行线路发布，三色路线精彩纷呈。

首批亲子研学线路中，包含三种不一样的色彩——黄色的"人文历史"之路、蓝色的"自然生态"之路、红色的"爱国教育"之路。"考古探方"就是黄色的"人文历史"线上常州溧阳博物馆为孩子们准备的研学主题中的一个模块。当家长和孩子们还在亲手挖出化石的喜悦中意犹未尽时，他们的旅程才刚刚开始。

记者走在黄色线路上，发现这里"学"与"玩"的结合贯穿始终。家长和孩子们一起走过按照时间顺序排列的展区，在智能屏幕上答题，用彩泥创作雕塑，设计未来的城市……在"孟郊忆母"的画面前，家长和孩子们还会互相在纸上写下相处中的感动时刻。在每个环节，表现好的孩子都可以得到相应的奖状，家长们则收获了来自孩子的感谢信，看到了孩子打开心扉的寄语。

蓝色线路则是自然画风。走入田野，饱览风光的同时吸取知识，享受在家庭和学校中未曾有过的体验：平时总说"谁知盘中餐，粒粒皆辛苦"，到这里才知道一粒粒粮食是怎么种出、怎么区分的；平时都是吃着现成的蔬菜、主食，在这里却可以自己到田里摘菜，萃取色素做团子；平时看到的插花都是精心培育的品种，这回却发现溧阳野生的香菜花、狗尾草也能做成插花……

红色线路是从溧阳市新四军江南指挥部纪念馆开始的。俗话说"上阵父子兵"，家长和孩子们在此一起换上军装，锻炼军事素养，甚至还走进"通讯科"，使用模拟无线电发射器寻找情报……而在一部部寓教于乐的资料片中，孩子们得以饶有兴趣地接触历史，家长们也对那段岁月有了更深刻的理解，唤起大家的爱国情怀。

"研学旅行是促进未成年人全面发展的实践课堂，也是加强未成年人思想道德建设的重要阵地。亲子研学旅行是家庭教育指导服务的创新和拓展。"江苏省妇联副主席沈梅接受记者采访时指出，"希望通过开展亲子研学旅行，倡导亲子共同学习、共同成长的理念，促进家庭教育回归自然、生活与实践，从而构建平等、和谐、向上、健康的亲子关系。"

浙江省家庭教育学会理事潘正亮告诉记者，亲子研学旅行兼具"释放"和"发掘"两重意义。"现在学生的压力已经很大了，而家长可能会把太多注意力放在孩子的成绩上，同样会特别焦虑。"潘正亮说，"通过这样一种研学旅行，孩子和父母一起走进文化、走进自然、走进历史，一方面身心能够得到放松，另一方面还能发掘彼此的闪光点。家长可以从另一个角度观察自己的孩子，也给孩子一个在学习之外展现自己的机会；而孩子则能在享受轻松时光的同时与父母平静地相处，在潜移默化中学会感恩。"

资料来源　周碧莹. 江苏发布首批亲子研学旅行线路［N］. 扬子晚报，2021-04-24.
思政关键词：工匠精神　职业素养

课后思考与实践

　　请以"丝路文化"为主题，针对东南沿海地区的初中生，选择合适的课程资源，设计一个研学旅行课程，注意思考课程中的研学活动与研学目标的匹配性。

9 模块九 旅游志愿服务

　　志愿服务是每个文明社会不可缺少的一部分，它是指任何人在不为物质报酬的前提下，贡献个人时间和精力，为改善社会、促进社会进步提供自愿服务。

　　随着我国旅游业的发展，旅游公共服务的需求日益增加，旅游志愿者和旅游志愿服务成为旅游公共服务系统中不可忽视的对象。那么，究竟什么是旅游志愿服务？旅游志愿服务的范围和要求又是什么？如何做好旅游志愿服务的管理工作呢？本模块中，我们将和大家一一解决以上问题。

项目一　旅游志愿服务认知

◎ **项目概述**

2015年，国家旅游局发布《关于建立中国旅游志愿者队伍开展旅游志愿服务的通知》，决定在全国范围内建立一支由支持旅游事业、热心公益事业的人士组成的旅游志愿者队伍。2016年，国务院印发的《"十三五"旅游业发展规划》明确指出："加强旅游志愿者队伍建设。推进旅游志愿服务制度体系建设，完善旅游志愿者管理激励制度。开展志愿服务公益行动，建立一批旅游志愿服务工作站。培育先进模范志愿者、志愿者组织，树立中国旅游志愿者良好形象。依法登记管理旅游志愿者组织。"2019年，文化和旅游部、中央文明办还专门印发了《2019年文化和旅游志愿服务工作方案》。因此，开展旅游志愿服务工作已经成为各级旅游管理部门的一项重要任务。另外，从高校育人的角度来看，旅游志愿服务可以说是一门思想性、专业性、体验性较强的实践课程，也是新时代文明实践的重要服务内容和践行社会主义核心价值观的重要载体。

◎ **项目结构**

本项目结构如图9-1-1所示。

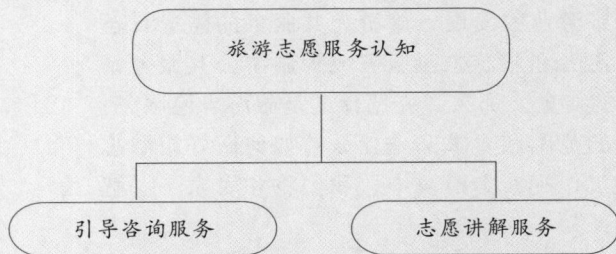

图 9-1-1　项目结构图

任务一　引导咨询服务

◎ **任务目标**

旅游志愿者最重要的工作之一就是对游客进行引导和咨询服务。该项工作主要是为游客进入旅游企事业单位之初和游览参观过程中提供帮助。

◎ **素养目标**

通过该任务，培育学生做国家和城市旅游形象的代言人；培育学生"为人民服务"的理念和勤奋务实的职业品德，做旅游文化的践行者和传播者。

理论知识

1.旅游志愿者的定义

关于旅游志愿者的定义，饶华清（2009）认为旅游志愿者是在旅游服务中以提供引导、咨询、解说等服务为主要工作的志愿者。

2.旅游志愿服务的内容

旅游志愿服务的内容包括为游客提供咨询服务、游览讲解、文明引导、应急救援等。根据不同旅游城市的旅游发展情况，旅游志愿服务内容的侧重点不同。例如，以世界自然遗产景观为主要旅游吸引物的旅游城市，在旅游志愿服务方面除了对游客的旅游服务，还可以参照美国国家公园志愿者的做法，培养或招聘专业人士对景区进行生态保护，用科学的方法维护自然遗产的生态景观、动植物种类、地质地貌等，既能加强对自然遗产的保护，又能培养志愿者的主人翁意识。以会展为主要旅游吸引物的旅游城市，旅游志愿服务的内容应以引导讲解为主。

3.旅游志愿者队伍建设

旅游志愿者队伍建设是很多旅游企业员工队伍建设的核心环节。合理规范的制度是旅游志愿者组织机制能否长效运行的关键，其中包括旅游志愿者的招募、选拔、培训、管理等相关环节。

志愿者的招募方式可以分为自行招募和委托招募两类。企业需要对旅游志愿者的综合素质进行全方位考量，对不同背景的志愿者实行相应的培训，包括旅游、服务、安全等方面的培训，从而加强志愿者专业素养，如高校旅游专业类学生可以加强实践性训练；社会非专业类志愿者应更注重理论实践相结合的培训方式。

知识拓展
9-1-1

国外旅游志愿者服务与志愿者旅游

任务实施

步骤一：物质准备

旅游志愿者在开展咨询引导、秩序维护、文明劝导等活动开始之前，要进行旅游相关服务资料的准备，如景区的导览图、景区宣传册、文明旅游宣传单等；不少旅游企事业单位还设立了志愿服务驿站为游客提供雨伞、婴儿床、行李寄存、手机充电等服务。旅游志愿者在工作开始前可以将相关物品检查、整理到位，做好工作准备。除了以上物品准备之外，还要做好工作服装、所需话筒等个人工作物品的准备。

步骤二：专业准备

旅游志愿者需要熟悉工作地点和场馆布局，掌握岗位服务的具体内容，掌握岗位服务规范，能灵活并人性化地为游客提供服务。例如，旅游志愿者是在博物馆服务台做志愿服务工作，在工作开始之前，需要对博物馆的场馆基本布局、展厅内专题活动的项目内容和活动时间等一系列问题做好咨询准备；在旅游高峰时期，很多旅游景区会有志愿者分布在各人流量较大的区域，或为游客指路，或做出文明旅游提醒，劝阻不文明行为，引导游客有秩序、文明礼让地出行。在这样的情况下，志愿者就必须对文明旅游的规范要求和艺术化的引导用语做好准备工作；如果志愿者是在大型主题公园做娱乐项目的志愿安全引导员，志愿者就必须对安全引导的注意事项、常见的游客不安全行为、突发事件的预警和处理等知识做好相应的准备工作。

步骤三：接待服务

旅游企事业单位的引导咨询服务一般都设在游客进入服务环节之初或者关键节点的位置，在该阶段的服务中，要求志愿者能够做到认真倾听、洞察心理、了解需求、准确回复、有效帮助。目前，我国的旅游景区入口处大都设置了自助购票机，旅游志愿者应主动辨识需要帮助的游客的需求，如指导老年游客或者需要进行语言帮助的游客在自助购票机上进行购票服务。

在很多博物馆、科技馆，旅游志愿者还承担着社会教育服务的引导功能，在馆内引导游客参与体验相关的主题活动，如中小学的雏鹰小队假期活动、高中的研学游、政务接待等，要求志愿者对游客群体进行有针对性的引导服务。

随堂测验
9-1-1

任务一

任务评价

通过实施以上步骤，是否达成了该项任务目标和素养目标呢？请对完成任务的情况做出评价，见表9-1-1。

表9-1-1　　　　　引导咨询服务任务评价表

评价内容	完成情况			
	优	良	中	差
物质准备				
专业准备				
接待服务				
树立"为人民服务"的理念，具有勤奋务实的职业品德，做旅游文化的践行者和传播者				

任务二　志愿讲解服务

◎　**任务目标**

旅游志愿服务需要有专业的旅游知识、服务意识和服务技能。其中，旅游志愿服务内容中的讲解服务，要求志愿者具有优秀的综合素质和口头表达能力，本任务中将对旅游志愿服务的讲解工作做详细分解。

◎　**素养目标**

通过该任务，引导学生塑造国家、地区、城市形象，传播精神文明；教育引导游客热爱祖国大好山河，提升民族自信心。

理论知识

语言是人们传播信息、进行沟通的主要方式，是最重要的思想交流工具。语言可分为书面语言和口头语言。其中，口头语言是指以音和义结合而成，以说和听为传播方式的有声语言。口头语言比书面语言起着更直接、更广泛的交际作用。甚至可以说，人和人之间互相传递信息、交流思想感情的最主要方式就是进行口头交际。

任务实施

旅游志愿服务的讲解工作和正式员工的讲解要求基本相同，但又有它自己的特点，大致分为以下工作步骤：

步骤一：知识准备

导游讲解
9-1-1

志愿讲解服务

对志愿服务的讲解员来说，仅仅背熟导游词是远远不够的，在讲解服务开始之前要充分进行志愿服务单位的知识储备。博物馆、红色旅游点的志愿讲解工作，对旅游志愿者的要求很高，大量的历史背景、时间序列、展品知识、人物故事等需要志愿者科学严谨地记忆，并在此基础上，不断学习和补充相关资料，参与导游词的创作，形成自己的讲解知识库，最终创立自己独特的讲解风格。

在社会服务过程中，很多景区、博物馆也会要求志愿者进社区、进校园进行宣讲，这对志愿者来说，不仅要掌握旅游服务单位的讲解知识，还要学会制作PPT、学会如何与社区人员、学校学生进行沟通交流。因此，志愿讲解服务的知识准备范围要求大，知识准备的内容要求也高。

步骤二：语言准备

旅游志愿讲解要针对不同人群做好语言准备，从讲解语种（分为普通话和外语）、游客的层次、年龄、需求以及所属地区等因素考虑，有针对性地选择最为合适的讲解内容、风格以及技巧等。不同的主题，游客需求也不相同，游览路线和参观内容也应相应做出调整。总体来说，要根据游客特点进行分析，有效掌握其参观的目的和相应的服务需求，体现以人为本的服务理念。

1.因人施讲

博物馆讲解员要具有优秀的综合素质，要对来馆参观的观众提前了解，分析需求，要对来馆参观的不同观众对象，如专家学者、领导、市民群众、中小学生等，根据其特点进行"因人施讲",不仅要做好展览引导、介绍展品知识,还要对接待参观时观众的提问和各种突发情况从容应对。综合能力培养绝非一朝一夕之功,需要长期的接待讲解工作实践和大量的知识积累,讲解时在充分理解展览含义的基础上,判断观众理解和接受的信息点,进行信息的选取、加工、输出,运用各种感官传达展品内容。同时,讲解服务也是一个与人互动交流的过程,在讲解服务过程中要提高交际能力、应变能力、协调能力和管理能力,在学习处理各种突发情况中锻炼自己的心理素质。

2.因景施讲

在实际工作过程中,志愿讲解员必须要根据景观、展品、背景以及游客等因素的实际情况,结合工作环境的风格进行综合分析和思考,有针对性地确定不同的讲解风格和基调。就自然科普以及科学技术类型的旅游单位而言,讲解者必须要向参观者传播严谨、务实的精神,同时要保证社会群众能够深入了解当今时代的科技前沿技术及相关知识;用简洁的语言表达出展品深刻的价值与含义,由浅入深,同时要保持轻快的语速。就历史发展类或纪念类的旅游单位而言,讲解者需要保持中等的语速,对历史背景和文化价值等内容进行全面的讲解,从而反映深刻的历史文化内涵。就革命纪念类的旅游单位而言,讲解者则需要采用肃穆、低沉的语气,为参观者营造出一个慷慨悲壮的氛围,使之能够了解相关事迹,深刻明确当今的幸福生活来之不易,进而更加努力地去奋斗。总之,志愿讲解者应使游客感受到多元化的讲解风格,加深其对景观、历史、文化、民俗、人物等全方位的了解。

随堂测验
9-1-2

任务二

任务评价

通过实施以上步骤,是否达成了该项任务目标和素养目标呢?请对完成任务的情况做出评价,见表9-1-2。

表9-1-2　　　　　　　　　　志愿讲解服务任务评价表

评价内容	完成情况			
	优	良	中	差
知识准备				
语言准备				
努力塑造国家、地区、城市形象,传播精神文明,教育引导游客热爱祖国大好山河,提升民族自信心				

知识拓展
9-1-2

南京中国科
举博物馆志
愿服务章程

案例共享 ✋ ┈┈┈┈┈┈┈┈┈┈┈┈┈┈┈┈┈┈●

中国科举博物馆志愿者团队

中国科举博物馆是以中国历史上最大的科举考场——江南贡院历史遗址为基础，在修缮和保护明远楼、飞虹桥等历史遗存的前提下建设而成，它是一座系统反映中国古代科举制度和科举文化的专题性博物馆。该博物馆的志愿者团队就是依托科举博物馆而成立，主要工作内容为引导、咨询以及义务讲解工作。给广大博物馆事业的爱好者提供一个实现自我价值的平台，同时为所有观众提供志愿服务。

博物馆现今的志愿者服务分为四个岗位，分别是咨询引导、讲解服务、社教服务、宣传策划。在每年的3月和10月前后会对社会以及高校公开招募社会志愿者和学院志愿者。每位志愿者都要参加为期一个月的志愿者培训，再经过一个月的志愿者实习期后方可申请考核，通过考核者为科举博物馆正式志愿者。

案例点评
9-1-1

中国科举博物
馆志愿者团队

思政专栏 ✅ ┈┈┈┈┈┈┈┈┈┈┈┈┈┈┈┈┈┈●

南京"小雨滴"崭露头角　入选全国最佳志愿服务组织

雨花台烈士纪念馆"小雨滴"志愿服务队是在雨花台从事志愿服务的志愿者的统称，最早可以追溯到2006年。当时的"小雨滴"仅仅是南京农业大学成立的一支雨花台志愿讲解队，而现在与纪念馆建立长期合作关系的高校包括南京农业大学、南京审计大学、东南大学、南京传媒学院、中国药科大学、江苏警官学院、南京信息工程大学、南京邮电大学等。每年"小雨滴"志愿服务队面向高校定向招募志愿者，全年不定期招募社会志愿者，目前已经发展壮大到包括高校师生、烈士亲属、共建单位代表等。据了解，志愿者们上岗前一般会接受史料培训、讲解培训、仪态培训等，培训结束后组织相应的考核，考核过关才能挂牌上岗。

据介绍，目前雨花台烈士纪念馆已有433位"小雨滴"志愿者，志愿服务内容形式多样，从"小雨滴红色课堂"到"小雨滴"志愿者红色文艺展演，从"小雨滴"志愿者讲解到"小雨滴"志愿者红色探访……雨花台烈士纪念馆"小雨滴"志愿服务队一直以"弘扬英烈精神、践行雨滴初心"为己任。

雨花台烈士陵园管理局社会教育部副部长郭琦介绍道，近些年，"小雨滴"志愿服务队开展了内容丰富、形式多样的志愿服务活动。"我们的'小雨滴'们深入到雨花台英烈纪念地开展了实地探访，通过探访，他们对英烈的事迹和精神有了更加深入的理解；'小雨滴'们还通过备课，走进了中小学，向孩子们讲述英烈故事；'信仰的火种'文艺展演，则是用文艺演出的形式来讲好英烈故事……"

现今，"小雨滴"志愿服务队活动主体已由大学生为主向全社会广泛参与转变；志愿者角色由参与者服务向传承者传播转变；服务内容也由单一讲解向多元拓展转变。值得一提的是，目前纪念馆为了让观众亲眼"见证"英烈故事，已经上新沉浸式讲解，让观众感悟信仰的力量。"沉浸式讲解改变了大多数纪念馆'图片+文字+实物'的传统展陈方式，把可感可触的真实史实还原进场馆，营造了浓厚的历史现场感，旨在让红色历史真正'活'起来，让观众从旁观者变身为参与者，进一步增强吸引力和教育功能。"郭琦表示。

润物无声，是"小雨滴"的使命；水滴石穿，是"小雨滴"的执着；汇成江海，是"小雨滴"的力量。从获评江苏省学雷锋示范点到江苏省学雷锋志愿服务先进典型，再到此次获评全国宣传推广学雷锋志愿服务"四个100"先进典型，"小雨滴"一路乘风破浪，崭露头角，逐渐成长为全国一流的志愿服务品牌。

资料来源　佚名. 南京"小雨滴"崭露头角　入选全国最佳志愿服务组织［EB/OL］.［2020-09-15］. https://www.sohu.com/a/418637467_120207615.

思政关键词：文化传播　职业素养

课后思考与实践

请浏览你所在城市文博场馆的官方网站或者微信公众号，尝试了解其向社会招募志愿服务人员的类别及所需要的条件。

项目二　旅游志愿服务管理

◎　**项目概述**

　　旅游志愿者作为旅游企事业单位和游客连接的桥梁，已经逐渐成为旅游服务的重要补充力量。旅游志愿者需要经过招聘和培养，在服务过程中还需要对他们进行监督和考核，以保证旅游志愿服务的质量。本项目将阐述如何进行旅游志愿服务管理工作。

◎　**项目目标**

　　旅游志愿服务管理主要包括志愿者的招聘、培训和考核工作，这是为建设一支规范化、专业化的志愿讲解服务队伍打下坚实的基础，也为常态化志愿服务工作的开展提供了有力的保障。

◎　**素养目标**

　　通过该任务，培育学生"为人民服务"的理念和勤奋务实的职业品德，做旅游文化的践行者和传播者。

理论知识

　　《2019年文化和旅游志愿服务工作方案》中提出鼓励和支持公共图书馆、文化馆（站）、博物馆、美术馆等各级各类公共文化机构，招募有一定专长、有奉献精神、热心社会公益事业的各界人士作为志愿者，组建文化志愿服务团队，按照各自工作范畴开展志愿服务活动，形成志愿服务活动品牌项目。组织志愿者担任博物馆讲解员，参与展览布展、协助做好文物档案整理、开展文物知识普及等活动。

项目实施

步骤一：招聘

1.招聘对象

　　旅游志愿者招聘对象一般以旅游相关专业的高校学生及教师、当地熟悉旅游业的居民、专业旅游从业人员为主，也可以广泛吸收社会层面热心服务旅游的人士。

　　当下的旅游企事业单位可以更多地联合校园平台，招收具备较强综合素质的学生志愿者：一是能够充分培养学生的学习认知能力与社会适应能力；二是学生志愿者也会为旅游企事业单位带来更多样化的服务。

2.招聘原则

招聘对象的个人品行、文化修养、个性特征、沟通能力等都是招聘时应考虑的因素。旅游志愿者是企业与游客沟通的一道桥梁，志愿者的文化修养是企业传达给游客的直观印象。作为志愿者管理人员，要明确志愿者向游客传播什么样的文化知识和价值观。因此，在招聘时，尤其应注意旅游志愿者的综合素养，那些具有较高的文化修养、个人素质和品行端正的、能够为游客传递有品位的审美和正确的价值观的应聘者应优先考虑；其次，也要兼顾那些专业对口或者有相关知识储备、善于表达、热衷志愿服务工作的人员。

3.招聘流程

招聘时，旅游企事业单位会设置相应的招聘流程。一般情况下，招聘会分为笔试与面试两个流程，对招聘对象进行筛选。

步骤二：培训

旅游志愿者招聘结束后，还要对他们进行后续的培训。培训内容一般较为系统，如服务基本常识、讲解技巧、礼仪规范、形体仪态、专业讲解等系列专题培训。

1.职业道德

所谓志愿者，是指自愿进行社会公共利益服务而不获取任何利益、金钱、名利的活动者，具体指在不为取得任何物质报酬的情况下，能够主动承担社会责任，奉献个人时间和助人为乐施于行动的人。志愿工作应体现服务性和无偿性。旅游志愿者在被鼓励和认可的同时，应牢记自身的责任感和使命感。在培训中，应时刻贯穿职业道德内涵的培训内容，提醒旅游志愿者在接下来的工作中应做到热情、耐心、细心、主动、专业。即使面对意料之外的情况，旅游志愿者也能从容地采取合情、合理、合法的方式加以应对。

2.形体礼仪

旅游志愿者是旅游企事业单位的一员，代表着旅游单位的形象。在培训中，设置相关形体礼仪方面的课程，可以邀请专业的形体礼仪老师，对志愿者的形象、仪表、礼仪等方面进行专门指导培训。

3.专业素养

旅游志愿者的专业素养非常重要，旅游企事业单位应结合岗位需求开展专业知识（如历史学、地理学、人文学、心理学等）的系统培训，也可以邀请行业专家开展文化类的专题讲座，帮助志愿者强化知识储备、提升文化底蕴。

步骤三：考核

1.岗前考核

在旅游志愿者正式开始工作之前，志愿者管理部门要及时跟踪了解旅游志愿者接受培训的情况，在培训的过程中，培训机构设立培训考核小组，对志愿者进行签到考勤，并对培训情况进行书面和非书面形式的考核，根据考核最终成绩决定留用与否。

2.过程考核

在旅游志愿活动开展前，旅游企事业单位会合理分配各志愿者的工作任务，明确其责任与义务。在志愿服务过程中，旅游企事业单位也会有专门的管理人员对志愿者的工作情况进行考核监督。

目前，旅游企事业单位一般都有较为完备的志愿者管理制度，对志愿者每年的服务时长有一定的要求，正常情况下，志愿者服务需要满足基本的服务时长才能继续下一年的志愿服务。除了对工时数有要求外，一般的旅游企事业单位还会要求志愿者"定时、定岗服务"与"高峰时段补充服务"相结合。也就是说，一般情况下全年每周有固定的时间在固定岗位上提供服务和旅游高峰期跑岗服务，即所谓的"全天候"志愿服务。例如，南京中国科举博物馆志愿者每月最少服务一次，每次时间不得少于2小时，每年不得少于60小时。若每年服务时间少于60小时，则第二年会被自动退出志愿者团队。

3.激励机制

在旅游志愿服务中，可以实行分类绩效考核，以激励志愿者的工作。由于志愿者的年龄层与职业的差异，统一的绩效考核机制并不适用于志愿者团队，因此可以根据志愿者的学识水平、空闲时间、志愿者服务时长、岗位培训成绩等进行分类绩效考核，采取多种奖励方式，如给参加服务的志愿者授予志愿者志愿服务证书或者评选年度优秀志愿者等；也可以通过游客在体验志愿服务后对志愿者的评价，评选出最佳志愿者，采用不同形式奖励受表彰志愿者，从而提升志愿者服务的积极性。

知识拓展
9-2-1

2019年文化和旅游志愿服务工作方案

随堂测验
9-2-1

项目二

项目评价

通过实施以上步骤，是否达成了该项项目目标和素养目标呢？请对完成项目的情况做出评价，见表9-2-1。

表9-2-1　　　　　　　　旅游志愿服务管理项目评价表

评价内容	完成情况			
	优	良	中	差
招聘				
培训				
考核				
努力塑造国家、地区、城市形象，传播精神文明，教育引导游客热爱祖国大好山河，提升民族自信心				

案例共享

故宫志愿者及国家博物馆志愿者

1. 故宫志愿者

故宫博物院志愿者团队成立于2004年12月，服务内容涉及讲解、咨询、参与教育项目和志愿宣讲，累计为社会提供各项服务达13万小时，享有服务的公众总数近60万人次。经过10余年实践历练，故宫博物院志愿者团队已成长为一支管理规范、人员稳定、服务高效的优秀志愿者队伍，多次荣获全国及省部级荣誉称号和奖项。

故宫志愿者主要负责讲解、咨询、参与教育项目、志愿宣讲以及宣传与保护工作。每位故宫志愿者都以故宫常设专馆的讲解服务为起步点，目前讲解区域已覆盖故宫的6个专馆；志愿者在日常讲解服务中会随时解答各类咨询问题，为观众介绍服务设施、设计参观路线，每逢学雷锋日、国际博物馆日和中国文化遗产日等主题日，都会设专岗为游客提供咨询服务；志愿者还会参与故宫面向社会公众举办的教育项目，或提供方案创意、或担当主讲教师，自2007年起，志愿者们从故宫资源出发，以博物馆人的角度提出了10余项有特色、可操作的教育创意，许多已成为颇受公众喜爱的经典教育项目；2012年，"故宫文化志愿宣讲团"成立，旨在走出故宫博物院，传播、弘扬故宫文化，宣讲内容根据故宫的文化、历史、建筑及展览资源选定与展开，现已形成近20个宣讲主题，开展活动累计80余场。每一名志愿者都是一位特殊的"故宫人"，既代表故宫向公众发声，也代表公众为故宫建言，10余年来，志愿者们在故宫的开放、服务、展览等方面提出了不少合理建议。

资源来源　佚名. 志愿者服务［EB/OL］.［2021-5-24］. https://dpm.org.cn/singles_detail/237731.html?_t=1533215371.

2. 国家博物馆志愿者

中国国家博物馆自2002年开始向社会公开招募了第一批志愿讲解员，至今已走过了10余年时间。10余年的探索与发展，10余年的砥砺与坚持，国家博物馆已拥有了一个管理有序、整体素质高、经验丰富的志愿服务团队，也构建了一个工作充实、精神愉悦的志愿者群体。10余年来，先后有6 000余人次参与志愿服务工作，每年为社会提供志愿讲解服务约1.5万小时，累积服务时间已超过21万小时。

国家博物馆在志愿服务工作管理方面始终发挥着引领作用。志愿者是为博物馆这样具有公益性和公众性的事业单位服务的，志愿者的工作是建立在自愿放弃自己的时间、无偿奉献服务的基础上，这种不计物质报酬、为促进社会进步无偿奉献的精神，也体现了文明社会人的精神状态。由于志愿服务属于自愿行为，其工作积极性受主观因素影响较大，当学习兴趣和服务热情减弱，甚至消退后，志愿者队伍就会出现不稳定和人员流失的现象。为防止这种现象出现，志愿服务的管理机构就需要采取以情暖心、关怀鼓励的工作方法，针对不同年龄的志愿者，采取不同的关怀鼓励方式，让志愿者在良好的环境下，心情舒畅地投入到志愿服务工作中去。通过

案例点评
9-2-1

故宫志愿者

10余年的实践和研究得出了这样一个结论：在开展志愿服务工作中，必须牢牢把握住博物馆和志愿者工作的共同本质特征——开放性，围绕这一基本特征来开展工作，以此为出发点和归宿，才能做好这一工作。

资源来源　佚名. 国家博物院对外招志愿者吗［EB/OL］.［2021-03-01］. https：//m.weelv.com/qa/10769/110480.html.

思政专栏 ✓

井冈山经开区："党建+志愿服务"模式　推动志愿服务长效化

日前，井冈山经开区"党建+志愿服务"工作座谈会在高新街道行山社区召开。

会议指出，要肯定落地成效，增强做好志愿服务信心。去年以来，该区充分发挥志愿者作用，巩固提升志愿服务活动水平，坚定了志愿者跟党走的决心，在全区重大事项处置、重点工作推进、助力公共服务等方面取得了明显成效，志愿服务工作机制不断完善，志愿服务队伍不断壮大。

会议强调，要正视存在的问题，增强做好志愿服务工作责任感。针对目前志愿者活动存在的党员干部为主导、群众参与少的现状，要进一步提高群众参与度，丰富活动形式，多开展接地气的志愿服务活动，吸引更多群众加入进来；要明晰志愿服务定位，把握志愿者活动方向。在宣讲国家政策法规、助力街村开展公共服务活动、化解百姓烦心事、倡导乡村文明风气等方面发力；要完善志愿服务模式，增强志愿者服务活力。积极拓宽志愿者服务对象来源，坚持问需导向，开展多样化服务，进行正能量激励；要加强协调调度，建立健全志愿服务长效机制。建立志愿服务参与、保障、管理机制，强化督查考评，执行奖优罚劣机制，让志愿服务活动常态、长效开展下去；要加强外出学习，取长补短共同进步，通过外出考察和借鉴外地经验方式提升志愿服务水平。

资料来源：周靖康. 井冈山经开区："党建+志愿服务"模式 推动志愿服务长效化［EB/OL］.［2021-03-10］. https：//m.jgsdaily.com/pcarticle/148714.

思政关键词：文化自信　文化传播

课后思考与实践 ✎

请选择你所在城市中的任意一个文博场馆，尝试加入他们的志愿服务部门，为文旅行业贡献自己的一份力量。

案例点评
9-2-2

国家博物馆
志愿者

10

模块十　户外拓展与营地教育服务

　　户外拓展与营地教育是一类流行于欧美国家的旅游方式，主要面向儿童、青少年、中年群体，以"户外"作为活动场所，开展集旅游性、教育性、娱乐性于一体的活动。它区别于传统的旅游活动，与研学旅行有很多相似之处，但又具有明显差异。户外拓展与营地教育在国内正处于起步阶段，以拓展培训师、营地导师为代表的一类新兴职业既需要具备传统导游的一些技能，也需要具备一定的专业素质。

项目一 　户外拓展与营地教育服务认知

◎ **项目概述**

户外拓展与营地教育是联系紧密但有所区别的两类活动。户外拓展以体验游戏为主，主要面向青少年及成年群体；营地教育以户外体验教育类课程为主，主要面向儿童和青少年群体。

同时，户外拓展、营地教育、研学旅行三者之间又有很多的相似及不同之处。因此，了解户外拓展、营地教育的概念、内涵、特征和类型等，并掌握相应服务的内容和要点，是开展这类活动的必要前提。

◎ **项目结构**

本项目结构如图 10-1-1 所示。

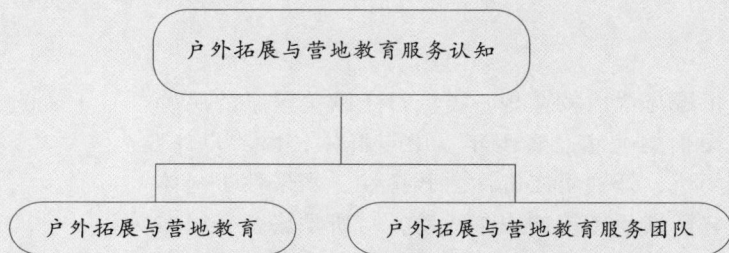

图 10-1-1　项目结构图

任务一　户外拓展与营地教育

◎ **任务目标**

户外拓展与营地教育是时下流行的旅游方式之一，它们区别于传统的旅游活动，具有自身独有的特征和优势。因此，加强对户外拓展与营地教育的认知，是做好相应服务的基础性工作。

◎ **素养目标**

通过学习了解户外拓展与营地教育的基础知识与核心理念，帮助学生树立健康理念，提高人文素养，增强服务意识，践行社会主义核心价值观。

理论知识

1.户外拓展

（1）户外拓展的概念。

户外拓展是指以自然环境为场地的，带有探险性质或体验探险性质的体育活动项目群。户外拓展，又称体验式培训，英文为"Outward Bound"，意思是一艘小船驶离平静的港湾，义无反顾地投向未知的旅程，去迎接一次次挑战，战胜一个个困难。户外拓展主要面向青少年与成年群体，职业面向海员、军人、学生、工商业人员等群体。训练目标包括单纯体能训练、生存训练、心理训练、人格训练、管理训练等。

知识拓展
10-1-1

户外拓展的
起源与发展

（2）户外拓展的产品类型。

①按空间距离与地理环境分类。

高空类型：要求学员在9～12米的高空拓展器材上完成攀登、跳跃、行进、下降等动作。为了确保学员安全，对高空拓展器材的安全性有很高的要求。其意义主要表现在心理考验上，需要学员挑战自己的能力极限，跨越"极限"。其主要项目有高空断桥、空中飞渡、高空之路、高空吊桩、高空天平、风雨绳桥、速降等。

低空类型：主要借助地面拓展训练器材进行的拓展培训。其主要项目有法柜奇兵、信任背摔、穿越电网、泰山绳等。

水上类型：在风景优美的河边或者湖边借助自然环境进行的一系列在水上的拓展活动，它以运动为依托，以培训为方式，以感悟为目的。其主要项目有漂流、皮划艇、冲浪、风帆、扎筏泅渡等。

特殊场地类型：在专业的拓展训练场地，借助一定的专用器材，在一种假定的场景模拟中进行的拓展活动。每个项目都是结合人的身体运动结构、心理状态及培训目的而精心设计的。其主要项目有击鼓颠球、死亡爬行、雷区取水、拔河、撕名牌等。

山地类型：其主要项目有徒步穿越（峡谷、山地、盆地、海滨、雨林等生态环境）、自然岩壁攀岩、洞穴探险、野外生存、定向越野、登山、溯溪、草地野营等。

室内类型：在室内封闭环境下举行的拓展培训项目，其意义在于培养学员分析和解决问题的能力以及团结协作和社会活动的能力。其主要项目有穿越电网、盲阵（盲人方阵）、齐眉棍等。

②按培训目标与达到目标分类。

时间管理类：时间是解决问题的限制因素，时间管理类拓展课程是让学员学会恰当地管理时间，了解时间管理的重要性。

团队管理类：拓展训练项目侧重于对态度、理念、思维方式等能力的训练，培养团结、忠诚、负责任和奉献的精神品质，体验合作、凝聚力、信任的意义和重要性。

执行力提升类：学习如何建立企业执行力文化，分析企业执行力低的深层次原因，并在提升执行力的技能和改善执行力不足的方式和习惯方面，给出具体有效的解决方案。同时，介入者将能领会执行力的真正含义，掌握从现有能力和资源通向目标的思路和方法。

沟通技巧类：活动项目的内容涉及沟通障碍、沟通渠道的建立、沟通环境、沟通心理学、沟通人际学、沟通技巧、沟通与团队的管理等。

企业文化锻造类：将企业文化的推广孕育在拓展培训中，把企业核心价值观与企业精神设计在各种生动有趣的活动中，将企业文化体系融入培训的整体课程中，通过不断地渗透，深入到员工的认识中，让员工在积极参与活动的同时深刻领悟企业文化。其主要项目有团队文化锻造、团队激励与突破、个人潜能与突破、员工归属与价值观认同、个人与团队融合等。

领导力提升类：利用户外的特殊场地和自然环境，配合各种精心设计的团队及个人挑战项目，增加团队中的管理层人员在非工作状态下的有效沟通，形成积极协调的组织氛围，进而培养学员的领导才能。

③按活动形式分类。

寓教于乐类：培训师在带领参训人员开展拓展训练时，能够对现场的培训氛围把持有度，训练互动强度和挑战性不高，同时能够带领学员参与一些趣味性比较强的拓展项目。

企业拓展培训类：让参训人员体会到团队的重要性、公司成长的艰辛历程、企业领导所承担的责任和压力。拓展训练的对象主要是销售人员、办公室职员、新员工、基层员工。其重点项目有毕业墙、穿越黑洞、动力圈等。

军事化拓展类：这种培训形式主要针对企业，将军事训练与拓展训练相结合，培训师除了要具有军事训练的专业水平，同时要具备团队拓展训练带队的经验。拓展训练的对象一般为新晋人员、一线员工等。

运动竞技类：运动竞技类型拓展项目有休闲竞技比赛、野外拓展、组队对抗等。通过竞技活动展示自我、张扬个性，体现人类敢于创新、顽强拼搏、奋力争先的精神；通过竞赛对抗的形式，满足介入者竞争的心理，展示其个人的智慧和才华。

户外旅行游玩类：该类项目以团体旅行为主题，参训人员者可以任意选择户外环境进行旅行，在户外环境中锻炼自我、改善自我。

④按参与人群分类。

儿童拓展类：该类项目专门针对儿童喜欢钻、爬、滑、滚、晃、荡、跳、摇等天性，设计适合儿童和青少年体验的拓展训练游乐设备，让孩子们在体验互动中实现身心健康的同步发展。儿童拓展项目有绳网探险、儿童攀爬架、室内儿童攀岩等。该类项目可以让更多年龄层次的孩子体验到拓展运动的趣味性，在娱乐的同时，培养其坚持与克服困难的勇气和精神，以他们独特的思维方式主动积极地亲身实践，直接体验，提高动手能力和综合素质，通过活动去探索周围世界、认识世界、快乐成长。

中小学生拓展训练：该类项目专门针对学生人生观和价值观尚不成熟、可塑性强的特点，以及个性突出、自我约束力差、逆反心理强、从众心理强的特点设计挑战性项目，包括背摔、断桥、高空速降等。合作性项目多为团体项目，需要学员发挥团队合作精神，掌握正确的合作方法。所有参与者均需要投入其中，从而得到了解自我和提升团队凝聚力的机会。

大学生拓展训练：大学生户外拓展训练应把重点放在创新人才培养目标的实现上。通过信任训练、沟通训练、领导力训练、自信心训练、心理突破训练等，全面挖掘和提升大学生的综合素质，提高团队意识与大学生的创业及就业能力。

工作群体拓展训练：可以挖掘个人潜能，熔炼团队，提高团队战斗力，增强团队凝聚力与执行力，让员工学会感恩，勇于承担责任，还可以增强员工对企业的归属感与忠诚度，提高其工作积极性及激发其潜能。

2.营地教育

（1）营地教育的概念。

美国营地协会1998年给营地教育的定义为："一种在户外以团队生活为形式，能够达到创造性、娱乐性和教育意义的持续体验。通过领导力培训以及自然环境的熏陶，帮助每一位营员达到生理、心理、社交能力以及心灵方面的成长。"

"营地"一词在《现代汉语大词典》中的释义为：军队驻扎的地方或团体、组织等在野外设置的短期活动、休憩的地方。它有四层含义：一是营地最早的意思是军队扎营的地方，是一个固定的场所；二是在户外的大自然中；三是短期进行的；四是以活动和休闲为主。而在营地教育中，营地主要是指活动场所，因此营地教育是指依托大自然，以团队生活为基础，以体验式学习为主要教育模式，以教育学和心理学等跨学科理论为实践依据，由专业营地教育机构、专业营地导师组织开展的促进儿童与青少年成长的各类素质教育活动。

知识拓展
10-1-2

营地教育的
起源与发展

（2）营地教育的产品类型。

①按参与对象分类：可以将营地教育产品分为学龄前营地教育、小学营地教育、初高中营地教育。

②按时间长度分类：营地教育产品的周期较为灵活，可以分为体验营（半天、几小时）；一日营；两日营；一周营；两周营；一月营等。

③按照课程主题分类：营地教育活动在专设的营地中开展，按照课程内容可以将营地教育类产品分为自然教育类、生存技能类、军事体验类等。

（3）营地教育的特征。

①趣味性：新奇的户外环境、轻松互动的学习氛围、寓教于乐的教学方式让青少年感到轻松愉快、心情振奋，激发浓厚的学习兴趣。

②情境性：在真实、开放的学习环境下开展实践教学，可以引发更多的反思，情景交融，让青少年学会理解、学会欣赏、学会感恩。

③互动性：营地教育通常以团队合作学习的形式开展，促进同学之间、师生之间、小组之间、班级之间、与大自然之间的多维互动。

随堂测验
10-1-1

任务一

导游实务

216

知识拓展
10-1-3

户外拓展、
营地教育与
研学旅行

④成长性：营地教育通常以教育部发布的《中国学生发展核心素养》为导向，整合多学科知识，促进青少年理想信念、精神状态、综合素质的成长与提升。在营地教育过程中，预设目标不断实现，新的主题不断产生，新的目标不断生成，学生的体验、反思、成长将不断深化。

⑤自主性：营地教育回归学习者主体，学习不再依赖于施教，而依赖于青少年自我激励的好奇心和自动开始的学习行动。同时，营地教育认为每一位学生都是独特的，充分尊重青少年的兴趣、爱好，尽量让青少年自行选择、自主参与、自己决定学习目标、内容和方式，导师成为学习的协助者。

⑥开放性：营地教育让青少年走出课室、迈出校园、走向社会，更加开放地接触大自然，学习成果将会有更多的呈现形式。

⑦体验性：营地教育的本质是"经历、体验、分享与反思、成长"的体验式学习，重视过程体验和情感互动，课程设计和导师的水平将直接影响营地教育的质量。

任务二 户外拓展与营地教育服务团队

◎ **任务目标**

在户外拓展与营地教育活动中，一个好的"引导者"是学员能否在活动中充分发挥自我、获得良好体验的核心因素。这位"引导者"不仅要具备较强的综合素质，还要具备良好的专业素养。因此，此类活动对服务团队的要求要比一般导游员更高。

◎ **素养目标**

通过学习和掌握户外拓展师、营地教育指导师的工作内容，帮助学生提高人文素养，培养探索精神与科学思维，增强服务意识与责任意识，践行社会主义核心价值观。

理论知识

1.拓展培训师及其主要工作内容

（1）拓展培训师。拓展培训师，在拓展培训中称为拓展教练，是指掌握拓展培训的基本培训方法和技能，熟悉拓展培训中的安全操作规程，能够保证拓展培训项目正常运营和管理的专业培训人员。目前，在我国户外拓展仍处于起步阶段，拓展培训师还没有统一认证的行业标准。

（2）拓展培训师的主要工作内容。

①根据学员培训的目的设计课程。培训师需要按照课表，并根据自身情况调整完成课程实施；若培训的日程表是灵活的，则需要培训师与被培训者一起确定目

标，并制订行动计划。出色的拓展培训师能够调整日程并进行"课外"培训，以满足学员的不同需要。

②完成课程，控制和管理学员安全。在培训过程中，拓展培训师并不是完全与学员在一起，而是在某一观察点注意学员的状态，保护学员的安全。户外拓展课程中多强调自我行动，自我剖析、洞察力和自我意识总是在行动中发生。优秀的拓展培训师能够在保持学员活力的同时，寻找导致学员受阻和无效率的原因。拓展培训师相信学员有足够的智慧、创造力和动力发展以取得成功，只是学员需要帮助来达到目的。

③进行课程总结，解决学员问题。活动结束后，拓展培训师要对学员的心理状态加以引导，让学员通过培训和亲身体验来重新认识自我，诊断自身问题所在，提出有效的解决办法。优秀的拓展培训师会将理论运用于实际环境中，创造性地提供新的观点和视角。

2.营地导师及其主要工作内容

（1）营地导师。在户外营地中，从事营地教育的员工统称为营地导师。导师的身份既包含了"师"，即教师的身份，还包含了"导"，即通过日常的营会活动、小组活动以及自由活动时间引导孩子与他人友好相处、遇事互帮互助、勇敢直面挫折，并找到解决问题的办法等。

（2）营地导师的主要工作内容。

①陪伴学员完成活动。在大部分营地，导师需要和学员一起生活、一起做活动，照顾他们的起居、饮食、心理。短短几天的营会活动，很多的学员都和自己的小组导师相处得非常愉快，并且建立起非常深刻的感情。可见，在一定程度上，学员对导师已经产生了依赖，所以在结营的时候大家往往会发现让学员感到最不舍的就是在营地中非常阳光的这些大哥哥、大姐姐。在这个过程中，导师也在潜移默化地引导学员，陪伴学员成长。

②帮助学员独立生活。在营会期间，导师和学员一起生活，并完成营地所设置的课程。在营地中学员们需要面对各种各样的挑战，包括独立生活、社交、活动挑战等方面。这时候导师又会以帮助者、支持者的身份出现，来鼓励他们克服这些困难、迎接挑战，让他们走出自己的舒适区，步入成长的延展区。

③培养学员能力品质。在课程实施过程中，导师需要不断地引导学员对课程体验进行分享、反思，内容不局限于活动之内，孩子们也愿意敞开心扉去和导师聊天，在这个过程中导师引导学员朝积极、正面的方向发展，培养学员的能力或品质。

④传递户外教育理念。营地导师在拓展培训过程中会强调对未成年人户外教育理念的培养，而在实际操作过程中，导师会传递给孩子们这种精神和导师对教育的思考与探索。

随堂测验
10-1-2

任务二

案例共享

中国登山协会山地户外营地指导员培训班将在平乐古镇举办

中国登山协会对外发布消息，2020年全国初级山地户外营地指导员培训班将于2020年8月19日至23日在四川省成都市平乐古镇天府竹海举办。受疫情影响，2020年全国初级山地户外营地指导员培训迟迟未展开，为加快复工复产、提振从业人员信心，近期由国家体育总局批准，中国登山协会通过对疫情过后全国户外运动基地在防疫安全、基础设施、自然资源、配套服务等方面的综合评估，将四川首场全国初级山地户外营地指导员培训选址为成都天府竹海。

本次培训的主要目标是熟悉初级营地指导员的基本职责和义务与能力，遵纪守法；熟练掌握营地教育的相关知识、技能和技术，并熟练应用，保证营地活动的安全；具备良好的营地活动组织管理能力，能够制订并实施营地活动计划，具有良好的教师素养；具有较强的环保意识，并在营地活动中加以运用；具有较好的指导能力，运用引导反思技巧，向活动参加者传播科学的、正确的知识理念，让营员在活动过程中得到成长。据悉，完成专业的封闭式培训和严格的考试，是取得户外营地指导员从业资格证书的唯一途径。

资料来源　佚名. 中国登山协会山地户外营地指导员培训班将在平乐古镇天府竹海（川西竹海）举办［EB/OL］.［2020-08-06］. https://www.sohu.com/a/411781630_100182729.

思政专栏

营地教育：素质教育的新形式

在许多80后、90后的记忆里，"冬/夏令营"是童年生活中的重要一笔。现在，"冬/夏复营"这类体验式学习的营地活动，时间上已经不再局限于寒暑假，类型也更为多样化，已成为受到许多家长认可的素质教育形式——营地教育。

其实很多家长深有体会，现在的孩子在学校接受正规的教育，但是等他们长大之后，我们却发现他们缺少一些生存生活的必备能力。营地教育是相对于学校教育和家庭教育而言的一种社会教育模式，它以跨学科理论和实践为依据，以户外团队生活为主要形式，提供融合创造性、娱乐性和教育性的创意课程，鼓励、引导营员探索自己、发现潜能，培养他们在全球化和多元文化的背景下共处、共赢所需的意识与能力，包括跨文化沟通、领导力、生存能力、服务精神等。

2013年，中国在国际营地界提出营地教育概念，在营地概念上赋予了更多的教育属性和教育理念。2016年堪称中国营地教育元年，同年12月，教育部等11个部门印发了《关于推进中小学研学旅行的意见》，标志着研学旅行、营地教育在中小学生成长教育中的重要作用已经得到国家和政府的高度重视。

区别于书本阅读和课堂教学，营地教育侧重让孩子在体验中达成一定目标，完成自我认知，收获身体和心灵的双重成长，其中有着更多的教育意味，因此不是走马观花式的看与学，更不是简单地将课堂搬到营地。营地是一个没有围墙的学校，不会将孩子困在应试教育的枷锁之下，营地不同于温暖的家，让孩子在温室的保护下成长。在营地，孩子需要离开家、离开父母，体验集体生活，通过丰富有趣的活动，探索自然的奥妙，学会与他人相处，独立解决生活问题和社交问题。营地教育，不仅仅是一种玩耍的方式。营地活动通常是科学、丰富、创造、有趣的，通过轻松的方式达到孩子健康发展的目标。营地教育的意义是让孩子在自然的环境中通过科学的课程度过快乐的学习时光，在有趣的互动、有爱的团体中，学会自我成长提升、合作交流、发现探索，这就是体验式教育的魅力。

资料来源　佚名. 中国营地教育发展现状："夏令营"渐成千亿级市场［EB/OL］.［2018-11-17］. https://www.sohu.com/a/276096042_100191005.

思政关键词：服务意识　践行社会主义核心价值观

◎ **项目概述**

户外拓展与营地教育的服务过程，包含了从接到相应的工作任务起，至送走学员团队并完成后期工作的整个工作流程。这一过程中既包含了部分在一般导游服务中存在的环节，也包含了此类活动中一些专业的工作流程。

◎ **项目结构**

本项目结构如图10-2-1所示。

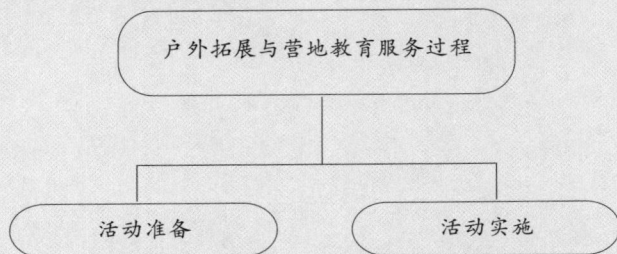

图10-2-1 项目结构图

任务一 活动准备

◎ **任务目标**

户外拓展及营地教育活动的准备，即在了解整体接待安排的基础上，充分掌握团队的活动安排，有的放矢地满足团队的需求，确认每日活动安排的科学性、合理性和实用性。同时，前期的各项实质性准备工作也尤为重要，它是活动能否顺利开展的关键性因素。因此，在开展此类活动前，服务人员应充分进行事前准备。

◎ **素养目标**

通过学习和实践户外拓展与营地教育的服务过程，帮助学生提高人文素养，培养探索精神与科学思维，增强服务意识与责任意识，树立工匠精神，践行社会主义核心价值观。

理论知识

1.户外拓展活动及营地教育中的相关核心概念

（1）体验式培训：强调的是"先行后知"，即通过个人在活动中的充分参与，获得个人的体验，然后在培训师的指导下，团队成员共同交流，分享个人体验，提升认识的培训方式。也可以说，凡是以活动开始的、运用"先行后知"模式的都可以算是"体验式培训"，很多人将这一概念基本等同于拓展训练。

（2）主题式冒险：又称"魔鬼"训练，包括低度、中度及高度冒险训练，可以激发学员挑战、冒险的精神。例如，日本企业培训中类似军事训练的越野拉练，虽然与企业管理的内容相关性不大，但深受学员欢迎，并且影响着学员以后的工作态度、工作质量和工作效率。

（3）行为学习法：最早由剑桥大学提出，以协助企业员工培训、组织变革及构建学习型组织为主。它是一种以学员为中心，由学员自己提出本企业需要解决的实际问题，并由其他学员共同研究解决方案的学习过程。

2.户外拓展活动与营地教育的性质

国外学者对校外教育的定义：苏联著名教育家凯洛夫在《教育学》一书中将校外教育概述为"除了学校以外，各种机关和团体对儿童及青少年所实施的多种多样的教育工作"；日本学者松永健哉认为"与学校生活有关的校外教学指导称为校外教育"。我国对校外教育的定义：张焕庭在《教育词典》里将校外教育概述为"学生在学校以外从事的各种教育活动"；顾明远在《教育大辞典》里将校外教育概述为"校外机构组织和领队，旨在协同学校实现培养目标的教育活动"。由于营地教育是在学校外组织，以素质教育为中心的一种教育，因此营地教育属于校外教育范畴。

任务实施

步骤一：熟悉活动计划

熟悉活动计划是服务人员明确自身工作内容的前提，而不同参与者因其年龄、性别、受教育程度等特征的不同，其活动内容存在较大差异，需要服务人员进行充足的事先准备，保证活动的顺利开展。本项任务与模块一中任务一的内容有很多相似之处，但仍存在一定操作上的区别。

1.接收团队资料

团队订单完成后，在团队抵达前一周（甚至更长时间），导师会接到本次团队的相关资料，主要内容包括团队人员基本情况、课程安排、行程安排等。基本人员情况包括团队各成员的年龄、性别、职业、受教育程度、个人特长等方面，这是了解参与者、开始课程前的第一步。课程安排主要包括团队本次活动的具体日程安排，一般以课程表的形式展示。行程安排主要包括团队的交通、住宿、餐饮等旅游服务安排和标准等。

2.核对课程安排表

课程安排表是户外拓展及营地教育类产品的核心，包含了完整的旅游内容及体验，因此对课程表的核对显得尤为重要，它决定了整体活动能否顺利进行及完整完成，影响着参与者对产品的体验。课程安排表的核对主要包括以下方面：

（1）确认课程安排表中的活动能否正常开展，包括场地、设备、物资、人员等多个方面。对于不符合要求、不能正常开展的活动应及时上报，协调处理替换内容。

（2）确认课程安排的时间是否科学合理，课程能否正常衔接。如果遇到时间安排不合理的情况，则应及时上报，协调处理解决。

（3）确认课程安排内容是否与活动主题相符。如果课程内容与团队需求或研学主题不相符，则应及时上报，协调处理解决。

（4）确认课程安排的顺序是否科学合理，课程内容是否由浅入深、循序渐进。如果遇到时间安排不合理的情况，则应及时上报，协调处理解决，重新对课程进行规划。

3.掌握参与人员情况

户外拓展及营地教育产品能否成功，主要取决于参与者对产品的体验，因此在活动开展之前，服务人员应当对参与者的情况进行了解、掌握，以保证活动的顺利开展。对于参与人员情况的掌握，应着重注意以下方面：

（1）参与者是否能够达到课程项目中对参与者身体机能的要求。

（2）参与者是否能够达到课程项目中对参与者心理机能的要求。

（3）参与者是否能够达到课程项目中对参与者教育基础的要求。

（4）参与者有无疾病史，近期身体状况是否健康。如果参与者不能达到活动项目的要求，则应及时上报，协调处理解决。

（5）参与者的个性特征及个人特长。此类活动中注重因材施教，重视发挥团队成员的不同特点，建设独立人格，因此个性化、有针对性的导学可以使参与者获得更好的体验。

4.了解不熟悉的活动内容

户外拓展及营地教育产品的主题具有广泛性，包含体育、户外、自然、历史文化、艺术、科学等主题，对服务人员的综合素质要求很高。而在实际操作过程中，服务人员一般无法掌握所有领域的知识或技能。因此，当面临自己不熟悉和不擅长的领域时，服务人员应当根据实际情况进行判断。若可以提前准备并带领队员顺利完成，则应对活动内容提前做好充分准备；若感觉自身能力无法完成既定的活动内容，应及时上报并请求帮助。

5.与领队提前联系

服务人员应提前与团队领队（或直接联系人）取得联系，了解该团队团员是否有变化，对本次活动还有何具体要求。在能力范围之内的要求应当尽力予以满足。

6.最终确认活动计划安排

在对活动内容及参与者的情况进行反复核对和调整（必要时）后，服务人员可以确认最终的活动计划安排并准备实施。

步骤二：活动前各项准备

1.身心准备

（1）个人形象准备。仪容仪表要求：服务人员在活动期间应时刻注意自己的外在形象，把干净利落、精神饱满的一面呈现给旅游者。导师不应染除黑色以外的发色，男性导师的发型应以简单的短发为主；女性导师刘海不应遮眉眼，长发过肩者应将头发扎起，不可披头散发，不可留长指甲，可以适当化淡妆。

服饰要求：由于活动多在户外进行且具有一定的运动量，因此着装方面应尽量以舒适、普通的运动类、休闲类便装为主，不着西装、不着裙装、不着花哨的服饰，不着配饰。目前，一般户外营地中会配有服务人员专用的工作服，以运动服或冲锋衣套装为主。

（2）体能准备。一般要求服务人员在日常工作中加强体育锻炼。对于初次带团的人员，需要其具备至少一年的户外活动经历，并提供相应的证明材料。有心脏类疾病及运动类疾病的人员不可从事相关工作。

（3）心理准备。第一，对承受活动复杂性和艰苦性的心理准备。此类活动由于多与户外相关联，可能会面临复杂的自然环境和多变的天气等不良因素，因此在活动之前要做好面对困难的心理准备。

第二，对承受团队成员不配合和冷漠反应的心理准备。工作过程中不是单方面提供服务，更需要成员的配合。然而，在活动开展的过程中，因为成员个性特征、个人喜好等方面均不相同，不配合及冷漠对待活动的情况时有发生，所以要求服务人员做好面对此类困难的心理准备，并能够在活动中尝试对成员进行耐心引导和帮助。

第三，对承受各类抱怨和投诉的心理准备。此类工作是复杂而辛苦的，在活动中往往因为各种各样的情况受到抱怨、投诉，对于这种情况，服务人员要有足够的心理准备，沉着应对并一如既往地为团队提供服务。

2.知识准备

（1）体育知识储备。此项储备包括体育保健、体育运动项目、体育赛事、体育组织、体育科技等多个方面。

（2）户外知识储备。此项储备包括户外运动项目、户外生存常识、户外生存技术、户外装备认知、户外急救技术等多个方面。户外活动与体育运动共同贯穿于活动整个过程，是服务人员必须掌握的基础知识与能力。

（3）自然教育知识储备。自然教育在营地教育中占有极其重要的位置。日本等国开设的自然学校更是这种活动形式的升级。自然学校让城市的孩子走进自然的殿堂，在自然的美妙与伟大中提升自身的观察力、创造力。对服务人员来说，在自然教育知识的掌握方面，主要涉及地理、生物、物理等学科的基础知识。

（4）教育学知识储备。由于服务人员面向的多是儿童及青少年，同时又是从事以教育为目的的活动，因此对于教育学知识的储备也是十分必要的。在活动中运用一些教育学理论及技术，往往可以对参与活动的成员进行有效的管理和控制。

（5）心理学知识储备。服务人员在活动过程中要时刻掌握参与者的心理活动，在活动中引导成员使之获得心理成长，因此具备心理学知识是非常重要的。

（6）导游基础知识。此部分在模块一已做过详细阐述，在此不予赘述。

3.物料准备

（1）工作证：在户外拓展及营地教育活动中，一般要求导师佩戴工作证或工牌以证明个人身份。

（2）活动文本资料：在前期会为团队准备一份活动资料，详细介绍课程安排、需完成的任务等内容，以供团队成员参阅。

（3）活动物料：活动物料主要包括课程中需要使用到的道具、物品等。例如，在户外营地课程中，需要使用指南针、打火石、帐篷等物品；在自然教育类课程中，需要使用放大镜、显微镜等物品；在体育类活动中，需要用到足球、网球等物品。活动物料的准备是物料准备任务中最重要的部分，而由于课程活动使用的物料多而繁杂，因此需要根据课程活动的具体安排，提前准备合适的、易获取的物料。

（4）个人物品：①手机、充电器、充电宝。作为必要的联络工具，手机在沟通联系方面的作用是不可替代的。在活动过程中，必须保持联络畅通，以备不时之需。②运动手表（或GPS设备）。在户外营地教育活动中，运动手表可帮助导师记录地理数据，保证课程活动（如徒步穿越、野外求生等）的安全开展。同时，运动手表还具备方向指引、运动数据记录等功能，可以获取更多有用的数据。③口哨。口哨不论在拓展课程中，还是户外教育课程中都具有重要的作用。服务人员可以运用口哨有效辅助自身管理学生，同时口哨在户外还具有求生的功能。④常用药品。服务人员应具备自己使用的常用药品及防止外伤常用的药品，如云南白药等。要注意在一般情况下，即使在户外，服务人员也不能将内服药品给成员服用；当在户外发生外伤事件时，要第一时间使用急救技术缓解成员的伤势，同时尽快将其送至医院治疗。⑤其他物品。其他物品包括身份证、笔记本、工作包等必需物品，以及防晒霜、润喉片等防护用品等。

随堂测验
10-2-1

任务一

任务评价

通过实施以上步骤，是否达成了该项任务目标和素养目标呢？请对完成任务的情况做出评价，见表10-2-1。

表10-2-1　　　　活动准备任务评价表

评价内容	完成情况			
	优	良	中	差
熟悉活动计划				
活动前各项准备				
具有人文素养、探索精神与科学思维，具有服务意识与责任意识，树立工匠精神，践行社会主义核心价值观				

任务二　活动实施

◎ **任务目标**

户外拓展及营地教育活动根据团队情况不同，开展的周期也存在一定差异。整体的活动实施过程包括破冰、课程实施、团队协作等环节。服务人员需要从具体团队情况出发，梳理整个服务流程，保证活动的顺利实施。

◎ **素养目标**

通过学习和实践户外拓展与营地教育的活动实施过程，帮助学生提高人文素养，培养探索精神与科学思维，增强服务意识与责任意识，树立工匠精神，践行社会主义核心价值观。

理论知识

1.户外拓展活动的特征

（1）综合性：所有项目都以体能活动为引导，引发出认知活动、情感活动、意志活动和交往活动，有明确的操作过程，要求学员全身心地投入。

（2）教育性：户外拓展活动的最终目的在于使参与者能够在活动中收获身体上和心理上的成长，因此是一种典型的具有引导式教育和自我教育的过程。

（3）体验性：户外拓展活动要求参与者在克服困难顺利完成课程要求后，能够体会到发自内心的胜利感和自豪感，获得一次不可复制的特殊体验。

（4）挑战性：拓展训练的项目都具有一定的难度，不仅表现在体能考验上，更体现在心理考验上，需要学员向自己的能力极限挑战，跨越"极限"。

（5）团队性：户外拓展训练实行分组活动，强调集体合作，力图使每一名学员竭尽全力为集体争取荣誉，同时从集体中吸取巨大的力量和信心，并在集体中显示个性。

2.营地教育活动的特征

（1）民主性。教育民主是世界教育的主流，法国教育家米阿拉雷指出，教育的民主化已经成为教育改革的一项固有目标。营地教育的民主性表现在选择营地课程的民主性及参与活动项目的民主性。营地导师无权强迫营员挑战活动项目。

（2）开放性。营地教育不受教师的限制、学校围墙的约束，拓宽了发展空间，体现了办学模式的开放性。营地教育的知识体系不受学科的限制，知识的取材理念是"生活处处有学习"，体现了知识系统的开放性。营地教育的组织形式多种多样，表现了组织形式的开放性。

（3）主体性。营地教育是以营员为中心的教育，营地导师作为辅助引导的角色，区别于学校教育老师与学生共同主体的特征，其着眼于培养营员自律、自立、自强的品格，以及个性和创造性。

任务实施

步骤一：破冰

破冰是正式课程前的热身，旨在打破学院之间的陌生感，打破人与人之间的隔膜，活跃现场气氛。同时，破冰的方式和课程也因人而异，丰富多彩。

1.自我介绍

破冰活动的第一步即自我介绍，开始前将学员组织成列队，清点学员人数，说明本次课程的目的、方式、时间安排等，让学员对课程有宏观上的了解。紧接着，可以设计一个有趣的游戏使各个成员分别进行自我介绍。

自我介绍的方式有很多，可以根据成员的特点进行。例如，自然式破冰，即让成员在规定时间内与队友交换身份信息；以代号、绰号等代表成员名称，说出选择这一代号的原因；以数字、生肖等集合进行成员身份的重新定义及分组；以接龙游戏的形式让下一位成员重复之前成员的自我介绍内容，并以此类推等。

2.破冰游戏

在自我介绍结束后，可以再采用1～4个游戏来进行破冰，让成员在一个个设计巧妙的游戏当中与队员熟悉。要注意的是，如果自我介绍中已经采用了游戏的形式，则在这一环节可适当减少游戏的数量和时间。

（1）将成员进行分组、分队，每组选出一名队长，可通过推荐或自荐的形式选择队长。

（2）起队名及设计队训。起名要形象，有意义；队训要简练、上口，具有震撼力。

（3）各队相互展示及评分。

步骤二：课程实施

根据户外拓展及营地教育课程内容的不同及具体培训人员的个人情况，课程实施的过程也不尽相同。目前，市场中主流的户外拓展及营地教育产品包括体育运动类、户外求生类、自然教育类等。本过程参考目前市场上出现的一些相关旅游产品，以后两种类型为例，为课程实施过程提供一定参考。

步骤三：活动中的沟通与协作

要明确的是，引领学员完成整个活动的目标是使学员获得身体上、心理上的成长，而沟通与协作贯穿于活动实施的整个过程中，是实现这一目标的重要策略。沟通与协作不是盲目的，在方法的选择上，可以通过以下步骤有效实施：

1.关注个体差异

（1）了解及尊重学员的个体差异。差异的产生可能来源于学员自身的性格、社会背景等方面，首先需要了解及尊重这种差异性，而非一味地强调整体、集体的概念。

（2）采用多样化的授课手段，力求使每位学员都能够有效参与。例如，对性格内向、不愿参与课程活动的成员，可通过引导提问及体验的形式，消除成员的隔阂。

2.团队协作

（1）根据不同情况对成员进行分组、分队，明确小组中每位成员的作用。分组应尽量以自愿的形式进行，且体现"差异化"的特征。例如，不可将男生、女生各自分组，也不可按照性格将较内向及较外向的学员分别分组。不当的分组方式会在课程实施中引发各种问题。

（2）在课程中为小组多设置阶段性目标，激励各个小组完成目标。这是团队协作的过程，也是成员间建立关系、充分发挥自身特点，并通过活动成长的过程。在此过程中应对学员进行引导，协助不同小组克服问题，完成目标。

（3）小组总结、汇报及反馈。在小组完成阶段性目标后，应组织各小组进行活动总结，由专人进行活动汇报，并对小组存在的问题进行分析，监督其改进和提高。

步骤四：活动总结

1.陈述总结报告

（1）培训师（导师）对整体活动情况进行总结陈述，主要内容包括活动目标、活动计划、课程意义、课程开展情况、课程的优势与不足等。

（2）培训师（导师）对活动中成员参与情况进行总结陈述，主要内容包括团队成员参与情况、课程完成度、团队协作情况、个人成长情况等。

（3）培训师（导师）对学员的优势及不足进行总结陈述，主要内容包括成员的长处与不足、针对不同成员提出今后的发展建议等。

2.引导小组代表或成员代表发言

根据成员构成情况，可由成员直接进行活动总结，或选出小组代表或成员代表，就小组目标完成情况、团队协作情况、个人成长情况、对活动的感悟等方面进行总结。

3.进行个人及团队表彰

随堂测验
10-2-2

根据活动表现情况及成员间的相互评议，对活动中表现优异的成员或小组进行表彰，可通过颁发奖状、奖牌、奖品的形式进行，具体表彰情况可根据实际情况而定。

任务二

任务评价

通过实施以上步骤，是否达成了该项任务目标和素养目标呢？请对完成任务的情况做出评价，见表10-2-2。

表 10-2-2　　　　　　　　　　活动实施任务评价表

评价内容	完成情况			
	优	良	中	差
破冰				
课程实施				
活动中的沟通与协作				
活动总结				
具有人文素养、探索精神与科学思维，具有服务意识与责任意识，树立工匠精神，践行社会主义核心价值观				

知识拓展
10-2-2

什么是破冰？

案例共享

户外生存课程中的准备与实施——饮用水的获取

1.课程简介

在户外环境中，水是人类最重要的需求之一。人可以三天不吃食物，但绝不能三天不喝水。水分约占人体体重的70%，温度变化、运动、紧张等都会使人体流失水分。流失的水分必须及时补充才能够维持人体的各项机能，而在户外人们无法提前携带保证正常活动所需的饮用水量，因此在户外生存课程中，饮用水的获取是基础且至关重要的。

本次课程中，户外导师将为学员介绍三种常见的户外取水技能，即辅助设备取水法、过滤器取水法、蒸发取水法。同时，向学员逐项进行演示操作，引导学员实践模拟，学会技能。最终学员能够从学到的技能中举一反三，从三种方法中推导出其他户外取水的方法。

2.课程核心内容

（1）辅助设备取水法：通过使用一些可携带的辅助取水设备进行户外取水。这种方法简单、直接、有效，但需要借助提前准备好的专业设备。目前，外力辅助取水法中主要使用的设备（物品）有迷你净水器、净水药片等。户外导师通过向学员介绍迷你净水器及净水药片的使用方法，使学员学会如何使用相关设备。

（2）过滤器取水法：将携带的塑料饮料瓶的瓶底去掉，自下而上依次填入织物（或者布）、细沙、草、碎石等，填入物按由细到粗的规则依次填入，最后将浑浊的水由塑料瓶底部倒入，通过水的自然流动过滤杂质，最终获得纯净的饮用水。户外导师通过讲解过滤取水的原理，并指导学员制作过滤器，填入制作过滤层所需的物品，获取纯净饮用水。

（3）蒸发取水法：将携带的一个干净的、密封的塑料袋中装入一块石子后，将其套在树枝较茂盛的枝叶上，并用绳子将袋口扎紧；接着树叶将会蒸发出水分并收集在塑料袋里；最后水分就会聚集在塑料袋底部。户外导师通过讲解蒸发取水的原理，在温度适宜的前提下寻找合适的树枝进行模拟操作，并指导学员实践。

3.课程目标

（1）学会个人独立在户外环境下如何获取饮用水。

（2）学会如何合理利用现状条件下的户外环境实现独立生存。

（3）透过现象看本质，自我探索其他户外获取饮用水的方法。

4.课程任务

（1）亲身实践并学会辅助设备取水法、蒸发取水法。

（2）小组团队配合实践并完成过滤器取水法。

（3）完成个人课程总结，分享心得体会。

5.课程实施

（1）课前准备。

①导师的知识储备：包括辅助取水设备法的使用知识，过滤取水法及蒸发取水法中隐含的物理知识的储备。

②导师的课程物料准备（多份）：迷你净水器，净水药片，户外水壶、一次性塑料杯、塑料饮料瓶、布块、户外刀具，保鲜袋。

③课程实施地准备：尽量选择晴天，选择户外有水源及树木的区域进行演练。

（2）课中实施。

①学员集合，导师点名，介绍课程内容。

②导师进行学员分组，并按小组分发课程物料。

③导师带领学员抵达授课地点。

④导师向学员介绍蒸发取水法的原理和使用方法，并进行实际操作演示。学员分小组进行模拟演练，制作完成后集合。

⑤导师向学员介绍迷你净水器和净水药片的使用方法，并进行实际操作演示。学员分小组进行模拟演练，将获取的饮用水在一次性塑料杯中进行展示。

⑥导师向学员介绍过滤器取水法的原理，并指导学员（以小组为单位）用户外刀具制作过滤器，过滤器制作完成后导师进行检查和确认，最终学员分小组进行取水演练，将获取的饮用水在一次性塑料杯中进行展示。

⑦导师带领学员检查课程开始时制作的蒸发取水装置中获取的饮用水。

（3）课后评价。

①学员就课程中出现的问题进行提问，导师进行答疑。

②导师根据小组完成的情况，选择不同的小组进行课程汇报。

③对课程中任务完成优秀的小组进行表彰。

④导师向学员提出课后作业及思考：在学会以上方法的基础上，还有没有其他同样可以在户外获取饮用水的方法？

资料来源　大鹏. 求生——户外生存必备技能［M］. 北京：化学工业出版社，2017.

案例点评
10-2-1

户外生存
课程中的
准备与实施
——饮用水
的获取

思政关键词：职业热爱　工匠精神

思政专栏 ☑ ·································· ◉

用心做教育的营地导师是营地的灵魂

营地，是给家长与孩子创造希望的地方。对营地导师而言，这里是他们的家，他们自己受益于营地，就想把自己最有价值的能量传递给每一位学员，希望他们能得到启迪。

学员的到来让导师有一种神圣的使命感，他们会用尽十八般武艺，献上百宝精力，为学员打造各式各样的活动体验。有讲求智力与情商的活动；有着重挑战与耐力的活动；也有无聊、搞笑但过瘾的各种活动。务求在学员的生命中印下难忘的成长片段，在正规的学习旅途中，撒下不一样的种子。

每个人都清楚自己的角色，也做好了心理准备；不会立刻见到收成，但若能见证土壤因为你的松土而有所软化，种子可以安然埋在地的深处、长出根来，你已完成你伟大的使命。营地导师有时候像是一个淘金人，通过观察孩子们，看到他们一点一点的小进步，一点一点的小坚持，在沙海里发现了闪着光的孩子们。

每期营会，导师们都会认真记录每个孩子的表现，记录他们在营地发生的点点滴滴，记录他们的成长，他们从来不觉得这是非常麻烦的一件事，相反地在种种的记录过程中，他们总会收获一次又一次的欢笑和感动，好几次在填写孩子们的成长记录表的时候都热泪盈眶，更欣喜于他们这一丝一毫的成长、变化皆因自己的付出。

对每一位营地导师而言，营地的每一个孩子的情况，他们都会铭记于心，大到安全情况、设施完善情况，小到孩子们的喜怒哀乐。

导师在营地扮演了很多的角色，最常见的是家人与朋友，孩子遇到了麻烦，父母不在身边，而能依赖的人只有导师，导师和孩子们一起生活、一起活动，照顾孩子们的起居、饮食、心理情绪，与学员建立起了非常深厚的感情。在结营的时候大家往往会发现，让学员感到最不舍的就是在营地中非常阳光的导师，导师在潜移默化中引导学员，陪伴在他们成长的重要阶段。

营地教育作为学校教育的良好补充，为提高孩子的综合素质，锻炼其实践能力起到了重要的作用，而在这个过程中，用心做教育的营地导师，成为营地教育的关键因素。

资料来源　佚名. 用心做教育的营地导师是营地的灵魂［EB/OL］.［2019-07-06］. https://www.sohu.com/a/325274096_729004.

课后思考与实践

1.结合所学内容分析，拓展培训师与营地导师的工作内容有哪些相似点和不同点？

2.结合所学内容分析，拓展培训师与营地导师所提供的服务内容与整个户外拓展及营地教育的产品存在怎样的关系？这些岗位与相关的产品开发岗位内容存在哪些工作内容上的异同？

◎ 项目概述

现今市场中，户外拓展与营地教育产品类型五花八门，产品质量参差不齐，而对行业从业者，尤其是活动的直接实施者——导师（培训师）而言，产品的策划与开发是其为学员提供优质服务的根本保证。因此，户外拓展与营地教育产品的开发，是其服务中重要的组成部分。相较研学旅行产品，户外拓展与营地教育的活动地点相对固定，产品开发的主要内容为课程设计，而课程设计又包含了课程主题、课程内容、课程体系等主要内容。

◎ 项目目标

在户外拓展与营地教育活动中，以课程为主体的活动内容是其产品的核心要素。因此，了解户外拓展与营地教育的产品开发流程，掌握每个流程和环节中的主要工作，是做好相应服务的前提，也是深入理解这一产业领域工作内容的关键。

◎ 素养目标

通过学习户外拓展与营地教育的产品开发，帮助学生提高人文素养，培养探索精神与科学思维，增强服务意识与责任意识，树立工匠精神，践行社会主义核心价值观。

理论知识

营地教育产品以活动课程为载体，活动课程以营员的兴趣和直接经验为基础，以与生活、社会相关的教育素材为内容，以营员的生活习惯和认知发展规律来选择课程内容，打破了以系统化知识为主体的授课方式，强调"做中学"的教学方式，以营员兴趣为出发点，致力于满足营员的求知欲望，发展多样化兴趣。营地教育的课程活动丰富，对课程内容没有界限，一切有教育意义的素材都可以融入营地教育课程中。目前营地课程活动涉及生活、自然、社会、科学探索等多个领域。

营地教育产品具有以下特征：

（1）综合性。从产品内容上来看，多种科学知识融入于营地教育活动中，涉及历史、文化艺术、户外、生活等。从产品结构上来看，还可以实现一元多能。例如，登山课程，以登山知识和技能为教学主体，登山环境处于自然环境中，可以实现自然科普等知识教学。因此，营地教育产品具有综合性。

（2）现实性。营地课程的产品设计与开发取材于现实生活和社会，将生活现象、社会现象编入课程活动中，实现了教育的价值。

（3）实践性。营地教育的本质属于素质教育的一部分，以体验式学习为教学手段传授知识，体验式学习主张体验、分享、共识、行动形成的概念，摒弃以前说教式的间接式经验传授，提倡以自主实践的方式获取经验。

项目实施

步骤一：分析参与对象及活动目的

1.参与对象分析

参与对象分析主要包括以下内容：

（1）参与成员的数量：涉及具体课程活动内容中的实现度与完成度；涉及如何分组及等方面。

（2）参与成员的年龄及性别比例构成：涉及具体课程中活动内容的安排。例如，在户外拓展活动中的高空项目及运动类项目，需要根据学员的年龄和性别特征分配难度适宜的课程，防止课程内容的难度过大或过小，使得学员无法获得预期体验。

（3）参与成员的职业（只适用于户外拓展类活动）。在户外拓展类活动中，参与成员的职业特点和职级是制定课程内容的主要依据之一。例如，对于从事销售类职业的学员，拓展课程设计会倾向于培养社交沟通能力；对于从事重复性工作职业的学员，拓展课程设计会倾向于培养意志力和专注力；对于中高级管理层人员的拓展课程设计会倾向于培养领导力和控制管理能力；对于基层管理人员和一般工作人员的课程设计会倾向于培养协调能力和执行力。

（4）参与成员的受教育程度。在营地教育中，有来自高中、初中、小学、幼儿园的不同参与群体，因此课程设计的主题不同；在户外拓展培训中，除了要考虑以上情况外，还要考虑成人群体受教育程度的不同，受教育程度越高，越要重视在课程设计上结合活动对于学员的智力考验，而非单纯考虑体能消耗。

（5）参与成员间的熟悉程度。此类活动一个重要的培养方面是学员的沟通协作能力，因此在活动开展前要充分考虑学员间的熟悉程度，对于成团前就彼此熟悉的学员在活动中要避免其形成小团体；对于成团前相互不熟悉的学员要在活动设计中多考虑团队的协作性。

2.活动目的分析

活动目的即活动目标分析，而活动目标与课程主题具有一致性。在户外拓展活动中，活动目标主要包括户外技能培训、户外运动能力提升、心理素质提升、时间管理、团队管理、执行力提升、沟通技巧提升等；在营地教育中，其活动目标与研学旅行相似，可分为人文、地理、历史、自然、科技等类型。活动目标的确定同样与参与成员的整体情况相关，可对二者进行综合分析。

步骤二：确定课程主题及安排

1.确定课程主题

根据学员情况和前期既定活动目标，进行综合分析，最终确定课程的主题。

2.确定课程安排

根据活动时间和活动主题，编制课程安排。要注意的是，在课程安排过程中，要做到"前后呼应、循序渐进、紧贴目标、张弛有度"。既不能设计过难过易的课程，也不能一开始就给学员安排难度最大、重要性最强的课程，更不能将课程安排的太"满"，否则会引起学员心理上和行动上的排斥，进而影响其情绪，最终影响其活动体验。

步骤三：设计课程内容

（1）课程内容包含三个部分：课程理论讲解（课前）、课程实践操作（课中）、参与体验分享（课后）。

（2）在课程时间把控上，课程理论讲解应简洁明了，不应占据太多的时间。而课程的实践操作与体验分享是课程的主要部分，在实践操作中要融入团队协作的环节，在体验分享的部分要强调发挥导师的引导作用，使学员从单纯的活动体验上升为具体的心得体会。

（3）课程设计中要突出课程的实践性和体验性。这也是此类活动区别于一般学校教育的主要方面。不能在课程设计中融入大量理论或太多单纯讲授的环节，而应当以实践教育为主。

（4）课程设计中要兼顾趣味性与娱乐性。户外拓展与营地教育在活动内涵上都是一种教育活动，但同时具备了旅游的特征。因此在具体课程内容的设计上，既要求课程的实践性，又要求活动的趣味性与参与性。我们可以看到在很多此类产品中，以游戏进行串联，往往会起到事半功倍的效果。

步骤四：课程效果评价及后期完善

这一环节主要在课程实施后完成，主要用于判断课程内容的适用性及存在的问题，进而帮助户外拓展培训师和营地导师继续对相关产品进行完善，使学员获取更好的体验。

随堂测验
10-3-1

项目三

项目评价

通过实施以上步骤，是否达成了该项项目目标和素养目标呢？请对完成项目的情况做出评价，见表10-3-1。

表10-3-1　　　　户外拓展与营地教育的产品开发项目评价表

评价内容	完成情况			
	优	良	中	差
分析参与对象及活动目的				
确定课程主题及安排				
设计课程内容				
课程效果评价及后期完善				

续表

评价内容	完成情况			
	优	良	中	差
具有人文素养、探索精神与科学思维，具有服务意识与责任意识，树立工匠精神，践行社会主义核心价值观				

知识拓展
10-3-1

美国营地
教育中的
课程设计

案例共享

营地教育课程设计——户外生存系列课程

1.课程简介

在科技飞速发展、社会不断进步的今天，你有没有思考过，我们身边所获得的一切从何而来？我们所获取的一切是否理所应当？假设我们失去所有，回归到人类发展的本初，在浩渺的大自然中，我们将如何生存？在当今社会日益注重课堂教育，对学生进行知识传授、技能掌握、思维培养的同时，却使得大部分孩子失去了独立生活，甚至独立生存的能力。户外生存系列课程，将学员带入独立生活，独自面对户外环境的状态中，再传授给他们最基本的生存知识与技能，让学员在学习知识、掌握技能的同时，了解独立、自立的重要性，成为真正独立的个体。

2.课程核心内容

（1）基于人类最基础的需求，即衣、食、住、行四个方面，依次在真实户外环境中为学员传授相关的户外知识。"衣"，即户外装备选择；"食"，即户外食物准备、户外生火、户外饮用水的获取；"住"，即户外帐篷的搭建；"行"，即户外方向的辨别。

（2）"衣"课程的核心内容为：背包选择与如何正确装包；住宿装备的选择与使用；户外着装的选择；户外专业设备（如手表、生火工具、求生哨等）的配备。

（3）"食"课程的核心内容为：户外生火方法——利用打火石生火；户外食物选择与准备；户外饮用水的获取——辅助设备取水法。

（4）"住"课程的核心内容为：帐篷的选择与搭建；野外庇护所的搭建。

（5）"行"课程的核心内容为：白天方向辨别——利用手表、影子；夜晚方向辨别——利用星星。

3.课程目标

（1）学会个人独立在户外环境下生存。

（2）学会合理利用现状，在户外环境实现独立生存。

（3）理解学习户外生存系列课程的意义。

4.课程安排

本课程设计根据一周营的要求进行课程配备，具体配备情况见表10-3-2。

表10-3-2　　　　　　　　　一周营的课程安排

时间	地点	课程内容	授课方式	备注
第一日 上午	户外草坪	破冰游戏	导师讲授+实践	
第一日 下午	教室	课程介绍及分组	导师讲授+引导	
第二日 上午	户外草坪	户外生存："衣"	导师讲授+实践	
第二日 下午	户外草坪	户外生存："衣"	导师讲授+实践	
第三日 上午	户外环境	户外生存："食"	情境模拟+实践	团队协作
第三日 下午	户外环境	户外生存："食"	情境模拟+实践	团队协作
第四日 上午	户外环境	户外生存："住"	情境模拟+实践	团队协作
第四日 下午	教室	团队汇报及反馈	导师引导+讨论	
第五日 上午	户外环境	户外生存："住"	情境模拟+实践	团队协作
第五日 下午	户外环境	户外生存："行"	情境模拟+实践	团队协作
第六日 上午	户外环境	户外生存："行"	情境模拟+实践	团队协作
第六日 下午	教室	团队汇报及反馈	导师引导+讨论	
第七日 上午	户外草坪	总结及表彰	导师引导	

案例点评
10-3-1

营地教育课
程设计——
户外生存
系列课程

思政专栏 ☑ ────────────────●

营地教育的六大内容

我国青少年除了学校教育之外，在"体能""审美""创新""综合实践能力"方面相对较弱，急需加强。这些正好是营地教育的主要教学内容，它们帮助青少年实现健康成长。

一、体能教育

体育不仅仅是指运动锻炼，更重要的是培养青少年对运动的习惯与兴趣，并通过户外运动，提高身体与精神素质、热爱大自然、勇于接受挑战、克服体能与心理障碍、领略奥林匹克精神等。当然，体育不仅仅局限于传统运动项目，如野外定向、营地游戏、越野单车、自然徒步等都是营地教育当中颇受欢迎的体育类活动。处于青少年时期的营员比较活泼好动，因此在设计课程时，要适当地考虑如何释放孩子的精力，并转化成体能锻炼。除了运动，体育的另一个重要元素是饮食健康，认识食品与营养的构造，认识零食所含的化学原料及其为人体带来的伤害。

二、美育教育

动静兼备是营地教育的特色。带营员参观艺术馆、观赏画展，或者把艺术品带进营地，给营员一场艺术盛宴，都是很好的美育教育形式。导师带领营员，一边观赏一边激发营员的思考，这样能够更有效地提高青少年的审美技能。另外，一些其他任务也有助于提高美育教育，如宿舍装饰比赛、户外烹饪摆盘、晚会主题服装秀等。

三、创新思维教育

所谓的创新思维，必须建立在基础理论知识之上，并充分实践与思考。虽然我国已成为全球最大的经济体之一，在技术应用方面做得很好，但是在基础技术、技术研发方面仍然需要创新与进步。我们可以让孩子们认识何为"高端制造"，高端制造不仅仅是造卫星、造深海潜水器，生活中的制造品都是工匠精神的体现。

四、礼仪教育

礼仪能体现社会的文明程度。作为四大文明古国之一的中国，优秀的传统文化已成为中华民族与生俱来的一部分。虽然目前国内引进较多的是美式营会，但是从长远发展的角度来考虑，我们必须充分考虑如何融合中国传统文化。例如，让营员们"识礼""重礼"；让营会变得更有仪式感，要求所有人在参与某些仪式时，必须穿戴整齐（古代谓之"正衣冠"），认真地参与整个仪式，充分体现每个参与者的价值。

五、安全教育

实践能力的重要组成部分之一是安全教育。例如，当面对紧急事件时的反应与应对；如何在日常生活中提高安全意识，防止意外的发生。安全教育始在家庭，延在学校，营地可将安全教育效果最大化，利用大自然的环境重新构造、激发人类对危机应有的警觉意识、心理素质与求生技能。安全教育只浮于理论知识是难以取得效果的，人类必须通过感观上的刺激，才能提高对安全保障的意识。除此之外，日常的灭火演习、防震演习、避难训练以及防御歹徒等模拟训练，也有助于提升孩子们安全防范意识，营地中也可适当实践。

六、意志教育

营地教育中的精神教育是核心教育内容之一，营地中不论是旅游度假性质的房车营地，还是以青少年教育为导向的教育营地，其核心并不是营地面积大小，也不是营地设施多寡，更不是营地设备高大上与否，而是营地具备与生俱来的文化，支撑文化的营造与传承，是精神价值的传递。从小培养青少年的坚毅精神、社会公民精神等，主动参与社会公益义务工作，如营地打扫、探访敬老院、关心社会时事等。培养青少年的社会责任意识与提高民族综合素养，同样是精神教育颇为重要的一部分。

资料来源：王文龙. 营地教育，我们能做的还有很多！［EB/OL］.［2018-07-31］. https：//zhuanlan.zhihu.com/p/40855391.

思政关键词：职业热爱　工匠精神

课后思考与实践

1.结合你所在的地域特征，设计一个有地域特征并兼具体验内容的户外拓展活动（或营地教育课程），并尝试实践操作。

2.结合国外户外拓展及营地教育发展历程及理念，谈谈我国的户外拓展及营地教育产业在产品内容和服务管理方面，应如何体现出中国特色？

主要参考文献

[1] 窦志萍. 导游技巧与模拟导游 [M]. 3版. 北京：清华大学出版社，2020.

[2] 全国中级导游等级考试编写组. 汉语言文学知识 [M]. 北京：中国旅游出版社，2019.

[3] 王健民. 出境旅游领队实务 [M]. 6版. 北京：旅游教育出版社，2019.

[4] 全国导游资格考试统编教材专家编写组. 导游业务 [M]. 3版. 北京：中国旅游出版社，2018.

[5] 全国导游人员资格考试教材编写组. 导游业务 [M]. 2版. 北京：旅游教育出版社，2017.

[6] 全国导游人员资格考试专用教材编写组. 导游业务 [M]. 北京：中国石化出版社，2016.

[7] 中华人民共和国国家旅游局. 导游领队引导文明旅游规范（LBT 039—2015）[G]. 中国标准出版社，2015.

[8] 国家旅游局人事劳动教育司. 导游业务 [M]. 7版. 北京：旅游教育出版社，2013.

[9] 全国导游人员资格考试教材编写组. 导游实务 [M]. 5版. 北京：旅游教育出版社，2013.

[10] 吴桐. 模拟导游实务 [M]. 合肥：中国科学技术大学出版社，2013.

[11] 陈乾康. 导游实务 [M]. 2版. 北京：中国人民大学出版社，2012.

[12] 王平，于英丽. 导游实务 [M]. 北京：中国轻工业出版社，2012.

[13] 南京中国近代史遗址博物馆. 总统府解说词 [M]. 桂林：广西师范大学出版社，2012.

[14] 徐可，俞利芳. 导游基础：理论、实务、案例、实训 [M]. 大连：东北财经大学出版社，2011.

[15] 周柳. 导游实务与技巧 [M]. 北京：机械工业出版社，2011.

[16] 李冉. 导游实务教程 [M]. 北京：北京师范大学出版社，2011.

[17] 匡健. 导游业务 [M]. 上海：复旦大学出版社，2011.

[18] 陈书星. 导游业务 [M]. 北京：化学工业出版社，2011.

[19] 张惠芬. 导游业务 [M]. 2版. 北京：中国财政经济出版社，2010.

[20] 袁银枝. 导游业务 [M]. 北京：中国轻工业出版社，2010.

［21］朱晔. 导游业务及实训教程［M］. 西安：西安交通大学出版社，2010.

［22］于晓松. 旅游政策法规［M］. 长春：吉林大学出版社，2009.

［23］生延超，范保宁. 导游理论与实务［M］. 北京：中国旅游出版社，2007.

教育部全国职业院校技能大赛导游服务赛项（以下简称导游服务技能大赛）于2010年开始办赛，截至2021年已办过十届，得到了全国旅游类院校的高度重视。导游服务技能大赛旨在以赛促学，以赛促教，提升导游服务人才培养质量，是全国旅游类院校人才培养的风向标，吸引了优秀行业企业参与赛项，促进了政、校、企之间的深度融合，提升了职业教育的产教融合度，助力整体提高高职教育的社会认可度与影响力，推动了旅游专门技能人才队伍的成长与壮大。其评分标准的制定体现了导游专业的核心能力、导游人才的培养规格和导游职业的综合素养。可以说，导游服务技能大赛是对接行业、对接岗位的有效手段，通过将用人需求和岗位标准融入评分标准中，推动院校的教学改革和人才培养模式的创新。

而导游服务技能大赛的备赛过程是对大赛方案解读、对人才培养方案改革和对选手培养的综合型过程，只有跳出大赛看行业人才需求，跳出大赛看人才培养方案，跳出大赛看学生素质，才能达到精英教育普惠所有学生的效果。因此，导游服务技能大赛不仅为选手们提供了展示自我风采的舞台，更为院校提供了同行院校交流、专业特色展示和育人成果检验的平台。

根据2021年全国职业院校技能大赛导游服务赛项规程，大赛有关现场比赛项目较能突出导游服务的真实工作场景，包括现场导游词的创作及讲解、自选景点导游讲解、导游英语口语测试、才艺运用等。

附录一　自选景点导游讲解

　　自选景点导游讲解是导游服务技能大赛自办赛以来一直占比最大的环节，主要考查选手的讲解能力。讲解的效果不仅靠选手本身的讲解能力，导游词的撰写也非常重要，其风格、内容都影响着选手水平的发挥。

　　该环节主要考查选手的导游讲解能力。选手在赛前根据选题范围准备一段5分钟的导游词和相应的PPT资料，讲解景点为非本省、自治区、直辖市的国家AAAAA级旅游景区或世界遗产地，用中文进行模拟导游讲解。

理论知识

导游词

　　导游词是导游人员引导游客观光游览时的讲解词，是导游员同游客交流思想、向游客传播文化知识的工具，也是应用写作研究的文体之一。一篇完整的导游词，其结构一般包括习惯用语、概括介绍、重点讲解三个部分。

参赛准备

　　步骤一：选取符合大赛要求的讲解景区/点

　　选手在参赛前根据选题范围准备一段4分钟的导游词，讲解景点为国家AAAAA级旅游景区或世界遗产地，要注意以下两点：

　　1.要保证景区/点的地位

　　选手应选取世界遗产地或者国家AAAAA级旅游景区或世界遗产地作为讲解对象，如选取的景点是世界遗产地的子项目或者一部分，则通常要在导游词的开篇点明该景区/点的地位。比如，南京航空烈士纪念馆属于国家AAAAA旅游景区——钟山风景区。

　　2.注意讲解时间的变化

　　往届自选景点的讲解时间均为5分钟，2021年赛制变化，变更为4分钟，因此需要对导游词的设计和组织进行较好的安排，这样才能凸显内容的丰度。

　　步骤二：选取导游词主题和风格

　　导游词的主题一般由景区/点本身的特征、导游员的讲解风格和游客的需求共同决定。

　　1.景区/点本身的特征

　　景区/点的特征一般就是其对外宣传的形象和主题风格。例如，选择井冈山作为讲解对象，毫无疑问要抓住其红色背景，深挖红色文化，由小见大。

2.导游员的讲解风格

导游员的讲解风格包括其气质、音色和语态。一位长相甜美温柔的女性导游员在讲述故事时可能更加有代入感，而一位知性大气的男性导游员可能更适合博物馆类的讲解。

3.游客的需求

要想了解游客的需求，首先要分析游客的群体特征。目前，较为大众化的团队包括亲子团、女性团、研学团、老年团、教师团等。只有依据群体的特征和兴趣爱好开展有针对性的讲解，才能获得更好的现场效果。

步骤三：构思和撰写导游词

着手写导游词之前首先要谋划全篇的架构，有详有略，情景交融，才能成就一篇佳作。

1.言简意赅的导语

导语部分致欢迎辞，介绍景区/点的地位和位置，做到简单明了、开门见山。

2.情景交融的重点

重点部分有情有景、见景抒情，做到重点突出、讲解清晰、立意正确。

3.流程完整的尾声

尾声部分要回归题目，完成服务流程，做到适可而止、适度升华。

步骤四：开展必要的现场踩点

现场踩点对于选手的讲解提升具有重要的作用。去现场，有以下三个任务要达成：

1.现场拍照

根据导游词需要现场拍照，运用在后期制作的PPT中。

2.纠正方位

纠正导游词中方位错误的地方，尤其是讲解对象与游客的方位关系。

3.寻找感觉

选手在实景中多讲解几次，找一找感觉，积淀情感。

步骤五：练习讲解导游词

多练习、多感悟、多准备，才能在现场发挥出最佳水平。

1.多练习

选手反复练习，可以根据自己的发音习惯调整个别字句。

2.多感悟

多感悟，才能将自己融入导游词中，以便提升讲解的代入感。

3.多准备

多准备，结合导游服务中的突发情况（如忘词、紧张等），对现场讲解的突发情况做好准备。

随堂测验
A-1-1

附录一

大赛视频
A-1-1

养心观竹海
品韵话金宅

评分标准

2021年技能大赛自选景点导游讲解项目评分标准见表A-1-1。

表A-1-1　　　　2021年技能大赛自选景点导游讲解项目评分标准

项目	评分标准	分值段（分）	备注
自选景点导游讲解（35分）	1.导游职业仪态（满分2分）。 • 礼仪着装得体，符合职业情景或讲解主题特色（2分）。 2.导游词组织特色（满分10分）。 • 内容正确，结构合理、尊重史实和现实（3分）； • 整体节点布局合理、严谨（3分）； • 紧扣主题，特色鲜明，感染力强（3分）； • 语言文字优美，富有文采（1分）。 3.导游讲解风范（满分23分） • 讲解语言流畅规范，口齿清晰（1分）； • 仪态自然、肢体语言丰富，符合导游规范（1分）； • 讲解角度新颖（4分）； • 主题特色鲜明（2分）； • 讲解重点突出，有层次感（2分）； • 文化底蕴深厚，内涵丰富（3分）； • 讲解节奏合理，节律感强（2分） • 语言组织运用艺术和能力强（2分）； • 导游讲解方法和技巧运用恰当（3分）； • 富有感染力、亲和力和渗透力（3分）	1.28~35； 2.20~27； 3.20分以下（不含20分）	1.时间：4分钟。3分30秒设时间提醒，不足3分30秒扣2分，4分钟到主持人叫停。 2.PPT要保证通用软件能正常播放，格式为pptx，PPT文件大小不超过20M。选手所提供PPT统一设置为自动播放形式。所有材料均为内嵌式，不允许外嵌式链接。PPT中不允许使用音乐及视频，不允许出现非景区固有的文字或符号等提示信息

案例共享

心之所向，无问西东

——2018年全国职业院校技能大赛　一等奖　扈纯婕

游客朋友们，大家好！欢迎来到历史名城——古都南京。我是您此次行程的导游，我旁边这位是全程为您保驾护航的司机师傅。作为城市文化使者，我们将竭诚为您服务。旅行中，欢迎您提出宝贵意见。人生就像一场旅行，不必在乎目的地，在乎的是沿途的风景和看风景的心情，现在，就请您随我一起，走进国家AAAAA级旅游景区钟山风景区，让心灵来一场旅行吧！

"从来征战无归日，两翼斑斑血染红。"这是最近热映的电影《无问西东》中航空烈士沈光耀的遗诗，也是那个时代热血男儿效忠国家的诺言。沈光耀是众多有志青年中的一位，其人物原型为沈崇诲，牺牲于 1937 年淞沪战役。今天让我们带着崇高的敬意来到位于钟山风景区北侧的南京抗日航空烈士公墓，一同缅怀以沈崇诲为代表的航空英雄们。

南京航空烈士公墓是由牌坊、碑亭、祭堂、纪念碑等建筑构成，于 1932 年 8 月建成。

穿过牌坊，拾级而上，我们来到苍松翠柏簇拥的碑亭。大家看，亭内立有一方汉白玉碑，上有孙中山先生题写的"航空救国"四个大字。八十年前，他们以航空救国，血染长空，在万里山河上空划出一道道血染的风采。如今，我们用航空强国，走进太空，在广袤无垠的宇宙里留下一排排中国的脚印。

大家请随我继续往前走，穿过祭堂，其后是 180 座排列整齐的烈士衣冠冢，其中就有《无问西东》中沈光耀的原型——沈崇诲的陵墓。沈崇诲出生于富裕家庭，在国家危难之际，他放弃了优越的工作，毅然投考了中央航校，成了一名优秀的飞行员。当他奉命轰炸敌舰时，飞机突然发生故障，他放弃了跳伞逃生的机会，毅然驾机撞向日军旗舰"出云号"，与敌舰同归于尽，年仅 26 岁。事实上，在那个战火弥漫的年代，他不是个例，更不是救国救难的唯一。这里还有被誉为"空军战神"的高志航，他首开中国空军击落日机之先例，击落敌机多架。更有年仅 21 岁就牺牲的战士阎海文，在飞机被击落后，他跳伞却被敌人包围，毅然拔出手枪击毙了五个敌人，把最后一颗子弹留给了自己，留下傲世遗言"中国无被俘空军"。正是这样一群热血男儿，成就了我们民族的气节，也成为中华民族弱而复强的灵魂。

游客朋友们，现在我们已经登临公墓的最高处——纪念碑广场。广场正中矗立着的抗日航空烈士纪念碑。主碑高 15 米，用花岗石雕制成飞机机翼式样，构成"V"字形，寓意抗战的胜利。附碑由 30 块高 3 米的英烈碑组成，排列成弧形，镌刻了自淞沪抗战至 1945 年 9 月间牺牲的 3 000 余名航空烈士的英名及其生平。寥寥数语，道出他们简短的一生，绘出他们纯净的内心，而他们的可贵正是那个时代所有英勇就义年轻人的可贵——心之所向，无问西东。

朋友们，让我们驻足回首，看飒爽英姿年轻人的内心独白，叹壮丽山河大中国的勇士辈出，惜国富民强新时代的太平盛世。

资料来源　全国旅游职业教育教学指导委员会. 百舸争流　更上层楼［M］. 北京：旅游教育出版社，2018.

案例点评
A-1-1

心之所向，
无问西东

大赛视频
A-1-2

心之所向，
无问西东

附录二 现场导游词创作及讲解

现场导游词创新及讲解环节的增加体现了导游行业对人才需求的变化，也体现了游客需求的变化。导游不仅要能讲，还要根据讲解的对象和自己的文化积累，使讲解的导游词与其他导游词不一样，不同的团队讲解的导游词也不一样。

该环节主要考查选手作为导游的知识储备量，灵活运用知识、语言组织和现场即兴讲解的能力。知识储备为中国旅游文化元素的创作与讲解，题库包括80个旅游文化元素和10个团型。选手现场抽选出一个旅游文化元素和一个团型，独立完成现场导游词创作，准备时长为30分钟。30分钟后上场，在2分钟内用中文进行脱稿讲解。

理论知识

文化元素类赛项变迁

文化元素类赛项在历年导游服务技能大赛中经历了形式的改革和内容的变迁，体现了行业对人才需求的变化，也更加证明了导游服务技能大赛引领着导游职业教育改革。

文化元素类赛项首次出现在导游服务技能大赛项目中是在2016年，当时该赛项称为"抽选项目讲解"，主要考查参赛选手的非物质文化遗产知识储备情况及临场应变能力。该赛项安排在自选导游讲解结束后，由参赛选手现场抽签决定讲解项目（抽选范围：选取20个入选联合国教科文组织《人类非物质文化遗产代表作名录》的中国遗产项目，在赛前规定时间公布），无准备时间。参赛选手要运用相应组别的语种进行模拟讲解。评分时主要考查讲解内容、讲解策略、语音语调，总分10分，占比赛权重的10%。

自2018年起，该赛项改为"现场导游词创作及讲解"。2021年题库包括50个主题和5个团型，主题围绕中国国情及中国文化元素等设置，要求参赛选手创作一篇导游词并进行现场讲解。该部分赛制的确立体现了旅游行业对中国传统文化有着不可估量的传播作用，也以此让导游更加重视文化使者的身份，体现了新时代下的文化自信。团型的新增体现了职业教育与行业的对接，旅游行业的服务对象是游客，游客的需求是导游努力的方向，因此，团型的设置体现了导游服务技能大赛源于行业、服务行业、回归行业的宗旨。评分时主要考查导游词创作与讲解两个部分，其中是否紧扣主题和团型是评判标准之一，总分30分，占比赛权重的30%。

参赛准备

步骤一：梳理文化内涵

每一个文化元素背后都有深厚的历史成因和对现实生活的影响。

1.归纳文化元素类别

在备赛时，首先对文化元素按类别进行归纳，以便提升其文化内涵。

2.梳理文化元素知识点

整理与本文化元素相关的知识点，提炼优化，一般以历史、成因、特征、分类、流程等为关键词进行梳理。

3.强化记忆重点

确定本文化元素最重要的点，作为重点进行记忆。

步骤二：分析团型特殊性

从2018年开始，文化元素的讲解要匹配团型，在评分中也单独列了出来，要求"紧扣团型"，占2分。2021年精选了5个团型，基本覆盖了目前主要的旅游市场，包括政务考察团、商务考察团、亲子旅游团、中学生研学团、老年旅游团。其中，政务考察团、商务考察团重视文化与经济的结合；亲子旅游团、中学生研学团则对新鲜事物比较好奇，爱学习；老年旅游团则需要关注人群的兴趣，如老年人关注养生健康等。

步骤三：选择创作内容

根据团型的特征和兴趣，在文化元素有关的知识点中，摘取关联性强的知识点，有逻辑、有重点地构建创作内容。其中政务考察团、商务考察团要注意剖析文化元素与经济的关系，尤其是从对经济提升的角度；宗教人士团、作家采风团、教师度假团、导游踩线团较为专业，对导游的挑战性较大，要结合群体兴趣深入剖析元素背后的文化；亲子旅游团、中学生研学团要抓住孩子们的兴趣点，注意流程性和实用性；老年旅游团则应针对老年人，努力在文化元素中挖掘与养生相关的知识；接待女性观光团时，讲解内容争取突出生活态度、知性和美。

步骤四：讲解风格选择

内容创作完成后，要结合选手本身的特点和团型，确定讲解风格。针对政务考察团、商务考察团，讲解要简洁明了、用语得当；接待宗教人士团、作家采风团、教师度假团、导游踩线团时，则要注意讲解策略，逻辑性强，能够故意设问，给游客发挥的机会；对亲子旅游团、中学生研学团的讲解则要注意态度亲和，语言要易懂，语态要稍显活泼，有较好的互动性；对老年旅游团的讲解则需要一位讲解速度较缓、态度温和的讲解员；接待女性观光团时，则要针对女性喜爱交流的特点，采用有问有答，有互动、有交流的讲解风格。

随堂测验
A-2-1

附录二

评分标准

2021年技能大赛现场导游词创作及讲解项目评分标准见表A-2-1。

表A-2-1　　　　　2021年技能大赛现场导游词创作及讲解项目评分标准

项目	评分标准	分值段（分）	备注
现场导游词创作及讲解（30分）	1.导游词制作（满分16分） ● 紧扣主题（2分）； ● 紧扣团型（2分）； ● 切入角度选取合理，创作尊重史实和现实（2分）； ● 内容正确、完整（2分）； ● 用词（或例证等）恰当，富有文采（2分）； ● 结构合理，详略得当（2分）； ● 条理清晰，逻辑通顺，层次清楚（2分）； ● 具有创新性和时代特色（2分）。 2.导游词讲解（满分14分） ● 语言（普通话）规范流畅（2分）； ● 讲解完整清楚（2分）； ● 口齿清晰流利（2分）； ● 讲解节奏控制合理、有层次感（2分）； ● 仪态自然，富有亲和力（1分）； ● 肢体语言生动形象，符合导游规范（1分）； ● 讲解生动有趣，富有感染力和渗透性（2分）； ● 导游讲解方法和技巧运用恰当（2分）	1.24~30； 2.17~23； 3.17分以下（不含17分）	现场导游词创作准备时间：30分钟，讲解时间：3分钟。 2分30秒设时间提醒；不足2分30秒扣2分；3分钟到主持人叫停

案例共享

高句丽及龙门石窟讲解

1.高句丽（中学生研学团）

同学们，大家下午好！今天我们的研学之旅来到的是位于吉林省集安市的世界文化遗产地——高句丽古城。高句丽，是西汉到隋唐时期中国东北地区和朝鲜半岛存在的一个政权，距今已有1 000多年的历史。高句丽建都集安400多年，创造了灿烂的文明，留下了丰富的历史遗迹。这里有典型的高句丽王城——国内城和丸都山城遗址，有号称"东方金字塔"的"将军坟"，有令人叹为观止的古墓壁画。

现在，我们来到的就是被誉为"海东第一古碑"的好太王碑，好太王是高句丽历史上第十九代王，他是一位极有建树的君主。这座碑石高6米多，四面环刻文字共1 775个，记述了好太王一生的功绩和有关高句丽起源及建立政权的传说。小朋友们，你们有没有发现碑石上所刻字体和大家平常练习的书法字体有点不同呢？大家平常所写的多是楷体，而这种字体是介于隶书与楷书的一种文字形式，不仅体现了中国书法的魅力，也是高句丽保存至今最长的一篇实物文字资料。

接下来，我来考考大家，请你们认一认这块碑石上的文字，大家要踊跃参与哦！

2.龙门石窟（女性观光团）

游客们大家下午好，刚刚咱们一起参观了洛阳博物馆，大家都被博物馆里雕刻精美、气韵生动的石刻吸引了。接下来请大家随我一起去另一处艺术宝库参观。白居易曾说"洛阳四郊，山水之间，龙门首焉"，说得正是龙门石窟，它始建于北魏孝文帝年间，共持续修建了400多年，现存石窟2 345个，佛像10万余尊。龙门石窟与云冈石窟、敦煌莫高窟、麦积山石窟并称为我国的四大石窟，而奉先寺洞窟是龙门石窟中规模最大、艺术最精湛的一处，洞窟内共有佛、菩萨、金刚九座巨像，整座造像高低错落和谐统一，是盛唐佛教艺术的经典之作。

游客们，位于我们正前方的就是卢舍那佛，他是释迦牟尼佛的报身佛。这尊主佛面部圆润、体态丰腴、神态安详，宛若一位睿智而慈祥的妇女，令人敬而不畏。一般而言，佛像多以男性为主，而此佛却表现出鲜明的女性特征，这是为什么呢？据说，当年武则天曾捐助2万贯脂粉钱开凿此佛，以武则天特殊的地位，此佛自然表现出非同一般的气概。由此可见，当时的女性和现代一样，有着很高的社会地位。

接下来就请游客们随我一起继续探寻龙门石窟的独特魅力吧！

案例点评
A-2-1

高句丽及龙
门石窟讲解

导游英语口语测试是伴随着导游服务技能大赛中英文赛项的合并而出现的，既体现了导游行业对导游群体的整体英语水平的重视，也是对我国重视入境旅游的呼应。能用英语完成完整的带团流程、顺利解决带团过程中的问题，就是本环节设置的初衷。

该环节主要考查选手对游客英语服务的实操能力。该部分于比赛前公开题库，题库试题量为80题，选手现场抽取一个题目，准备30秒后开始与裁判进行3分钟的情景对话，测试方式为现场对话。

理论知识

历年导游英语口语测试题库梳理

2018年导游服务技能大赛取消了中英文分组，全部为中文讲解，但新增了导游英语口语测试，旨在响应国家大力拉动入境旅游的号召，以大赛为风向标，引领导游职业教育重视英语口语，提升我国导游人群的英语口语能力和综合素质，提升我国对外形象。

2021年导游英语口语测试共计80题，题型分为两大类：文化类和导游服务技能类。其中，文化类分为中国旅游文化元素类和目的地/景区/点介绍；导游服务技能类覆盖了导游对客服务的全流程。该赛项总分10分，占比赛权重的10%。

参赛准备

步骤一：细读英语题目

在拿到英语口语测试题目后，要认真读题、审题，做到识别场景、判断身份、明确任务。

1.识别场景

识别工作场景，即判断题目属于导游工作的哪个环节。

2.判断身份

判断身份，即明确自己的身份和对话对象的身份，题目中有没有明确的人名。

3.明确任务

明确任务，即在识别工作场景的基础上，明确本题是考查工作流程还是特殊情况的处理。

步骤二：分析工作任务

对题目进行分析后，则应着手解决工作任务。

1.分析导游服务知识点

分析题目对应的导游服务知识点，要做到明确工作任务的处理流程。

2.解决题目中的重点、难点

分析要注意的对话细节，要找到问题的重点，解决问题中的难点，尤其是疑难问题。既要符合导游工作服务规范，又要巧妙地解决游客的问题。

3.形成对话思维

形成对话思维，即转换思路，将已经形成的工作任务解决办法以角色扮演的对话形式呈现，以符合口语测试现场要求。

步骤三：组织英语对话

在完全了解了题目中问题的解决办法后，下一步就要采用英语对话了。

1.准备词汇

在开展对话前，要总结本题所在的工作场景的重点词汇。其中，工作场景包括接站服务及特殊情况、出入境服务及特殊情况、酒店服务及游客特殊要求、用餐服务及游客特殊要求、旅游文化元素等。最后细化到涉及题目的关键词，做到用词正确、备词全面、举一反三。

2.练习对话

随后要开展对话练习，检查使用的对话是否口语化，能不能用句达意，是否能准确解决题目中的问题。

3.检验措辞

从服务者的角度，一方面要检验对话的措辞是否符合领队或导游的身份，要谦虚礼貌、言简意赅，另一方面要注意对话对象是讲英语的游客，因此语言选择要适合西方人的语言特点，简单易懂，直截了当。

步骤四：巩固对话效果

完成以上步骤后，要多实践、多对话，才能提升效果。

1.扩展题目范围

扩展题目内容，尝试扩大对话的涉及面，串联该任务下其他场景对话，形成整体的工作场景对话。比如，接站服务还要扩展到车上讲解和沿途讲解。

2.模拟现场对话

采用模拟现场比赛的形式，随机抽题，30秒准备后直接开始对话，逐渐提升选手的自信心和现场应变能力。

3.与多人尝试随机对话

在可能的情况下，找不同的人练习对话，一方面可以提升选手的听力水平，适应不同人的口音，另一方面可以突破固化思维，针对不同人的不同思路解决应对同一个题目，以便尽量全面掌握一个知识点。

随堂测验
A-3-1

附录三

评分标准

2021年技能大赛导游英语口语测试项目评分标准见表A-3-1。

表A-3-1　　　　　2021年技能大赛导游英语口语测试项目评分标准

项目	评分标准	分值段（分）	备注
导游英语口语测试（10分）	1.发音清晰，语调自然（2分）。 2.语句通顺，无明显语法错误，句意与语意完整（2分）。 3.交流顺畅，应对自如（1.5分）。 4.内容充实，能运用专业术语、词汇解决相关问题（3分）。 5.语言运用仪态大方，自然得体，肢体语言表达到位、符合职业设定（1.5分）	1.8~10； 2.5~7； 3.5分以下（不含5分）	抽题后准备时间30秒，测试时间：4分钟。 测试到3分30秒设时间提醒，4分钟到主持人叫停。时间不足3分30秒，减少"内容充实"项得分

案例共享 👆

2019年全国导游服务技能大赛导游英语口语测试题

As a local guide, you are on the way to visit Fujian Tulou. The tourists seem to be quite interested in it. Make a dialogue with the tourists. Your dialogue will include the following points:

A.Introduce the characteristics of Fujian Tulou.

B.Introduce some representative Tulou buildings in Fujian.

C.Answer some questions asked by the tourists.

审题：本题中选手的身份是地接英语导游，对话对象是外国游客，即由评委扮演外国游客的角色。场景是在前往福建土楼的路上，因此可以判断本题的工作任务是沿途讲解。

A.Introduce the characteristics of Fujian Tulou.

回答思路：本选项很明确，要介绍土楼的特点。

The tulou, also called "earth building", is a unique architecture found only in the mountainous areas bordering Fujian and Guangdong in southern China. The "earth building" is an enclosed building, usually square or circular in shape, with a very thick earth wall (up to 6 feet thick) and wooden skeletons, from three to five storeys high, housing up to 80 families, 800 people. They were built for defense purposes. These earth buildings have only one entrance. The result is a well-lit, well-ventilated, wind proof and earthquake proof building that is warm in winter and cool in summer. Some of them are more than 700 years old, surviving through centuries of natural elements, including earthquakes，yet still standing solid.

B.Introduce some representative Tulou buildings in Fujian.

回答思路：本选项主要介绍几个代表性的土楼，可以介绍田螺坑土楼群、裕昌楼等。

1.Tianluokeng Tulou Cluster is one of the best known Fujian Tulou cluster. It is located in Fujian province，Zhangzhou City，Nanjing County，Tianluokeng Village（literally "Snail Pit" Village）in southern China. On July 7th，2008，Tianluokeng Tulou Cluster was inscribed as one of 46 Fujian Tulou World Heritage Sites. The cluster consists of a square earth building，surrounded by four round earth buildings，figuratively nicknamed "si cai yi tang"（four dishes with a soup）.

2.Yuchanglou is a five-storey tulou located at Nanjing county. It was built in 1308 Yuan dynasty by the Liu family clan. It is one of the oldest and tallest tulou in China. Yuchanglou has been nicknamed the "zigzag building"，because the vertical wooden post structure is not straight and perpendicular，but zigzags left and right. It was built that way due to an error measuring the building materials. But in spite of this apparent infirmity，this tall tulou withstood 700 hundred years of natural elements and social turmoil. Yuchanglou's outer ring is 36m in diameter and boasts five storeys，with 50 rooms on each floor.

C.Answer some questions asked by the tourists.

回答思路：与土楼相关的问题包括：何时建设，为何而建，有什么作用等。在备赛时，首先要准备充分，用词尽量口语化，简单易懂；其次要从导游服务的角度出发，详细介绍土楼的开放时间、交通方式等。

1.土楼的历史

Fujian Tulou or Fujian earthen structures is a type of Chinese rural dwellings of the Hakka and others in the mountainous areas in southeastern Fujian，China. They were mostly built between the 12th and the 20th centuries.

The first tulou buildings were comparatively small，rectangular or square，plainly decorated，and without stone foundations. From the end of the 14th century to the early 17th century（Ming Dynasty），in response to improved agricultural development in Fujian，and frequent bandit raids much larger tulou were constructed. As a result of an increase in the processing of tobacco and tea between the mid-17th and the first half of the 20th centuries，tulou were further developed that reflected in their size and decoration the wealth created from industry.

2.作用

Housing a whole clan，the houses functioned as village units and were known as "a little kingdom for the family" or "bustling small city". They are inscribed as exceptional examples of a building tradition and function exemplifying a particular type of communal

案例点评
A-3-1

全国导游
服务技能
大赛导游
英语口语
测试题

living and defensive organization, and in terms of their harmonious relationship with their environment, an outstanding example of human settlement.

3.游玩信息

根据土楼官方网站实际情况进行准备。

才艺可以为导游服务增色不少，给游客留下深刻的印象；可以使导游本身的素养整体提高，提高带团的效果。才艺本身的水平不是唯一的评判标准，对其合理而适时的运用才能体现导游的灵活性和愿意服务的初心。

本环节考查选手合理利用自身才艺或者特长服务游客，营造氛围的能力。选手在4分30秒内完成带团过程中的导游情境描述及应景的才艺展示，才艺须符合导游职业特点，道具应便于随身携带。选手用中文对导游情境进行设计描述，服装、道具等应与导游真实工作情境相符合。

理论知识

才艺类赛项变迁

根据旅游行业要求、对客服务需求和导游带团实际情况，才艺环节在导游服务技能大赛中经历了一定的变化。2016年以前才艺环节通常称为"才艺展示"，2016年以后虽然才艺环节的名称未变，但是要求选手独立完成，不允许伴演、助演，因为导游通常一人带团，在实际工作中也不会存在扮演和助演的可能。当时评分标准主要包括仪容仪表、现场表现和专业素养。才艺展示不超过3分钟，总分10分，占比赛权重的10%。

到了2018年，才艺环节有了较大变化，更名为"才艺运用"，即考查选手如何运用才艺或特长服务游客。要求选手在4分30秒内完成带团过程中的导游情境设计描述及应景的才艺展示，才艺须符合导游职业特点，道具应便于随身携带。选手用中文对导游情境设计描述时间为1分~1分30秒；应景才艺展示不超过3分钟，选手服装应与导游真实工作情境相符合。除了要独立完成外，还有两个新要求：一是需要进行情境描述。选手要对表演进行场景铺垫，要解释自己是在什么时候、什么地方、什么原因表演什么才艺。二是提出"道具应便于随身携带"。例如，钢琴类、插花类、茶艺类等道具复杂且件数多，这些道具不便由一个人一趟搬上台，因此不符合导游实际工作场景；而乐器类中的竖笛、口琴、二胡等则更便于选手携带上台，较符合技能大赛要求和实际工作场景。2021年才艺考核要求延续了2018年和2019年的标准，包括：情景设置符合导游工作实际，描述生动完整，与才艺展示结合紧密；妆容适宜，衣着得体，道具契合主题，适合导游具体工作场景要求；才艺表演主题内容健康积极；表演有一定的艺术性、观赏性和独创性；表演自然流畅，感染力强，符合旅游者审美规范和需求。因此导游服务技能大赛对才艺的要求越来越贴近导游真实带团情景，不提倡浓妆艳抹或使用大型道具。才艺展示不超过

4分30秒，总分10分，占比赛权重的10%。

参赛准备

步骤一：分析选手特征

在进行才艺节目选取时，第一步要对选手本身的才艺素养进行评估。对有专长的选手要发挥其专长，如从小学习舞蹈、声乐的学生，才艺节目可以依据导游工作场景配合相应主题，量身定制；而大多数选手可能并没有专长，对无才艺基础的学生要抓住其优势，这就需要请专业才艺专家对选手进行评估，是语言类还是舞蹈类适合选手，然后在选手本身的优势上进行短期集训，达成较好的效果。

步骤二：选择才艺种类

通过对评分标准的细节进行深入研究，才艺节目的选择要从三个方面来考虑：

1.类型的选择

根据导游的实际工作场景和积极向上的待客氛围，选择相应的类型。比如，声乐类和器乐类（这里指符合大赛要求，便于携带和适合导游实际工作情境的乐器）节目适合在较小的空间里展示，能够较快、较好地带动氛围；而舞蹈类节目适合在较大的空间里展示，与即将前往的目的地或景点/区有直接相关性。

2.道具的选择

按照大赛的要求，选手不能携带真实工作场景中不方便携带的道具，因此大型道具，如钢琴、成套的茶艺道具是不太适合参赛的，其在导游实际工作中也不便于携带。一般声乐类较少用到道具，即使用到也是比较小且可携带的；舞蹈类道具也较小，一块手帕、一顶帽子、一束花之类；语言类可能会使用到快板等小型道具。

3.主题的选择

导游作为文化的使者更是要传递给游客积极向上的正能量，因此才艺的主题选择毫无疑问要契合时代主题，充满正能量。主题的表达是需要音乐和服装来衬托的，因此音乐要选取作曲宏伟大气的，服装要符合导游工作场景和节目本身的特征。

步骤三：设置工作情境

根据2021年导游服务技能大赛方案，选手在选择好节目后，要对表演进行情境描述，要阐述清楚"在什么时候、什么地方、什么原因表演什么节目"。

1.什么时候

在实际带团中，才艺的表演通常是在有大段的等待或者长时间坐车时，才能够有足够的时间供导游表演，施展才能。

2.什么地方

才艺表演的地点选择多为景区外排队区、表演等候区、大块的空地（如篝火晚会）、车上等。恰当的地点和足够的时间能为导游提供进行才艺表演的机会。

3.什么原因

原因有两个：一是表达乐意为游客服务的态度，在等待时为了让游客不无聊；二是让游客更好地了解即将要前往的目的地或景区/点的文化。

4.什么表演

表演的类型也要解释清楚。比如，唱的歌与即将要去的目的地有关，歌中的主人翁是这个景区/点城市的；跳的舞具有当地的特色，体现了景区/点文化的特色等。

评分标准

2021年技能大赛才艺运用项目评分标准见表A-4-1。

表A-4-1　　　　　　2021年技能大赛才艺运用项目评分标准

项目	评分标准	分值段（分）	备注
才艺运用（10分）	1.情景设置符合导游工作实际，描述生动完整，与才艺展示结合紧密（3分）。 2.妆容适宜，衣着得体，道具契合主题并符合导游具体工作场景要求（2分）。 3.才艺表演主题内容健康积极（1分）。 4.表演有一定的艺术性、观赏性和独创性（2分）。 5.表演自然流畅，感染力强，符合旅游者审美规范和需求（2分）	1.8~10； 2.5~7； 3.5分以下（不含5）	1.时间：4分30秒。导游情景描述和才艺展示之间计时不中断，由选手向评委提示才艺展示开始。 2.屏幕显示总时长和才艺展示时长。其中，总时长3分30秒设时间提醒，选手总时长不足3分30秒扣2分；4分30秒时间到，主持人叫停。才艺展示时长不设提醒时间，展示时间不足2分30秒扣2分。 3.选手必须独立完成，不允许助演，道具自备且独自一人一次性携带上场，违者扣2分。 4.情景描述无背景音乐与视频；才艺展示可提供mp3格式的才艺背景音乐，不支持视频，违者扣2分

知识拓展
A-4-1

导游如何
提升才艺

随堂测验
A-4-1

附录四

大赛视频
A-4-1

才艺运用

案例共享 👆 ⋯⋯⋯⋯⋯⋯⋯⋯⋯⋯⋯●

贯口：秦淮灯会
——2018年全国职业院校技能大赛 一等奖 扈纯婕

游客朋友们，集合啦！集合的时间到啦！

哎呀，还差了两位，我来联系一下啊！

"喂，是杨阿姨吗？陈阿姨是不是和您在一起啊！"

"在一起就好，我们在停车场这集合啦，等你们啊，人多，注意安全！"

游客朋友们，不好意思啊，正值元宵佳节，出来赏灯的人比较多，咱们团里两位阿姨还要等一会才到，我呀，正好给大家来一段，讲一讲这夫子庙的灯会。

游客朋友们，走过中华门，赏过梅花山，游过总统府，咱们就来到了这熙来攘往的夫子庙。说起南京夫子庙的灯会，那可是家喻户晓，赶巧了，今儿个是元宵佳节，春意盎然，万象更新。这元宵灯会上灯火通明，万彩缤纷，光芒四射，照亮了各个角落。这边是二龙戏珠，这边是鸳鸯戏水，这边是鹤鹿同春，那边是丹凤朝阳。二龙戏珠，宝珠绚丽夺目；鸳鸯戏水，水流飞溅生花；鹤鹿同春，春来万物增辉；丹凤朝阳，阳光普照大地。大地繁花似锦，长空星光闪烁，说是灯其实是星，说是星其实是灯，若灯若星，若星若灯。要说灯，有长形灯、圆形灯、多角灯、节日灯、聚光灯、微光灯、荧光灯、光导纤维灯；有红灯、绿灯、紫灯、黄灯、蓝灯，就是没有黑灯。参加灯会的人们，有男的、女的、老的、少的，来自四面八方，有港澳同胞、海外侨胞、国际友人；来自各界代表，有教育界的、旅游界的、新闻界的、建筑界的、零售界的、城市亮化界的；来自五湖四海，有苏州的、杭州的、德州的、荆州的、凉州的；来自各行各业，有作家、画家、艺术家、企业家、改革家、歌唱家、作曲家、收藏家，这儿可没有野心家。他们品尝着秦淮小吃，荤素果菜，随心所欲，春夏秋冬，各领风骚。老卤蛋、豆腐脑、小烧麦、千层糕、菜肉包子、水晶饺子、三鲜丸子、四喜圆子、水晶肘子、元宵锅子、桂花翅子、回卤干子，有模有样，有滋有味，真正是金灿灿、黄澄澄、绿油油、白花花，如大千世界，五彩缤纷；甜滋滋、咸味味、酸渍渍、辣乎乎，似磊落人生，百味俱全。

青砖小瓦、粉墙坡屋，鳞次栉比的小吃摊，张灯结彩"老淮扬"，灯光下的动人笑靥，民歌式的招徕吆喝。看他们精神焕发，光彩照人，谈笑风生，喜气洋洋，穿着节日盛装，载着满心祝福，真正是欢声、笑声、歌声、掌声，声声悦耳；波光、月光、灯光、星光，光光争辉。秦淮河勾出一段记忆，大画舫献出一片真情，文德桥印出分月奇观，马头墙写满浓浓诗意，这真情，这厚意，这欢快，这喜庆，随着春风飞往天空，飞越大河，飞越长城，飞越莽林，飞越山峰，飞到千家万户，飞到亿万人心中，导游我献上一段真情，祝您幸福康明！

感谢各位的掌声，我听见杨阿姨您的掌声是最热烈的！好啦，各位游客，接下来就请您和导游我一起，逛灯会！出发吧……